교부 문헌 총서 5

베네딕도
수도 규칙

Benedictus

Regula Benedicti

Translated with introduction and notes by
Hyeong-U Lee

© Benedict Press, Waegwan, Korea 1991

교부 문헌 총서 5
베네딕도 수도 규칙

1991년 5월 초판 | 2023년 3월 9쇄

역주자 · 이형우
펴낸이 · 박현동
펴낸곳 · 성 베네딕도회 왜관수도원 ⓒ분도출판사
찍은곳 · 분도인쇄소

등록 · 1962년 5월 7일 라15호
04606 서울시 중구 장충단로 188(분도출판사 편집부)
39889 경북 칠곡군 왜관읍 관문로 61(분도인쇄소)
분도출판사 · 전화 02-2266-3605 · 팩스 02-2271-3605
분도인쇄소 · 전화 054-970-2400 · 팩스 054-971-0179

www.bundobook.co.kr

ISBN 89-419-9109-0 94230
ISBN 89-419-9755-9 (세트)

교부 문헌 총서 5

베네딕도
수도 규칙

이형우 역주

분도출판사

【일러두기】

1. 교부 문헌은 워낙 방대하므로, 번역·간
   행할 책은 한국 실정을 고려하여 선정하
   되, 연대순이나 그리스 교부·라틴 교부
   의 구별을 두지 않고 준비되는 대로 일
   련번호를 매겨 출간해 나간다.

2. 교부 문헌은 학문적 연구에 기초 자료
   가 되므로, 본문의 번역은 되도록 원문
   에 충실하게 하며, 중요한 문헌의 원문
   은 전부 또는 일부를 역문과 나란히 싣
   는다.

3. 독자의 이해를 돕기 위해, 본문에 앞서
   「해제」를 실어 저자의 생애와 당시의 문
   화적 배경 그리고 각 저술의 특징과 신
   학 등을 설명하고, 본문 아래에 약간의
   각주를 단다.

4. 교부들의 이름을 비롯하여 고유명사는
   되도록 원음에 가깝게 통일시킨다.

성 베네딕도

해 제

가. 베네딕도의 생애

1. 베네딕도의 전기: 그레고리우스 대종의 〈대화집〉 제2권

성 베네딕도의 생애에 대해 우리가 사용할 수 있는 사료(史料)는 그레고리우스 대종(大宗, 590~604 재직)의 〈대화집〉 제2권과 다른 두 부분(대화 3,16; 4,8-9)에 불과하다. 베네딕도는 규칙서만 남겼을 뿐이며, 그의 규칙서 안에 자신의 생애나 모습에 대해 어떠한 흔적도 남기지 않고 철저히 숨기고 있기 때문이다. 593~594년경에 저술된 이 〈대화집〉은 모두 4권으로 되어 있는데, 제2권은 전부 "하느님의 사람" 베네딕도의 생애를 묘사하고 있어 성 베네딕도의 전기[1]라 할 수 있다.[2]

그레고리우스 대종이 이 〈대화집〉을 저술한 목적은, 자신이 세운 수도원의 수도자들에게 독서거리를 주기 위해서였는데, 지역적으로 연관이 있는 이탈리아의 성인들의 모범적인 삶에 감명을 받아 그들을 본받도록 하기 위해서였다. 이 〈대화집〉 안에 수많은 주교나 수도자 성인들의 삶이 묘사되어 있지만, 드 보케 신부가 잘 분석하였듯이,[3] 베네딕도의 생애는 다른 성

---

1. 〈대화집〉 제2권은 손태섭 신부가 〈성 그레고리오 대교황의 베네딕도 성인전〉(분도출판사 1980)이란 이름으로 번역하였다.

2. 이형우 역주, 〈그레고리오 대종, 베네딕도 전기〉, 분도출판사 1999(교부문헌총서 11) 38-78쪽 참조.

3. **A. de Vogüé,** 누르시아의 베네딕도, 코이노니아 14집 (1989년 가을) 7-31 참조.

인들의 것과 비교가 되지 않을 정도로 그 내용이 풍부하고 길다.

〈대화집〉의 구성을 두 부분으로 나눌 수 있는데, 제1-3권은 주로 여러 성인들의 삶 자체를 묘사하고, 제4권에서는 앞에서 언급된 성인들을 재등장시키면서 종말론적인 교훈의 성격을 띠고 있다. 이러한 구성에서 볼 때, 첫째 부분인 제1-3권에서 제2권 전체가 베네딕도의 생애를 장황하게 묘사하고 있는 반면, 이를 앞뒤로 한 제1권과 제3권은 여러 다른 성인들의 생애나 에피소드를 간략하게 서술하고 있다. 이러한 현상은 둘째 부분인 제4권에서도 마찬가지로 나타난다. 따라서 〈대화집〉에서 베네딕도의 모습은 가운데 우뚝 서 있고, 그 앞과 뒤로 짧막하게 묘사된 여러 사람들은 베네딕도를 돋보이게 하기 위한 보조 역할을 한다는 인상을 주고 있다.[4]

〈대화집〉 제2권에서 그레고리우스 대종은 베네딕도의 출생부터 시작해서 중요한 사건들과 계기들 그리고 죽음에 이르기까지 전 생애를 묘사하고 있다. 짐작컨대 그는 성서나 그 당시의 성인 전기에 나오는 예형들에서 영감을 받아 이 전기를 쓴 듯하다. 성인 전기는 오늘의 전기 문학 유형과는 달리 역사적인 사실성이나 비판 의식보다는 성인의 모범적이고 영웅적인 삶과 기적들 그리고 독자들에게 주는 교훈적인 성격을 중요시하였다. 사실 베네딕도의 전기는 46개의 기적들을 토대로 하여 엮어져 있다. 이러한 기적들에 곁들여 구약과 신약의 위대한 성인들, 즉 모세와 다윗, 엘리야와 엘리사, 베드로와 바울로를 베네딕도의 예형으로 내세우면서 그의 예언자적 카리스마를 부각시키고 있다. 그레고리우스 대종은 베네딕도의 성인전을 통해 이탈리아에서도 에집트와 갈리아가 이미 오래 전부터 자랑해 온 성 안토니우스나 성 마르떠누스와 비교될 수 있는 분이 있다는 사실을 알리고 싶었던 것이다. 그렇다고 해서 베네딕도의 생애의 역사적인 신빙성에 대해 의심할 필요는 없다. 비록 그레고리우스 대종은 베네딕도를 직접 목

---

4. 그레고리우스의 이러한 의도적인 배치는 마치 한가운데에 중심 인물을 크게 그리고 좌우에 이를 보좌하는 인물들을 작게 그리는 교회의 벽화나 모자이크를 연상케 한다.

격하지는 못하였지만 베네딕도의 제자들을 통해 그들의 스승의 생애에 대해 직접 들을 수 있었던 것이 확실하다.

593년경에 그레고리우스 대종이 이 〈대화집〉을 쓸 때 베네딕도의 제자들이 아직 살아 있었으며, 그 중에 수비아꼬 수도원의 호노라뚜스 아빠스, 몬떼까시노의 콘스탄틴과 심쁠리치우스 아빠스들 그리고 라떼란 수도원의 발렌티누스 아빠스를 들 수 있다. 이미 577년에 몬떼까시노 수도원이 롱고바르드 족에 의해 파괴되었으며 그래서 수도자들이 로마에 피난해 와 있었기 때문이다. 그레고리우스 대종은 이들을 통해 베네딕도에 관해 자세히 들을 수 있었을 것이고 또 그의 규칙서를 직접 읽고 이를 토대로 베네딕도의 전기를 교훈적인 형태로 재구성하였을 것이다.

한편 베네딕도와 그의 규칙서의 훌륭함도 있었지만 〈대화집〉의 저자인 그레고리우스의 위치와 그 인물의 위대함으로 인해 베네딕도는 세상에 더욱 널리 알려지게 되는 행운을 얻은 셈이다. 그레고리우스 교종은 레오 교종과 함께 위대한(magnus) 교종이라는 대종(大宗)의 명칭을 얻을 만큼 교회사 안에 중요한 분이었다. 그가 교종이 되기 전에 이미 베네딕도회 수도자였다는 역사적인 확실한 근거는 없지만 수도생활을 했던 것은 분명하다. 당시에는 어느 수도회라는 교회법적 개념이 없었고 한 수도 공동체가 자유로이 한 개 혹은 여러 개의 규칙서를 지킨 관습이 있었다. 몬떼까시노의 수도자들이 로마로 피난온 시기와 그레고리우스가 교종이 된 연도 사이에 16년이란 세월이 있으므로 그레고리우스가 속해 있던 수도 공동체가 베네딕도의 규칙서를 지켰으리라는 가능성을 배제할 수는 없다. 교종으로서 그는 베네딕도 수도자들에 대한 관심이 많았던 것이 확실하며, 596년에 40명의 베네딕도 수도자들을 영국에 선교사로 보내어 복음화하도록 하였다. 이들 중에 성 아우구스떠누스는 초대 켄터베리 대주교가 되었다.

이와같이 베네딕도는 서방교회의 으뜸인 그레고리우스 대종의 소개로 인해 그의 명성이 교회 안에 급속도로 확산되었으며, 베네딕도의 규칙서는 서방교회 안에 가장 권위있는 수도 규칙서로 인정받게 된 것이다.

2. 생 애[5]

1) 출생에서 수비아꼬 생활까지(대화 2, 1-8a)

베네딕도는 480년경에[6] 이탈리아 중부 노르치아(Norcia)의 자유시민 가정에서 태어났다. 성장한 그는 로마에 공부하러 왔으나, 도덕적으로 타락한 로마에 회의를 느끼고 보다 뜻있는 생활을 하기 위해 어릴 때부터 자기를 돌보아준 유모와 함께 엔피데(Enfide)[7]에 있는 성 베드로 성당에 기숙하였다. 그가 이 성당에서 무슨 일을 하며 생활하였는지 명확히 나타나 있지는 않지만 아마 그 성당의 성직자의 일을 도우며 살았던 것 같다. 그는 여기서 성직자들과의 교류를 갖게 되었다. 그러나 이곳에서의 생활은 그의 유모의 우연한 사건으로 인해 끝나게 된다. 유모가 이웃집의 채를 빌려 쓰다가 잘못 간수하여 깨지게 되자 베네딕도는 기도로 그 망가진 채를 원상 복구하여 통곡하고 있는 유모에게 되돌려 주는 기적을 행하였다. 이 기적의 소문이 널리 퍼져나가자, 베네딕도는 오히려 자신을 감추기 위해 남몰래 길을 떠난다.

이때부터 그는 본격적인 수도생활에 들어간다. 그는 수비아꼬에 있는 한 동굴에서 3년간 은수생활을 하게 된다. 이 동굴을 지금은 "거룩한 동굴"이란 뜻의 사끄로 스뻬꼬(Sacro Speco)라고 부르는데 가파른 절벽 가운데 있어 외부 사람이 접근하기 지극히 어려운 동굴이었다. 베네딕도는 동굴생활

---

5. 여기서는 대화집 제2권을 토대로 소개하겠지만, 베네딕도의 생애와 영성을 현대에 조명하여 화보로 소개된 책이 있다: 왈터 닉 글, 헬뭇 닐스 로오제 사진, 〈누르시아의 베네딕도〉(김윤주 역), 분도출판사, 1980.

6. 정확한 출생 연대는 알 수 없으며, A. de Vogüé 신부는 480~490년 사이로 추정한다(코이노니아 14집, 9 참조). 일반적으로 그의 출생 연대를 480년으로 보고 있으며, 교회는 1980년에 그의 탄생 1,500주년을 경축하였다. 베네딕도가 살았던 6세기의 시대적 배경에 대해서는, 코이노니아 7집 (1983년 가을) 76-81을 참조하라.

7. 수비아꼬에서 멀지 않은 곳에 있으며, 오늘날에는 아필레(Affile)라 하는 곳이다.

에 들어가기 전에 로마누스(Romanus)란 수도자로부터 수도복을 받아 입었
으며, 이 생활은 철저한 은수생활이었다. 그는 유일하게 로마누스와 접촉
을 가졌는데 그것도 줄에 바구니를 달아 빵을 전해주는 간접적인 접촉이었
으며, 부활 축일의 날짜도 기억하지 못할 만큼 완전히 기도에 몰입하는 수
덕적 은수생활을 하였다.[8] 이때부터 성인의 성덕을 시기한 악마의 방해 공
작이 시작된다. 악마는 성인에게 빵이 왔음을 알려주기 위해 사용되던 방
울을 깨뜨리는가 하면, 굴뚝새 모양으로 나타나 잠심하는 성인을 방해하기
도 하지만 성인은 이를 극복한다. 드디어 악마는 성인에게 여인의 모습을
떠오르게 하여 육적인 정욕을 일으킨다. 그러나 성인은 가시밭에 자신의
몸을 딩굴어 유혹을 물리침으로써 정욕에서 해방된다.[9]

　욕정을 제어하고 자신을 다스릴 수 있는 경지에 이르른 베네딕도의 명성
이 널리 퍼져나가 비꼬바로(Vicovaro)에 있는 한 수도원의 원장으로 추대된
다. 이 수도원의 원장이 사망하자 수도자들이 베네딕도를 자기들의 원장으
로 추대하였을 때 그는 이를 사양하였지만 그들의 거듭된 간청에 못이겨
수락하였던 것이다. 그러나 베네딕도는 여기서 쓰라린 체험을 하게 된다.
원장으로서 그는 그들의 나태한 수도생활을 바로잡고 이상적인 공동체를
만들려 하였지만 그들은 원장의 엄격한 지도에 불만을 품고 자기들의 나태
한 생활을 고집하면서 오히려 원장을 독살하려는 음모를 꾸몄다. 베네딕도
가 독이 든 포도주잔에 강복하자 그 잔이 깨졌고, 이로써 그들의 간교한

---

8. 대화 **2,1**에 나오는 이 에피소드에서, 아무리 은수생활을 한다 하더라도 부
　활 축일을 기억하지 못했다는 것은 수도자 이전에 한 그리스도 신자로서 문
　제가 된다. 그레고리우스 대종은 여기에, 하느님께서 한 신부에게 계시하여
　베네딕도를 찾아보게 하시고 주님의 부활을 경축하면서 음식을 나누어 먹게
　하셨다는 기적을 덧붙임으로써 그의 몰아적인 완전한 수덕생활을 돋보이게
　한다.

9. 베네딕도의 전기에서 이외에도 악마의 방해와 유혹이 여러 차례 나오는데,
　현대인들에게는 별로 구미에 맞지 않고 또 전기 자체를 우화적인 것으로 생
　각하게 만드는 면이 없지 않다. 그러나 성 안토니우스의 전기처럼, 고대 성
　인전에서 악을 대표하는 악마와의 대결에서 하느님의 사람의 승리는 개인적
　인 차원을 넘어서 세상의 악에 대한 승리라는 상징적인 의미를 갖고 있다.

독살 음모가 드러나자 베네딕도는 그들을 떠난다. 비꼬바로에서의 이 사건은 앞으로 자신의 공동체를 지도하게 될 베네딕도에게 많은 것을 깨닫게 해주었을 것이다. 아무리 훌륭한 수도 이상을 제시한다 하더라도 그 구성원들의 근본적인 회심의 노력이 없는 한 이 이상이 실현될 수 없다는 것이다. 사실 그는 후에 그의 규칙서 여러 곳에서 개인적인 수덕 노력과 형제들의 상호 교정을 강조하면서 악습을 고치는 일과 하느님을 향해 나아가는 일이 별개의 것이 아니라 동시에 이루어져야 한다고 설파하고 있다. 그레고리우스 대종은, 자신을 독살하려던 수도자들에게 조용히 작별 인사를 남기고 떠나는 베네딕도의 모습을 묘사하면서, 분노에서 초탈하고 높은 인내의 경지에 이르른 그의 성덕을 부각시키고 있다.

베네딕도가 수비아꼬에 자리를 옮겨 혼자서 성덕에 더욱 정진하고 있을 때, 사람들은 그의 성덕을 흠모하여 그의 지도를 받기 위해 모여들기 시작하였다. 그는 자발적으로 모여든 이들을 지도하면서 12명의 단위로 된 12개의 소공동체를 만들었다.[10] 이 수도원들은 서로 멀지 않은 곳에 위치하였으며 각기 한 원장에 의해 지도되었는데, 베네딕도 자신은 중심 수도원의 원장으로 있으면서 다른 11개의 수도원을 간접적으로 지도하였다. 이곳 수도원들의 생활양식에 대해 밝혀지지 않았지만, 이 소공동체들의 연합은 〈빠꼬미우스 규칙서〉에 나오는 수도원의 조직 형태와 닮은 점이 있는가 하면, 하나 혹은 둘의 12인조 수도자들로 고정된 〈스승의 규칙서〉의 작은 수도원을 연상케도 한다.

수비아꼬에서의 베네딕도의 생활에서 그레고리우스 대종은 네 가지 기적 이야기를 들려주면서 그의 성덕과 명성이 더욱 널리 퍼져 나갔다고 전한다.[11] 그런데 베네딕도는 이러한 명성으로 인해 또 한번 쓰라린 경험을 하

---

10. **12**명씩으로 된 **12**개의 수도원에서 **12**란 숫자의 상징성이 엿보인다. 이스라엘의 **12**지파, 또는 주님의 **12**제자를 연상케 한다.

11. 수비아꼬에서 있었던 기적들 중에, 나이 어린 마우루스와 쁠라치투스에 관한 재미있는 이야기가 있다(대화 **2,7**). 쁠라치투스가 호숫가의 물을 뜨러

게 된다. 인근 교회의 본당신부는 사람들의 관심이 온통 베네딕도에게 쏠려 있는 것을 시기한 나머지 성인을 죽여 없애려고 간계를 꾸몄다. 그는 독이 든 빵을 성인에게 선물하였는데, 성인이 종종 먹이를 주던 까마귀가 그 빵을 물어다 버렸기 때문에[12] 독살 음모가 무위로 끝나자 이번에는 수도 공동체를 파괴할 목적으로 예쁜 처녀 일곱을 수도원 담 안에 들여보내 춤추게 함으로써 젊은 수도자들을 유혹하게 하였다. 베네딕도는 이 본당신부의 방해 공작이 자신에 대한 시기에 원인이 있음을 깨닫고 대항해 싸우기보다는 다른 수도자들의 안전한 수도생활을 위해 몇몇 수도자만 데리고 스스로 길을 떠난다. 비꼬바로에 이어 두번째로 떠나야 하는 베네딕도에게는 첫번째 이주보다 인간적으로 더 큰 고통이 있었을 것이다. 왜냐하면 비꼬바로에서의 경우에는 자신이 마지못해 수락한 원장직이었고 수도자 자신들이 옳게 수도생활을 하려 하지 않았기 때문이었던 반면, 수비아꼬에서의 경우에는 자신이 직접 설립하였고 사랑하는 수도자들을 남겨두고 떠나야 했기 때문이다. 베네딕도가 떠나 길을 가는 도중에, 그 본당신부가 천벌을 받아 죽었다는 소식을 듣고 기뻐하는 마우루스 제자를 보고 그에게 오히려 보속을 준다. 그레고리우스 대종은 이러한 베네딕도의 모습을, 원수의 죽음을 슬퍼하였던 다윗왕에 비유하면서 원수까지 사랑하는 그의 성덕을 칭송한다.

2) 몬떼까시노에서의 생활(대화 2,8b-37)

베네딕도가 마지막으로 정착한 곳은 몬떼까시노(**Montecassino**)이다. 몬

갔다가 부주의로 빠지게 되었는데 베네딕도가 환시중에 이 사실을 보고 마우루스를 보낸다. 스승의 명을 받은 마우루스는 엉겁결에 물 위를 걸어가 뻴라치투스를 구출하는데, 뻴라치투스는 물속에서 나오면서 스승의 망또 자락을 보았지만 자기를 실제로 구출한 것은 마우루스였다는 것이다. 베네딕도회에서는 두 수도자를 수련자들의 주보로 삼고 있으며, 순명의 모범적인 예로 들고 있다.

12. 베네딕도의 성화나 조각에 종종 까마귀가 함께 나타나고, 또 지금도 사끄로 스뻬꼬에 까마귀 한 쌍을 키우고 있는 것은 이 에피소드에서 연유한다.

떼까시노는 까시노(Cassino) 도시에 인접해 있는 산(Monte)이란 뜻인데, 해
발 519m의 산[13]이다. 까시노는 로마와 나폴리 사이 거의 중간 지점에 위
치하며, 두 도시를 연결하는 라떠나 도로(Via Latina) 쪽으로 로마에서 약
140km 떨어진 곳이다. 몬떼까시노는 별로 높은 산은 아니지만 넓은 평야
에 우뚝 솟아 있어 상당히 높다는 인상을 주며, 주요 도로에 인접해 있으
므로 로마 시대는 물론 현대에도[14] 군사 전략상 중요한 역할을 하고 있다.
산 위에는 원래 웅장한 아폴로(주피터?) 신전이 있었는데 베네딕도가 도착
한 당시에는 폐허로 남아 있었다. 그가 이곳에 온 것은 529년경으로 추정
되며, 죽을 때까지 이곳에 정착하였다.

　베네딕도가 이곳에 자리를 잡은 것은 그의 당대에는 물론 후대에도 여러
가지 의미를 갖게 된다. 주요 도로변의 도시와 인접한 곳, 그렇지만 외부
세계와 격리될 수 있는 높은 산꼭대기,[15] 이교 신전이 있던 이교의 상징적
인 곳, 수비아꼬에서와는 달리 단일 수도원만 가능한 곳을 택한 것이다.
그는 먼저 이교 신전들의 폐허 자리를 변형하여 상당한 규모의 수도원 건
축에 착수하였다. 아폴로의 제단 자리는 투르의 성 마르떠누스에게 봉헌된
성당이 되었고, 산 정상에 있던 제단은 세례자 요한을 주보로 하는 제2의
경당으로 봉헌되었다. 베네딕도가 선택한 이 두 성인은 그의 수도 이상과
몬떼까시노 수도원의 생활 양상을 암시한다. 세례자 요한은 수도자들의 모

---

13. 〈대화집〉 제2권을 번역한 〈베네딕도 성인전〉(손태섭 역, 분도출판사 1980)
　　64쪽에는 몬떼까시노를 3,000m 높이의 산으로 번역하였는데(per tria millia
　　in altum), 여기서 3,000(tria millia)은 밑에서부터 정상까지의 보행 숫자를
　　말한다.
14. 제2차 대전 당시에 연합군과 독일군 사이에 있었던 치열했던 전투로 유명하
　　다. 몬떼까시노의 길목이 뚫리면 로마시가 함락되기 때문에 양편에서 이 고
　　지를 탈환하기 위해 수많은 인명을 희생하였고, 수도원도 완전히 파괴되었
　　다가 전후에 복구되었다.
15. 초기 동방교회의 수도자들은 주로 사막이나 황야에서 생활하였다. 서방교회
　　에는 사막이 없으므로 인가에서 떨어진 외딴 곳이나 섬 혹은 산속에 수도원
　　을 설립하는가 하면, 도시 안에 있는 수도원의 경우에는 담으로 봉쇄구역을
　　설정하였다.

델이며, 투르의 마르띠누스는 갈리아의 가장 대표적인 수도자로서 선교에
도 관심이 있었던 분이다.

〈대화집〉 2권 9장부터 37장까지 길게 묘사된 몬떼까시노에서의 그의 생
활을 요약하면 다음과 같다. 그는 먼저 수비아꼬의 수도원들과는 달리 상
당히 큰 단일 수도원을 건축하였으며, 여러 가지 기적과 모범을 통해 동료
수도자들을 지도하고, 저 유명한 수도 규칙서를 저술하였다. 또 아직 이교
예배에 매여 있던 인근 주민들을 복음화했으며, 인근에 있던 수녀들에게도
영적 지도를 하였던 것 같다. 수녀원장이었던 그의 누이동생 스꼴라스띠까
와 1년에 한 번 만났으며, 마지막으로 만난 밤에 있었던 에피소드는 오누
이와의 해후의 차원을 넘어 애교있는 영적 만남이었다.[16] 또 그는 떼라치나
(**Terracina**)에 새로운 수도원을 설립하였고, 그에게 속해 있지 않던 다른
수도자들도 그의 영적 가르침을 듣기 위해 찾아왔었다.

베네딕도는 세상과 격리된 채 산꼭대기에 있는 수도원 안에서 생활하였
지만,[17] 당시의 중요 인물들의 방문을 통해 세상의 변화를 파악하고 있었으
며 또 장래 일을 예견하였다. 아뀌노의 주교 콘스탄죠, 까노사의 주교 사
비누스, 까푸아의 주교 젤마누스 그리고 고트 족의 아틸라 왕이 그를 방문
하였다. 한편 그는 신분의 차별 없이 모든 사람에게 사랑을 베풀었다. 특
별히 야만인들의 침략에 의해 고통받는 이들, 기근으로 인해 굶주리는 이

---

16. 전승에 의하면, 스꼴라스띠까와의 만남은 서쪽 산기슭에서 이루어졌다고 한
  다. 몬떼까시노 산에는 어떠한 여자도 접근이 금지되어 있었기 때문이다.
  저녁이 되어 베네딕도가 수도원으로 돌아가려 하자 스꼴라스띠까는 오빠와
  좀더 있고 싶은 마음에 사정해 보았다. 그러나 베네딕도는 규칙을 어길 수
  없다는 이유로 이를 거절하자 스꼴라스띠까는 하느님께 기도하여 비를 억수
  같이 내리게 함으로써 오빠를 꼼짝못하게 묶어두었다는 것이다. 응석처럼
  보이는 스꼴라스띠까의 이러한 태도를 그레고리우스는, 사랑이 규칙의 엄함
  을 이긴 일화로 보고 있다. 오누이가 날이 새도록 영적 생활에 관한 이야기
  를 나누었다는 이 일화는 바로 다음 장(**34**장)에 이어서 나오는 스꼴라스띠
  까의 죽음에 대한 이야기와 연관시켜 볼 때 이해할 만하다.
17. 몬떼까시노에 정착한 후 그는 떼라치나 수도원의 설립을 위해 단 한번 여행
  한 경우 외에는 수도원을 떠나지 않았다.

들에 대해 각별한 관심을 갖고 그들을 도와주었다. 이러한 그의 정신은 그의 규칙서에서, 가난한 이들과 순례자들을 그리스도처럼 정중히 맞이하라는 규정(**RB** 53,1-7)에서 잘 나타나 있다.

그의 생애 말기에 있었던 몇 가지 에피소드는 하느님과의 일치 그리고 관상의 높은 경지를 보여주고 있다. 그는 누이동생 스꼴라스띠까와 마지막으로 만난 지 3일 후에, 동생의 영혼이 육신을 떠나 비둘기 모양으로 승천하는 환시를 보고 동생이 죽었음을 알게 되었고 자기를 위해 마련해 둔 무덤에 장사지내도록 하였다(34장). 또 까푸아의 주교 젤마누스의 죽음을 예견한 베네딕도는 태양처럼 강한 빛을 쳐다보고 온 세상을 한눈에 보면서 그 아름다움에 도취되어 있었다고 한다(35장). 이 두 가지 종말론적 환시는 성덕의 높은 경지에 오른 베네딕도의 완성, 즉 영광스러운 죽음을 예시한다. 그는 자신의 죽음을 예고하였고, 죽기 6일 전에 자기 무덤의 문을 열어놓게 하였다. 베네딕도 자신의 원의에 따라 그 무덤 안에는 이미 누이동생 스꼴라스띠까의 시신이 안치되어 있었으니, 그는 그토록 사랑하였고 수도 이상의 동료였던 동생과 함께 묻혀 일치되기를 원했던 것이다.

돌아가시던 당일 베네딕도는 성당에 들어가 성체를 영한 다음, 두 형제의 팔에 의지해 간신히 몸을 가누고는 양팔을 높이 쳐들고 기도하던 도중에 운명하였다. 스승을 부축하던 두 형제는 하늘로 향해 촛불들로 휘황찬란하게 장식된 길의 환시를 보고 스승이 운명하신 것을 깨달았다고 한다(37장). 그는 죽는 마지막 순간까지 깨어 기도하는 모습을 제자들에게 보여준 것이다. 그의 사망 연대는 555년에서 560년 사이로 추정된다. 교회는 그의 천상탄일, 즉 사망일을 3월 21일에 경축하고 있다.

3) 유해 문제와 "구라파의 주보"

교회는 3월 21일 외에 또 7월 11일에 베네딕도의 축일을 지내는데, 이 둘째 축일에 대해서는 복잡한 역사적인 사연이 있다. 7월 11일 축일은 원래 "베네딕도 이전"(**translatio**) 축일이라 불렸는데, 여기서 말하는 "이전"

이란 베네딕도의 유해가 몬떼까시노에서부터 프랑스로 이전되었다는 뜻이다.[18] 이 이야기는 7세기 하반기로 거슬러 올라간다.[19] 몬떼까시노 수도원이 야만족에 의해 파괴되고 황폐화된 후에 베네딕도 성인의 유해가 방치되어 있는 것을 안타깝게 생각한 프레리-쉴-로와르(Fleury-Sur-Loire) 수도원의 아빠스는 자기 수도자들을 보내어 베네딕도와 스꼴라스띠까의 유해를 수도원으로 모셔오게 하였다. 그리고 11~12세기경에는 거대한 성당이 지어졌고 그 안에 성인의 유해가 안치되었다. 중세기부터 프랑스 지방은 물론 이탈리아를 포함한 서방교회는 이 이전일을 기념하여 축일로 지냈다. 베네딕도의 무덤은 그후 1562년에 프로테스탄트 휘그파에 의해 그리고 프랑스 혁명기인 1797년에 유린되었지만 유해는 무사했던 것으로 밝혀졌다. 1881년 여러 가지 검증을 거친 다음 베네딕도의 유해는 프레리 수도원에서 여러 수도원과 교회들에 배분되어 모셔지게 되었다. 솔렘 수도원(1838년), 아인시데른 수도원(1856년), 보이론 수도원(1864년), 라 삐엘-퀴-빌 수도원(1865년).

베네딕도 유해의 이전은 역사적인 문헌에 근거를 두고 있지만, 그 유해의 사실성 여부에 문제가 있다. 즉, 7세기에 프레리 수도자들이 모셔갔다는 유해가 진짜 베네딕도의 유해였느냐 하는 문제이다. 한편 몬떼까시노 수도원은 1955년 12월 1일에 로마 대학과 나폴리 대학의 의사들과 교수들의 도움으로 베네딕도가 묻혔다고 추정되는 곳에서 유해를 발견하고 이

---

18. 중세기에는 **12**월 **4**일을 "베네딕도 이장(移葬)"(illatio S. Benedicti) 축일로 지냈다. 즉, **7**월 **11**일은 베네딕도의 유해가 몬떼까시노에서 프랑스로 이전됐음을 기념하는 것이고, **12**월 **4**일은 프레리-쉴-로와르 수도원에 도착해 이장됐음을 기념하는 것이다.

19. 이 이야기에 대한 기록은 두 가지가 있다. 첫째 사료는, **18**세기에 베네딕도회 마우리스트 수도자였던 **J. Mabillon**이 **8**세기의 것으로 추정되는 사본을 근거로 기록한 것으로 그 원본은 그후 유실되었다: *Vetera Analecta, in d'Achery, Spicilegium* IV (Paris 1723) 211-212. 둘째 사료는, **8**세기의 사본 (München, clm 6333)으로서 보이론 수도원의 **E. Munding** 신부가 해설과 함께 *Texte und Arbeiten* I (Beuron 1930) 15-18에 출간하였다.

를 수도원 성당의 중앙 제대 밑에 안치하였다. 이로써 베네딕도의 유해에 관한 프랑스 측의 주장과 몬떼까시노 측의 주장 사이의 진실성 여부는 풀릴 수 없는 미해결로 남게 되었다.

한편 1964년 10월 24일 교종 바오로 6세는 성 베네딕도를 "구라파의 주보"(**Patronus Europae**)로 선포하고 7월 11일을 그 축일로 제정하였다. 이보다 앞서 성 베네딕도는 "서방 수도생활의 아버지" 그리고 "기술자와 건축가와 개간자들의 주보"로 불리고 있다. 그에게 붙여진 이러한 여러 가지 명칭은 그의 생애에도 근거하지만, 특히 그의 규칙서를 지키며 그를 사부로 모시는 후대의 제자들이 역사 안에 이루어놓은 업적에 근거하고 있다. 로마제국의 문화가 야만족의 침입으로 인해 붕괴되고 와해되는 혼란한 시기에 "기도하고 일하는"(**Ora et labora**) 베네딕도 수도자들이 문화 유산을 보존하였으며, 정치적인 안정을 되찾은 구라파에 문화를 발전시키고 꽃피우는 데 중요한 역할을 했기 때문이다. 그의 규칙서는 12세기까지 서방교회의 대부분의 수도원들에서 지켜졌으며, 그후에도 서방교회의 수도생활의 기초가 되었던 것이다.

나. 저 서

1. 〈베네딕도 규칙서〉

성 베네딕도는 저서로 유일하게 규칙서만 남겼다. 〈대화집〉 2,17을 보면, 성인이 하느님의 계시를 통해 몬떼까시노 수도원이 가까운 장래에 파괴될 것을 내다보시고 울었다고 한다. 앞에서 언급하였듯이, 성인이 돌아가신 후 불과 20여년도 안되는 577년에 롱고바르드 족의 침입으로 수도원은 완전히 폐허가 되었고 수도자들은 사방으로 흩어져야 했다. 성인이 그처럼 정성을 들였고 큰 희망을 걸었던 이 수도원이 대파됨으로 인해 겉으

로는 모든 것이 무산된 듯하였지만 두 가지 사실만은 그대로 보존되었으
니, 즉 그가 저술한 규칙서(*Regula monachorum*) 그리고 〈대화집〉에 묘사
된 그의 모습이다.

　베네딕도가 규칙서를 저술한 시기를 정확히 알 수는 없지만, 마지막 편
집을 마친 것은 그의 생애의 말기로 추정된다. 〈대화집〉에 따르면, 규칙서
의 저술에 관한 내용이 성인의 죽음 바로 앞장(2, 36)에 나온다. 이것은
꼭 시기적인 순서와 일치하지 않는다 하더라도, 그레고리우스 대종이 규칙
서의 특징을 묘사하는 내용은 베네딕도가 오랜 경험과 심사숙고 끝에 규칙
서를 저술하였음을 암시하고 있다. 묘사된 내용은 이러하다: "하느님의 사
람(**vir Dei**) 베네딕도는 뛰어난 분별력(**discretione praecipuam**)과 명쾌한 표
현(**sermone lucuentem**)으로 규칙서를 저술하였다. 그분의 성품과 생활을
더 자세히 알려 하는 사람은 그분이 행동으로 가르친 모든 내용을 이 규칙
서 안에서 찾아볼 수 있다. 왜냐하면 그분은 자신이 직접 생활하셨던 것과
는 다른 어떤 것도 가르칠 수 없는 분이었기 때문이다." 규칙서에 관한 이
짤막한 언급에서 후반부는 그레고리우스 대종에게 스승에 관한 이야기를
들려준 제자들의 말을 토대로 한 것이라면, 전반부 특히 "뛰어난 분별력과
명쾌한 표현"이란 설명은 그레고리우스 자신이 성인의 규칙서를 읽고 느낀
소감일 것이다.

　규칙서를 읽어보면 알 수 있듯이, 베네딕도는 단순한 이상가만은 아니었
다. 오랜 기간의 수덕생활 그리고 비꼬바로, 수비아꼬, 몬떼까시노에서 수
도 장상으로서의 좋고 나쁜 여러 가지 경험과 체험들이 규칙서 안에 결정
화되어 있다. 베네딕도는 아빠스의 처신에 대해 규칙서 2장에서, "아빠스
는 모든 좋은 것과 거룩한 것을 말보다는 행동으로써 보여줄 것이다. …
자기가 제자들에게 부당하다고 가르친 바는 무엇이거나 해서는 안된다는
것을 자기의 행동으로써 가르칠 것이다"(**RB** 2, 12-13)라고 권고하고 있듯
이, 자신이 오랫동안 직접 실천하고 체험하고 묵상한 것을 규칙서 안에 구
체화한 것이다. 따라서 이렇게 씌어진 그의 규칙서는 "뛰어난 분별력"과

정확하고 "명쾌한 표현"을 특징으로 한다. 베네딕도는 분별력(**discretio**)을 "모든 덕행들의 어머니"(**RB** 64,19)라 부르며, 이 분별력은 지나침이나 소홀함이 없는 중용을 뜻한다. 사실 베네딕도는 규칙서의 머리말 끝부분에서 규칙서의 성격을 이렇게 표현한다: "거칠고 힘든 것은 아무것도 제정하기를 결코 원치 않는 바이다. 그러나 결점을 고치거나 애덕을 보존하기 위하여 공정한 이치에 맞게 다소 엄격한 점이 있더라도"(머리말 46-48절) 구원의 길을 계속 달려가라는 것이다.

2. 규칙서의 구조와 특징

〈베네딕도 규칙서〉는 우리에게 전해져 내려오는 고대 규칙서들 중에서 많은 점에 있어 월등히 뛰어나다. 〈베네딕도 규칙서〉 이전의 수도 규칙서로서 현존하는 것은 12개[1]가 있는데, 〈베네딕도 규칙서〉는 분량 면에서도 〈바실리우스 규칙서〉와 〈스승의 규칙서〉 다음으로 길며, 구조와 내용 면에서는 어떤 규칙서보다도 더 조직적이고 완전하다.

규칙서는 "머리말"과 함께 73개의 장으로 되어 있다. 각 장의 길이는 서로 큰 차이가 있어 제일 긴 장인 제7장의 경우에는 70절로 되어 있는가 하면, 제30장, 45장, 51장 등은 단 3절로 되어 있다. 일반적으로 규칙서를 두 부분으로 나누는데, "머리말"부터 제7장까지는 영성적이고 이론적인 성격이 많으며, 후반부인 제8장부터 72장까지는 제도적이고 규율적인 성격이 많고, 제73장은 마지막 권고로 되어 있다. 각 장의 순서는 일반적으로 서로 연관된 주제별로 배열되어 있다.

"머리말"은 수도생활의 이상과 목표를 제시하는데, 하느님과 불림을 받은 수도승과의 대화 형식으로 되어 있다. 제1-3장은 수도원의 기본 구조, 즉 수도승들의 종류(1장), 아빠스(2장), 형제들과 그들의 의견(3장)에 대

---

1. 뒤의 부록 **1**(263-283쪽)을 참조하라.

해 설명하고 있다. 제4-7장은 영적 비결, 즉 수덕생활에 대해 말하는데, 수덕을 위한 74가지의 짧막한 권고들을(4장) 열거한 다음, 3가지 기본 덕행인 순명(5장), 침묵(6장), 겸손(7장)에 대해 장황하게 설명한다. 특별히 12단계로 되어 있는 겸손의 장은 앞의 순명과 침묵의 덕까지 포괄하여 수도승의 기본 자세와 수덕 방법을 종합해서 제시한다.

베네딕도는 영성 부분을 끝낸 다음 바로 이어 수도생활에서 가장 중요한 공동기도를 배열하고 있다. 제8-20장은 공동기도에 대해 규정하는 전례집 **(codex liturgicus)**이다: 당시의 시간 계산법의 순서[2]에 따라, 밤에 바치는 기도(8-11장)와 낮시간에 바치는 시간경(12-18장)의 절차와 시편 배열 그리고 기도하는 태도(19-20장)에 대해 규정하고 있다.

제21-52장은 수도원 내의 생활 규율과 조직에 관한 제반 규정들로 되어 있다. 이 규율 부분은 형제들의 실제 생활의 기본 조직인 십인장 제도(21장)로 시작되며, 이어 잠 규정(22장)이 나온다. 잘못한 형제들의 교정 문제를 다루는 제23-30장은 "형벌집"**(codex poenalis)**이라 할 수 있는데, 마태 18,15-17에 나오는 교정 절차를 토대로(23장) 대·소 파문벌(24-26장), 벌받는 형제에 대한 아빠스의 염려(27-28장), 재입회(29장) 그리고 미성년자를 위한 교정 방법(30장)을 규정하고 있다.

제31-34장은 수도원의 재정에 관한 부분으로서 당가(31장)와 물품 관리인(32장) 그리고 개인 소유 금지와 분배(33-34장)를 다루고 있다. 제35-41장은 식사에 관한 부분으로서 주간 봉사자(35장), 병자(36장), 노인과 어린이(37장), 식당 독서자(38장), 음식과 음료의 분량(39-40장), 식사시간(41장)을 규정하고 있다. 하루 일과의 마지막인 끝기도와 침묵에 대해

---

2. 당시의 시간 계산법은 오늘과는 달리 해지는 시각부터 하루가 시작된다. 일몰부터 일출까지를 밤시간이라 하고, 일출부터 일몰까지를 낮시간이라 하였다. 그리고 낮시간과 밤시간을 각각 **12**등분하여 시간을 계산하였다. 따라서 겨울철의 낮 **1**시간과 밤 **1**시간의 길이는 크게 다르다. 교회 전례에서 대축일의 제**1** 저녁기도를 전날 저녁기도에 하는 이유는 이러한 옛 전통에서 오는 것이다. **101**쪽 주 **1** 참조.

규정하는 제42장은, 일과 시간표를 규정하는 제41장과 연결된다.

제43-46장은 잘못에 대한 여러 가지 속죄 절차를 규정하는데, 벌에 대해 규정하는 제23-30장에 이어 제2의 "형벌집"이라 할 수 있다: 성당과 공동식사에 늦게 온 형제(43장), 파문받은 형제(44장), 성당에서 잘못한 형제(45장), 그외 다른 일에 잘못한 형제(46장)의 속죄 절차를 정하고 있다. 베네딕도는 제1형벌집(23-30장)과 제2형벌집(43-46장)을 분리시켜 놓았는데,[3] 제1형벌집은 장상과 공동체 측에서 잘못한 형제에 대한 교정 노력이라 한다면, 제2형벌집은 잘못한 형제 측에서 자신의 교정을 위한 노력이다. 제47장은 성무일도 시간을 알리는 타종 문제를 규정하는데, 앞장과 뒷장을 이어주는 역할을 한다: 우선 이 규정은 타종에 실수하지 않도록 하는 예방 규정임과 동시에 제48장부터 이어서 나오는 일과 독서의 시간 문제와 연결된다.

제48-52장은 수도원 생활의 하루 일과에서 가장 중요한 3가지 요소인 일, 독서, 기도를 배정하고 있다: 일과 독서의 시간 배정(48장), 사순절(49장), 수도원 밖에서 일할 때의 기도(50장), 세속으로부터의 격리(51장) 그리고 수도원 성당(52장)에 대해 규정하고 있다.

제53-57장은 수도원과 세속과의 관계를 규정하는 부분이다: 수도원을 찾아오는 손님(53장), 외부로부터의 편지와 선물(54장), 필요한 이들에게 물품을 나누어 줌(55장), 손님을 염두에 둔 아빠스의 식탁(56장), 수도원에서 만든 물품을 밖에 내다 파는 상거래(57장)를 규정한다.

제58-66장은 수도 공동체의 인적 사항을 규정하는 부분이다. 우선 제58-61장은 수도원 입회자들의 여러 경우들을 다루는데, 평신도 출신의 성인 입회자(58장), 평신도 출신의 미성년자 입회자(59장), 성직자 출신의 입회자(60장), 수도자 출신의 입회자(61장)에 대해 규정한다. 그 다음 공동체의 필요에 의해 형제들 중에 성직자를 세우는 문제(62장), 공동체의

---

3. 〈스승의 규칙서〉(**RM**)와 연관시켜 보면 이 점이 더욱 명확해진다: **RM**에서는 벌 규정과 속죄 과정을 한데 묶어놓았다.

차례(63장), 아빠스 선출(64장), 원장 임명(65장), 끝으로 수도원의 문지기와 봉쇄(66장)를 규정하고 있다. 제66장 끝부분의 "형제들 가운데서 어느 누구도 몰랐다는 핑계를 대지 않게 하기 위해서 우리는 이 규칙서가 공동체 안에서 자주 읽혀지기를 바라는 바이다"(8절)라는 권고는 마치 규칙서를 끝맺는 듯한 인상을 주고 있다. 대부분의 학자들은 여기서 규칙서의 1차 편집이 끝났으며 제67장 이하는 2차 편집에서 첨가된 것이라고 말하고 있다.

제67-72장은 앞의 규정들에서 미진한 점들을 보충하는 보완 규정들로서 특별히 형제들의 상호 관계를 언급하고 있다. 여행하는 형제들에 대해 규정하는 제67장은 제66장의 봉쇄 규정과 연결됨과 동시에 제50장(수도원 밖에서의 일)과 제57장(상거래) 이외의 상황에 대해 보완한다. 불가능한 명령을 받은 형제에 대해 규정하는 제68장은 제5장(순명)을 보완한다. 제69-70장은 형제들 상호간의 관계에서 부정적인 태도인 월권행위를 금하고 있다. 제71장(형제들 상호 순명)과 제72장(형제들 서로에 대한 좋은 열정)은 이상적 형제 공동체를 묘사하는 가장 아름다운 장이다.

끝으로 제73장은 규칙서를 끝맺는 권고의 말이다. 이 권고의 말은 머리말 끝부분과 연결되지만, 베네딕도는 이 규칙서의 절대성을 고집하지 않고 오히려 초보자의 규칙에 불과하다고 말하면서 수도생활에 더욱 매진하려는 사람들을 위해 성서와 교부 문헌들을 읽을 것을 권하고 있다.

위에서 살펴본 바와 같이, 〈베네딕도 규칙서〉에서 수도생활에 요구되는 핵심 사항들을 상당히 체계적이고 조리있게 서술하고 있다. 이론과 규율 어느 한쪽에 치우치지 않고 서로 잘 조화를 이루고 있다. 〈베네딕도 규칙서〉에서 언급된 내용은 대부분 이전의 수도 규칙서들에 나오는 것들이다. 그러나 그는 이러한 수도 유산들을 그냥 인용한 것이 아니라 오랜 수도생활의 체험을 통해 여과시킨 다음 자기 수도자들의 수준과 여건에 맞게 조정하여 재편집한 것이다.

3. RB의 문헌 역사와 사본 문제

베네딕도회의 수도원들이 증가함에 따라 〈베네딕도 규칙서〉의 사본의 숫자도 증가하게 되었다. 성서 다음으로 고대 문헌들 가운데 어떤 것도 〈베네딕도 규칙서〉보다 더 많은 사본을 갖고 있는 문헌이 없다. 따라서 〈베네딕도 규칙서〉의 문헌 연구가 매우 복잡하고 어렵다. 구라파에서 15세기에 인쇄술이 개발되기 전에는 모든 문헌이 손으로 쓴 필사본이라는 사실을 염두에 둔다면 문헌 연구가 원문에 가까운 본문을 찾는 데 필수적인 요건이 됨을 인식하게 될 것이다. 물론 이러한 문제는 베네딕도가 직접 쓴 원문이 상실되었다는 사실에서부터 기인한다.

1) 정통 표준 사본(Exemplar-normale)

앞에서 언급하였듯이, 몬떼까시노 수도원이 577년에 있었던 롱고바르드족의 약탈로 파괴되자 수도자들은 로마로 피신하면서 베네딕도가 직접 쓴 규칙서의 원본(학계에서는 Ω 기호로 표시함)을 가지고 갔다.[4] 그후 717년 뻬트로낙스(**Petronax**) 아빠스가 몬떼까시노 수도원을 재건하여 수도자들이 귀환하였는데, 규칙서 원본은 성청의 라떼란 도서관에 소장되었다가 750년에야 자카리아스 교종의 배려로 몬떼까시노 수도원으로 돌아오게 되었다. 그후 몬떼까시노 수도원이 또다시 883년에 사라센의 침입으로 파괴되자 수도자들은 떼아노(**Teano**: 몬떼까시노와 나폴리 사이에 위치)로 피신하게 되었고, 896년에 있었던 화재로 규칙서의 원본이 불타게 되었다.[5]

---

4. 〈베네딕도 규칙서〉의 문헌 연구가였던 **L. Traube**가 **1898**년에 출판한 〈성 베네딕도 규칙서의 문헌 역사〉(*Textgeschichte der Regula S. Benedicti*)에서는, **577**년 피난 당시 몬떼까시노 수도자들이 규칙서 원본(Ω)을 가지고 가지 못하고 사본(ψ)을 가지고 갔다고 주장했으며, 이것이 학계에서 거의 통용되다시피 하였다. 그러나 최근에 몬떼까시노의 규칙서 연구가인 **A. Lentini**는 사본(ψ)이 아니라 원본(Ω)을 가지고 갔다고 주장한다(San Benedetto, *La Regula,* Montecassino, 1980, 해제 **LXXIII-LXXIV** 참조).

그러나 이보다 앞서 카알 대제의 원의에 따라 787년에 학자 수도자였던 바울로 부제(Paulus Diaconus)가 몬떼까시노에 와서 규칙서의 원본(Ω)을 복사해 갔는데, 이 사본을 ψ 사본이라 부른다. 이 사본은 테오데말(Theodemar) 아빠스에 의해 아켄의 황실 도서관에 보내져 보관되었으며, 그후 아니아네의 베네딕도 아빠스[6]가 제국의 수도원들을 개혁할 때 이 사본을 기초로 하였다. 그래서 이 사본은 "아켄의 표준 사본"이라고 불리기도 한다. 그러나 이 사본도 후에 유실되었다.

한편 817년에 라이켄나우(Reichenan) 수도원의 헤이토(Heito) 아빠스는 그리말드(Grimald)와 타토(Tatto) 수도자를 아켄 가까이에 있는 인다(Inda) 수도원에 보내어 수도생활에 대한 교육을 받게 하였는데, 인다 수도원은 8세기에 아니아네의 베네딕도가 제국의 수도원들을 개혁하기 위해 모델로 세운 수도원이었다. 위의 두 수도자는 아켄의 황실 도서관에 있는 규칙서 사본을 도서관 책임자였던 레짐벨트(Regimbert)의 도움을 받아가며 정확히 복사하였다. 그들이 얼마나 정확히 복사하려 하였는지는 다음의 사실에서 알 수 있다: 아켄의 표준 사본(ψ)을 그대로 복사하면서, 여백에는 철자법 또는 문법에 문제되는 부분[7]을 고치거나 그외 다른 사본들에 차이 나는 것들을(= 이본: variante) 첨부하였다. 학계에서는 두 수도사가 복사한 사본은 A 사본이라 부르고, 이본들을 표시한 부분은 a 사본이라 부른다. 위의 두 수도자 중에 한 사람인 그리말드가 841년에 상 갈렌(St. Gallen) 수도원의 아빠스가 되면서 A 사본을 가지고 가서 지금까지 수도원 도서관에 보존되어 오는데, 바로 Codex Sangallensis 914(= A 사본)이다.

위에 열거한 사본들만이 존재했던 것은 아니다. 베네딕도 시대부터 수련

---

5. A. Lentini는 불탄 규칙서의 원본의 일부분이 18세기 말까지 몬떼까시노에 보존되어 왔었다고 주장한다. 상게서, 해제 LXX 주 10 참조.

6. 아니아네의 베네딕도 아빠스에 대해서는 31-32쪽을 참조하라.

7. 베네딕도 시대(6세기)의 라띤어 문법과 철자법은 두 수도자가 규칙서를 복사하던 9세기의 것과 차이가 나는 경우가 있다.

자 교육을 위해서 또는 수도자들의 독서용으로 수많은 사본들이 있었다. 우리가 정통, 표준 사본이라 하는 이유는, 마치 족보의 원줄기를 찾아가듯 확실한 역사적인 근거에 의해 복사된 사본을 추적하는 데 있기 때문이다.

2) 위조 사본(Textus interpolatus)

L. Traube[8] 이후에 붙여진 이름으로서, 정통, 표준 사본(ψ)과 구별하여 위조 사본을 Σ 기호로 표시한다. 이 사본은 〈베네딕도 규칙서〉의 단어와 문체를 고전 라띤어 문법에 따라 고침으로써 문체를 매끄럽게 하였으며, 특기할 사항은 머리말 40-50절이 빠져 있다. 이에 속하는 사본들이 여러 개 있는데 모두 같은 특징을 갖고 있어 지금은, 상실되었지만 하나의 변형된 원사본(Σ)에서부터 복사된 것으로 보인다.

주요 사본들을 열거하면 다음과 같다: 700~710년경에 영국의 옥스포드 사본(Codex Oxoniensis, Hatton 48 = O)이 가장 오래된 것이고; 8세기경의 베로나 사본(Codex 52 = V); 8세기 말경의 상 갈렌 사본(Codex 916 = S)[9]; 9세기 초의 투르의 성 마르떠누스 사본(Codex 1245 = M) 등이다. 이 사본들은 7~8세기경에 이탈리아, 프랑스, 영국, 독일 등에서 폭넓게 유통된 듯하다.

3) 유통 사본(Textus receptus)

C. Butler[10] 이후에 붙여진 이름으로, 8세기 이후부터 여러 수도원에서 유통되어 온 사본들을 말한다. 이 사본들은 정통 표준 사본과 위조 사본 중간에 위치한다고 말할 수 있는데, 사본의 필기자들이 본문을 계속 다듬고 미화시킨 흔적이 엿보인다. 10세기경부터 우세해지기 시작해서 지난

---

8. L. Traube, *Textgeschichte der Regula S. Benedicti,* München, 1910 (2판).

9. 앞의 정통 표준 사본인 A(codex Sangallensis 914)는 codex 번호가 다르다.

10. C. Butler, *Sancti Benedicti Regula Monachorum.* Editio cirtico-practica, Freiburg im B. 1935 (3판).

세기 말까지 대부분의 수도원들에서 받아들여져 통용되었기 때문에
"Textus receptus"[11]라 불린다.

4) 본문 비판본(Textus criticus)

위에서 〈베네딕도 규칙서〉의 사본들의 역사와 유형에 대해 알아보았는
데, 과연 베네딕도가 쓴 규칙서의 원문은 어떠하였겠는가? 이를 위해서는
정확히 본문 비판이 있어야 한다. 그러나 지난 세기 말까지 이 작업이 소
홀히 되었으며, 더욱이 놀라운 것은 구라파의 도서관과 고문서실들을 섭렵
하면서 교부 문헌에 관한 방대한 **Migne** 전집을 만들었던 마우리스트 베네
딕도 회원들[12]마저 규칙서에 대한 본문 비판을 하지 않았다.

본격적인 본문 비판을 하기 시작한 것은, 독일 메튼 수도원의 **E.
Schmidt**로서 15개의 사본 연구를 통해 1880년에 제1판(*Regula S. P. Bene-
dicti juxta antiquissimos codices recognita*, **Ratisbonae**)을 출간하였는데, 여
기서 그가 주로 사용한 사본들은 위조 사본들(**O, V, S**)이었다. 그러나
1892년에 출판한 제2판에서는 정통 표준 사본인 **A** 사본의 가치를 인정하
여 이를 토대로 하여 만들었다. 1895년 **E. Wöllflin**은 새로운 본문 비판본
(*Benedicti Regula monochorum, Lipsiae*)을 출간하였는데, 너무 서두른 나머
지 몇 개 안되는 사본들에 대한 연구에 그쳤고, **A** 사본을 전혀 사용하지
않고 위조 사본인 **O** 사본에 기초를 두었다.

E. Schmidt로부터 자극을 받은 **L. Traube**는 1898년에 저 유명한 〈성 베

---

11. 일반적으로 **"Textus receptus"**는 "공인 사본", 즉 본문 비판을 거쳐 공적으
로 인정된 사본이란 뜻으로 사용되는데, 여기서는 지난 세기 말까지 여러
수도원에서 마치 공인 사본 형식으로 유통되었다는 뜻이다.

12. **1618**년 파리에 설립된 베네딕도회 성 마우루스 수도원의 수도자들로서 특
별히 교부 문헌에 관심을 갖고 구라파의 수도원들과 도서관에 소장되어 있
는 모든 교부 문헌들을 모아 전집으로 출간하였다. 이 전집을 **J. P. Migne**
아빠스(**† 1875**)의 이름을 따서 **Migne** 전집이라 하는데, 라면 교부 문헌
(**Patrologia Latina: PL**) **221**권, 희랍 교부 문헌(**Patrologia Greca: PG**) **161**권
으로 되어 있다.

네딕도 규칙서의 문헌 역사〉(*Textgeschicte der Regula S. Benedicti*)를 출간하였는데, 규칙서 사본들의 복잡한 전승 역사를 밝혀내면서 A 사본의 우월성을 입증하였다. 그의 연구 업적은 그후 모든 학자로부터 인정받게 되었다.

Traube의 학설을 토대로 20세기에 들어서면서 많은 규칙서 문헌 비판본이 나왔는데 중요한 몇 가지만 열거하겠다. G. Morin은 1900년에 A 사본을 몬떼까시노에 소장되어 오던 다른 사본들과 비교 연구를 하여 A 사본의 표준본(edizione diplomatica, Montecassino)을 만들었다. 그리고 C. Butler는 1912년에 *S. Benedicti Regula monachorum*을 출간하였다. 규칙서 문헌에 대해 광범한 연구를 한 R. Hanslik은 1960년에 *Benedicti Regula*(CSEL 75, Vienna)를 출간하였는데, 전세계에 흩어져 있는 약 300개의 사본을 조사하였고 그 중 70개를 뽑아 이본(variante)으로 사용하였다.[13] 그는 또한 규칙서에 나오는 모든 단어의 색인표인 concordantiae를 만들었다. 또 주목할 만한 작품은, J. Neufville이 본문 비판을 하고 A. de Vogüé가 방대한 해제와 불어 번역과 주석을 한 *La Règle de Saint Benoît* (Sources Chrétiennes 181-183, 1972)에는 단어 색인표(concordance)도 들어 있다. 지금까지 〈베네딕도 규칙서〉에 대해 가장 방대하고 중요한 연구를 한 분은 드 보께 신부로 앞에서 언급한 SC 181-183 외에 SC 시리즈로 4권을 더 내었다.

근래에 출간된 것으로서 언어별로 주목할 만한 대역본과 주석서들은 다음과 같다.

영어판: *RB* 1980, Collegeville Minnesota 1980.

독어판: B. steidle, *Die Benedictus - Regel,* Beuron 1980 (4판).

G. Holzerr, *Die Benediktsregel,* Benzinger Verlag 1989 (3판).

이탈리아어판: A. Lentini, *S. Benedetto La Regola,* Moncassino 1980.

스페인어판: G. M. Colombas e I. Arauguren, *La Regla de San Benito,* Madrid, 1979.

---

13. 1977년에 제1판을 약간 수정하여 제2판을 냈다.

위에 열거한 근래의 본문 비판본들은 규칙서의 라띤어 본문에서 큰 차이점이 없으며, 차이점이라 해도 몇 가지 단어들에 의견 차이를 보이고 있을 뿐이다. 따라서 어느 책을 사용하든지 본문 이해에는 큰 어려움이 없다. 이 책에서 우리는 **J. Neufville** 신부와 **A. de Vogüé** 신부가 한 **Sources Chrétiennes** 181-182에 나오는 라띤어 본문을 그대로 사용하였다.

"머리말"부터 제7장까지는 〈스승의 규칙서〉(**RM**)와의 관계를 시각적으로 나타내기 위해서 동일한 부분은 굵은 글자체로 인쇄하였다.

다. 〈베네딕도 규칙서〉와 〈스승의 규칙서〉의 관계

1. 두 규칙서의 선후 문제

카알 대제 시대에 아니아네의 아빠스 베네딕도(✝821)는 수도생활을 개혁하고, 제국 안의 모든 수도원들이 〈베네딕도 규칙서〉를 준수하도록 하는 데 지대한 공헌을 하였다. 그는 이러한 개혁의 기초가 될 3개의 저서를 편집하였는데, 첫째 저서는 당시까지 전해 내려오는 25개의 수도 규칙서를 모아 편찬한 〈수도 규칙서 전집〉(*Codex regularum*)이고, 둘째 저서는 〈베네딕도 규칙서〉의 순서에 따라 각 장마다 이에 연관된 다른 수도 규칙서들의 내용을 배열한 〈규칙서들의 대조〉(*Concordia regularum*)이고, 셋째 저서는 수도생활에 관한 교부들의 강론과 권고들의 모음집이다. 다시 말해, 아니아네의 베네딕도의 의도는 모든 수도 규칙서를 제시하면서 〈베네딕도 규칙서〉의 우월성을 입증하는 데 있었다.

〈수도 규칙서 전집〉에 나오는 25개 규칙서들 가운데 가장 길면서도 그 저자의 이름이 명시되지 않은 규칙서가 있는데, 이 규칙서를 흔히 〈스승의 규칙서〉라 부른다. "서언"과 95장으로 되어 있는 이 규칙서의 거의 모든 장은, "제자들의 질문"(interrogatio discipulorum)이라는 말과 함께 질문의

내용이 나오고, 이어서 "주께서 스승을 통해 대답하신다"(respondit Domi-
nus per magistrum)라는 말과 함께 대답의 내용이 나오기[1] 때문에, 〈스승
의 규칙서〉(*Regula magistri:* RM)란 이름이 붙게 된 것이다. 〈스승의 규칙
서〉는 2차 대전 직전까지 〈베네딕도 규칙서〉(*Regula Benedicti:* RB)의 그늘
에 가려 그 가치가 거의 무시되어 왔다. 왜냐하면 〈스승의 규칙서〉는 익명
의 어느 누구가 〈베네딕도 규칙서〉를 모방하여 확대시켰다고 믿어 왔기 때
문이다. 사실 〈스승의 규칙서〉는 〈베네딕도 규칙서〉보다 3배나 긴 데다가
RM 10장까지는 〈베네딕도 규칙서〉와 거의 글자 그대로 비슷하며, 매우 까
다롭고 세부적인 규율을 대폭 담고 있다.

그러나 1938년에 솔렘 수도원의 A. Genestout 신부가 〈스승의 규칙서〉는
〈베네딕도 규칙서〉를 맹목적으로 모방하여 개작한 것이 아니다는 가설을
내놓은 이후, 〈스승의 규칙서〉는 일약 학계의 관심의 초점이 되었다.[2] 이
가설은 필연적으로 두 규칙서 사이에 어느 것이 먼저냐 하는 논쟁으로 발
전하게 되었다. 이 논쟁은 다음의 세 가지 가설을 낳게 하였다. 첫째 가설
은, 〈스승의 규칙서〉가 먼저이고 베네딕도는 이 규칙서를 참조하여 자기
규칙서를 썼다는 것이다. 둘째 가설은, 〈베네딕도 규칙서〉가 먼저이고 〈스
승의 규칙서〉는 이를 모방하여 씌어졌다는 종전의 주장과 같다. 셋째 가설
은, 두 개의 규칙서가 서로 영향을 받은 것이 아니라 어떤 한 모(母) 규칙

---

1. 질문과 대답 형식은 〈바실리우스 규칙서〉의 전형적인 형식이다. 〈바실리우
   스 규칙서〉에는 "제자들의 질문"과 "스승을 통해 대답하신다"라는 설명 없
   이 그냥 질문과 대답 형식으로 되어 있다.
2. 이 문제는, 이미 1933년 거의 같은 시기에 Justo Pérez de Urbel(스페인의
   Silos 수도원 소속)과 Augustin Genestout(프랑스의 Solesmes 수도원 소속)
   가 오래 전부터 알려져 오던 RM의 가치를 새로이 인식하고 RM과 RB와의
   밀접한 관계를 부각시킨 데서부터 시작되었다. 그러나 de Urbel은 RM을 스
   페인 지역의 Giovanni di Biclar(= 621)의 저서라고 주장함으로써 종전의 학
   설을 견지했던 반면, A. Genestout는 1938년 학술발표회에서 RM이 RB보
   다 시기적으로 앞섰다고 주장하였고, 이 내용을 1940년에 출판하였다: *La
   Règle du Maître et la Règle de S. Benoît,* RAM 21 (1940) 51-112.

서로부터 따로따로 영향을 받았다는 것이다.[3] 위의 세 가설 중에 셋째 가설은 학계에서 거의 무시되고 있으며, 첫째 가설과 둘째 가설 사이의 논쟁에 수많은 논문이 오늘날까지 쏟아져 나오고 있어 20세기의 가장 뜨거운 논쟁 중의 하나로 꼽히고 있다.[4] 이 논쟁이 이처럼 어려운 이유는 〈스승의 규칙서〉 사본 문제에 있다.

〈스승의 규칙서〉의 본문을 완전히 다 싣고 있는 사본은 3개 있는데, 7세기경의 **Paris Lat. 12205** 사본(P 사본이라 부름), 9세기경의 **Monac. Lat. 28118** 사본(A 사본이라 부름) 그리고 15세기경의 **Colon. W. F. 21** 사본(A 사본을 그대로 베낀 것)이 있다. 한편 〈스승의 규칙서〉의 본문 중에 발췌된 사본이 있는데 6세기경의 남부 이탈리아의 것으로 추정되는 **Paris Lat. 12634** 사본이다. 이 사본은 〈에우지삐우스 규칙서〉(*Regula Eugippii*)[5]이기 때문에 **E** 사본이라 불리우며, 이 규칙서는 독창적인 규칙서가 아니라 이전의 여러 규칙서와 문헌들에서 필요한 부분을 문자대로 발췌하여 배열해 놓은 것이다.

〈스승의 규칙서〉 연구에서 중요한 사본은 **E** 사본과 **P** 사본이며, **E** 사본은 〈베네딕도 규칙서〉 이전의 것이고, **P** 사본은 이후의 것으로 추정된다. 따라서 〈스승의 규칙서〉와 〈베네딕도 규칙서〉 사이의 선후 문제, 즉 어느 규칙서가 다른 규칙서로부터 어떻게 영향을 받았겠느냐 하는 문제는 매우 복잡하게 된다. 예를 들어 **P** 사본의 **RM** 13장은 74절로 되어 있는데, **E** 사본에는 2; 6-7; 60-62; 66-67절만 나온다. 여기서 **E** 사본의 여백은 무엇

---

3. F. Vandenbroucke, *Le Maître et Saint Benoît dependent - ils d'une source commune?* RThAM 18 (1951) 140-147; *Sur les sources de la Règle bénédictine et de la Regula Magistri,* RBen 62 (1952) 216-273.

4. B. Jaspert는 1975년에 이 논쟁의 과정을 소개하는 책을 출판하였는데 그 분량이 **522**쪽에 달한다: *Die Regula Benedicti - Regula Magistri - Kontroverse,* Hildesheim 1975.

5. *Eugippii Regula,* éd. F. Villegas et A. de Vogüé, CSEL 87, 1976, 해제 **XI-X** 에는 발췌된 문헌들의 목록이 자세히 제시되어 있다.

을 의미하는가? E 사본의 편집자가 삭제한 것인가 아니면 P 사본의 편집자가 첨가한 것인가? 이에 대해서는 정확한 본문 비판이 있어야 한다. 사실 P 사본의 본문 중에서 문맥상 어색한 부분, 즉 가필된 듯한 부분이 있기 때문에 E 사본의 편집자가 사용했을 〈스승의 규칙서〉의 원본이 어디까지이며, P 사본의 편집자가 첨가한 부분은 어느 정도인가 하는 비판이 있어야한다. 달리 말하면, P 사본의 편집자가 첨가한 부분은 오히려 〈베네딕도 규칙서〉로부터 영향을 받았을 가능성이 있으며, 학계에서는 이러한 요소들을 찾아내고 있는 중이다. 앞에서 언급했듯이, 〈스승의 규칙서〉와 〈베네딕도 규칙서〉 사이의 선후 문제가 매우 복잡하다는 이유가 바로 여기에 있는 것이다.

위의 사실을 토대로 하여 우리는 다음과 같이 말할 수 있겠다. 일반적으로 〈스승의 규칙서〉가 〈베네딕도 규칙서〉보다 먼저 저술되었으며, 〈베네딕도 규칙서〉가 〈스승의 규칙서〉로부터 영향을 받았다. 그러나 이러한 일반적인 원칙에서 우리가 사용할 수 있는 〈스승의 규칙서〉 본문은 P 사본이므로 부분적으로는 그 반대의 경우들이 있는 것이다.[6]

2. RM의 구조와 특징

〈베네딕도 규칙서〉에 대한 연구에서 〈스승의 규칙서〉와의 대조는 필수적인 요소 중의 하나이다. 왜냐하면 베네딕도가 자신의 규칙서를 저술함에 있어 〈스승의 규칙서〉를 첫째 참고문헌으로 이용한 것이 확실하며, 따라서 글자대로 인용했든 아니면 구조를 근본적으로 바꾸었든간에 베네딕도의 의도를 아는 데 중요한 관건이 되기 때문이다. 한편 베네딕도가 〈스승의 규

---

6. 〈스승의 규칙서〉(RM)의 본문 비판본: H. Vanderhoven - F. Masai - P. B. Corbett, *La Règle du Maître,* Edition diplomatique des manuscrits 12205 et 12634 de Paris, Bruxelles-Paris 1953. RM에 대한 긴 해제와 함께 붙어 대역본과 Concordance: A. de Vogüé, *La Règle du Maître* I-III, Sources Chrétiennes 105-107.

칙서〉를 참고했다는 소위 **A. Genestout**의 가설이 발표된 이후, 그때까지 서방 규칙서들 가운데에 〈베네딕도 규칙서〉의 우월성을 인정해 오던 학계는 물론 특히 베네딕도 회원들에게 커다란 충격을 안겨 주었던 것이 사실이다. 그러나 두 규칙서의 비교 연구를 통해 〈베네딕도 규칙서〉의 우월성과 가치가 그전보다 오히려 더 밝혀지고 있다.

RM은 고대 규칙서들 가운데 가장 길며, 이전의 규칙서들에 비해 매우 체계적이고 정확한 규칙서이다. **RM**의 공동체는 아빠스를 정점으로 2개의 십인조(十人組: **decania**)가 있고 각 십인조에는 2명의 책임자(**praepositi**)[7]가 있어 모두 25~26명 정도의 소공동체이다. 그리스도의 대리자인 아빠스는 절대적인 권한과 권위를 갖고 있으며,[8] 수하 수도자들은 십인조의 책임자들을 통해 밤낮으로 감독과 지도를 받는다. 각 십인조에 2명의 책임자가 있는 이유는 혹시 한 십인조가 둘로 나뉘어 작업을 해야 할 경우가 생길 때 5명마다 책임자가 함께 있기 위해서이다. 이러한 생활 양식으로 인해 **RM**은 수도자들의 행동 하나하나를 세세히 규정하여 모든 점에 있어 애매모호한 점이 없도록 하고 있다. 따라서 많은 세부적인 의식 절차가 있고, 아빠스의 훈계의 말까지 모두 명문화되어 있다.

RM은 크게 3부분으로 나눌 수 있는데, 서언 부분, 영성 부분(**RM** 1-10장) 그리고 규율 부분(**RM** 11-95장)이다. 서언 부분은 걸맞지 않게 매우 긴 편인데, 형식상으로 2대목으로 되어 있지만 내용상 4대목, 즉 머리말

---

7. 일반적으로 십인조(decania)의 장(長)을 십인장(decanus)로 표시하는데, **RM**에서는 "praepositus" 용어를 쓰고 있다. "praepositus"는 앞에(**prae**) 있는 사람(**positus**)이라는 일반적인 표현으로 "선임자" 또는 "책임자"의 뜻으로 사용된다. 이 용어는 수도 규칙서마다 뜻하는 바가 다른데, 예를 들면, **RB**에서는 "원장"의 뜻으로 사용된다(**65장**).

8. **RM**에서는 장상과 수하 수도자들 사이의 수직적인 관계만 부각되어 있지, 형제들 사이의 수평적인 관계는 거의 찾아 볼 수 없다. 그 대표적인 예로, 장상에 대한 절대적인 순명에 기초가 되는 루가 **10,16**("너희의 말을 듣는 사람은 나의 말을 듣는 사람이고, 너희를 배척하는 사람은 나를 배척하는 사람이다")이 여덟 번이나 인용되어 있다(**RM** 1,89; 7,6; 7,68; 10,51; 11,11; 12,6; 57,16; 89,20).

(Prologus: Pr.), 테마(Thema: Th.), 테마 – 주의 기도문 해설(Thp.), 테마 –
시편 주해(Ths.)로 되어 있다. 머리말과 테마는 인간의 근본적인 신원과 세
례의 은총에 대해 말하며, 주의 기도문 해설은 일반적인 윤리생활을 설파
하고, 시편 해설은 수도생활에로의 초대를 말한다.

영성 부분은 수도자의 종류(1장), 아빠스(2장), 선행을 위한 도구들(3-
6장), 순명(7장), 침묵(8-9장), 겸손(10장)으로 되어 있다. 영성 부분을
마치면서 "심적 투쟁의 행위들의 끝"(Explicit Actus militiae cordis)이라 하
고, 제11장을 시작하기에 앞서 "수도원 규정의 시작"(Incipit Ordo
monasterii)이라고 명시하고 있다. 즉, RM은 영성 부분과 규율 부분을 뚜
렷이 구분하고 있다.

규율 부분은 실제 생활에 기초가 되는 십인조와 그 책임자들(praepositi)
에 대한 규정으로부터 시작하여(11장), 교정(12-15장), 식사(16-28장),
휴식과 기상(29-32장), 공동기도(33-49장), 노동(50장), 사순절 규정
(51-53장),[9] 수도원 밖에서 일할 때의 기도(54-55장), 여행과 외부와의
접촉(56-86장), 입회 절차(87-91장), 아빠스 착좌 절차(92-94장) 그리고
문지기에 관한 장(95장)으로 규칙서를 끝맺고 있다.

3. RB와 RM의 구조 비교

그러면 RM과 RB와의 관계를 다음의 도표를 통해 개괄해 보도록 하자.
RB의 순서에 따라 관련된 RM의 장들을 배열한 것은 베네딕도가 어떻게
RM을 사용했는가를 알아보기 위해서이다.

---

9. 사순절 규정은 독립된 부분처럼 되어 있는데, RM 51장 첫머리에 "사순절
   규칙의 시작"(Incipit Regula quadragesimalis)이라는 말이 있고, RM 53장
   끝에 "사순절 규칙의 끝"(Explicit Regula quadragesimalis)이라는 말이 있
   다.

4. RB와 RM 사이의 특징적인 차이점

RM과 RB의 관계에서 특기할 점은 다음과 같다. 첫째, 베네딕도는 영성 부분(RB 머리말-7장; RM 머리말-10장)에서 RM의 순서에 따라 거의 문자적으로 인용하는 반면,[10] 규율 부분(RB 8-66장; RM 11-95장)에서는 순서에서뿐 아니라 내용을 대폭 수정 내지 변경하였다. 둘째, RM이 수도원의 문지기에 대한 RM 95장으로 규칙서를 끝맺는 것처럼, RB의 1차 편집 역시 문지기에 대한 장인 RB 66장으로 끝난다. 앞에서 언급하였듯이, RB 66,8의 표현이 이 사실을 입증해 준다. 셋째, RB 67-72장은 후에 첨가된 보완 규정이며, RB 73장은 머리말에 어울리는 결어이다.

이러한 일반적인 경향을 토대로 몇 가지 중요한 세부 사항들을 살펴보자. 베네딕도는 머리말에서, 머리말, 테마, 주의 기도문 해설, 시편 주해 등 4대목으로 되어 있는 RM의 서언 부분 중에 수도생활에로의 초대를 말하는 시편 주해 대목만 취하고 앞의 3대목은 완전히 삭제하였다. 이와 동시에 머리말의 앞부분(1-4절)과 끝부분(46-49절)에 자기 말을 삽입함으로 머리말의 내용을 더욱 풍부히 하였다. RB 1장에서 베네딕도는 RM 1장의 앞부분을 대체로 따르나, 특히 기로바꾸스의 고약한 생활에 대한 긴 풍자와 끝부분의 장황한 권고(RM 1,15-74.76-92)를 삭제하였다. RB 2장은 RM 2,1-40을 대체로 따르고 있으나, 3대목(RM 2,21.26-31.35-38)을 삭제하는 대신 거의 같은 자리에 3대목(RB 2,18b-19.26-29.31-36)을 삽입함으로써 아빠스의 역할과 이미지를 상당히 바꾸어 놓았다. RB 3장은 RM 2,41-50과 연관되지만, 베네딕도는 문자대로 따르지 않고 완전히 자기 말로 바꾸어 놓았다. 따라서 RB 2장에서 삭제 부분과 삽입 부분을 연관시켜 베네딕도의 뜻을 살펴볼 필요가 있다. 선행을 위한 도구들을 다루

---

10. 필자는 RM의 머리말부터 제10장까지 번역하였다: 〈스승의 규칙서〉 서언과 테마, 코이노니아 11집 (1986년 겨울) 102-114; 〈스승의 규칙서〉 1-10장, 코이노니아 15집 (1990년 가을) 131-169.

는 **RB** 4장과 연관되는 것은 **RM** 3-6장, 즉 4개의 장이지만, 베네딕도는 **RM** 3,1-78을 거의 문자대로 따르고 **RM** 3,79-95와 **RM** 4-6장을 완전히 삭제하였다. 삭제 부분에서 **RM** 3,79-95는 천국에 대한 묘사이고, **RM** 4-6장은 사실 3개의 장이지만 매우 짧은 장들이며 **RM** 3장과 연관시켜 볼 때 반복 내지 중복되는 내용이 많기 때문이다. 순명에 관한 **RB** 5장은 **RM** 7,1-9.47-51.67-74만 문자대로 따르고 다른 것은 삭제하였다. 침묵에 관한 **RB** 6장과 연관되는 장은 **RM** 8-9장인데, 베네딕도는 **RM** 8,31-33.35-36; 9,51만 문자대로 따르고 다른 것은 대폭 삭제하였다. 겸손에 관한 **RB** 7장은 **RM** 10,1-19.30-44.49.52-72.75-78.80-91을 문자대로 따르고 있어 삭제의 폭이 다른 장에 비해 비교적 적다.

규율 부분(**RB** 8-66장)에서 베네딕도는 **RM**의 순서와 내용에서 크게 벗어나 자기 나름대로 재구성하였다. 여기서 베네딕도는 이전의 수도생활의 유산들, 예를 들면 〈바실리우스 규칙서〉, 〈아우구스띠누스 규칙서〉, 까시아누스의 〈제도집〉과 〈담화집〉, 〈체사리우스 규칙서〉 등에서 영향을 받은 것은 사실이나, 이런 유산들을 자신의 체험과 경험을 통해 소화하여 자신의 수도 이상에 맞게 구성하고 정립하였다.

우선 순서에 있어, 베네딕도는 규율 부분을 공동기도에 관한 장들(**RB** 8-20장)로 시작함으로써 십인조와 그 책임자들로부터 시작하는 **RM**과는 달리한다. **RM**은 실용적인 논리에 따라 순서를 배열했다면, 베네딕도는 모든 수도생활의 기본이 되는 공동기도를 중시하는 신학적·영성적 논리를 따른 것이다. 또 같은 주제 안에서도 장들의 배열을 달리하였다. 예를 들면, **RM**에서는 잘못한 형제를 위한 교정 절차와 속죄 절차를 함께 배열하고 있는데(**RM** 12-15장), 베네딕도는 잘못한 형제를 위한 교정 절차(**RB** 23-30장)와 잘못한 형제 측에서의 속죄 절차(**RB** 43-46장)를 분리할 뿐 아니라 이들에 대한 영적 염려와 심리적인 배려[11]를 강화하여 그 의미를 풍

---

11. **RB 27-28**장에서 잘못한 형제에 대한 아빠스의 착한 목자와 현명한 의사로

부히 하였다. 또 베네딕도는 **RM**의 특징인 훈계의 말[12]이나 까다로운 예식 절차[13]를 대폭 삭제하고 그 대신에 상황이나 지역 형편[14]에 맞게 적응할 수 있는 가능성을 열어 놓음으로써 자칫 빠질 수 있는 형식주의에서 벗어나려 하였다. 따라서 현직 아빠스의 재량권을 크게 보장해 주었다.[15]

끝으로 보완 규정(**RB** 67-72장)과 결어(**RB** 73장)에서 베네딕도의 독창성이 돋보인다. 여기서 베네딕도는 공동체의 상호 관계, 물론 장상과 수하 형제 사이의 수직적인 관계도 있지만 특별히 형제들 사이의 수평적인 관계를 강조함으로써 이상적인 형제적 수도 공동체를 제시한다. 불가능한 명령을 받은 형제가 어려운 사정을 장상에게 말하는 **RB** 68장은 **RM**에서는 상상할 수 없는 일이며, 이전의 수도 규칙서들에서도 찾아보기 힘든 내용이다.

서의 각별한 염려와 심리적인 배려는 **RM**에서 찾아볼 수 없는 특징이다.

12. 예를 들어 **RM** 13,9-40에서 아빠스가 잘못한 형제를 꾸짖는 훈계의 말이 나오는데, 족히 짧은 강론이 될 만하다. 이런 종류의 긴 훈계나 권고의 말이 여러 곳에 나온다.

13. 예를 들어 **RM** 18-23장에서, 식당의 주간 봉사자들이 식탁 봉사하는 절차를 예식처럼 자세히 서술하고 있다.

14. **RB** 35,4; 40,5; 40,8; 48,7; 55,1; 65,14. 특별히 **RB** 55,1-4를 보면, 더운 지방, 추운 지방, 온대 지방 등의 표현이 나오는데, 베네딕도는 몬떼까시노 수도원에만 국한하지 않고 멀리 다른 지방에 설립될 여러 수도원을 염두에 두고 있는 듯하다.

15. **RB** 39,5; 40,5; 41,4.

베네딕도 규칙서

[Incipit Prologus]

¹*Obsculta, o fili, praecepta magistri, et inclina aurem* cordis tui,
et *admonitionem* pii *patris libenter* excipe et efficaciter conple,
²ut ad eum per oboedientiae laborem redeas, a quo per inoboe-
dientiae desidiam recesseras. ³Ad te ergo nunc mihi sermo
dirigitur, quisquis abrenuntians propriis voluntatibus, Domino
Christo vero regi militaturus, oboedientiae fortissima atque
praeclara arma sumis.

⁴In primis, ut quidquid agendum inchoas bonum, ab eo perfici
instantissima oratione deposcas, ⁵**ut qui nos iam in filiorum
dignatus est numero conputare, non debet aliquando de
malis actibus nostris contristari.** ⁶**Ita enim ei omni** tem-
pore **de bonis suis in nobis parendum est ut non solum
iratus pater suos** non **aliquando filios exheredet,** ⁷**sed** nec,
ut **metuendus dominus inritatus a malis nostris, ut
nequissimos servos perpetu**am **tradat** ad **poenam qui
eum sequi noluerint ad gloriam.**

⁸**Exurgamus** ergo **tandem aliquando excitante nos**
Scriptura ac dicente: ***Hora est jam nos de somno surgere,***

---

1 Ps.- Basil., Admon. 서언; 참조: 잠언 1,8; 4,20; 6,20 ‖ 3 참조:
Ps.- Basil, Admon. 서언과 1 ‖ 4 참조: Ps.- Basil., Admon. 11 ‖
8 로마 13,11

---

* 라틴어 본문 중에 성서 인용구는 이탤릭체로 하였으며, 머리말부터 7장까지에서
〈스승의 규칙서〉와 동일한 부분은 굵은 글씨체로 하였다. 또 위의 인용구 항과
여기의 주석 항 앞에 나오는 숫자는 규칙서 본문의 절(節)을 나타낸다.

머리말: 베네딕도는 〈스승의 규칙서〉(RM)의 4부분으로 되어 있는 서언(**Pr.** 머리말;
Th. 테마; **Thp.** 주의 기도문 해설; **Ths.** 시편 주해) 중에서 넷째 부분인 시편 주
해(**Ths.**)를 거의 문자대로 인용하고 있지만, 첫머리(**1-4절**)와 끝부분(**46-49절**)은
자기 말로 바꾸어 놓았다. 첫머리(**1-4절**)는 **RM**의 머리말, 테마, 주의 기도문 해

[머리말 시작]

[1]오, 아들아, 스승의 계명을 경청하고 네 마음의 귀를 기울이며 어진 아버지의 훈시를 기꺼이 받아들여 보람있게 채움으로써, [2]불순종의 나태로 물러갔던 그분께 순종의 노고로 되돌아 가거라. [3]그러므로 자기 뜻을 버리고 참된 왕이신 주 그리스도를 위해 분투하고자 순명의 극히 강하고 훌륭한 무기를 잡는 자여, 나는 이제 너에게 이 말을 하는 바이다.

[4]우선 무슨 선행을 시작하든지 주님으로 인해 마치도록 간절한 기도로써 청할 것이니 [5]우리를 이미 당신의 아들들의 수(數)에 넣어 주신 그분께서 우리의 악행 때문에 한번이라도 상심하시는 일이 없도록 할 것이다. [6]이와 같이 우리는 언제나 우리 안에 주어진 선(善)에 따라 그분께 순종해야 할 것이니, 아버지께서 분노하시어 당신 아들들에게서 상속권을 박탈할 뿐 아니라 [7]우리 악행 때문에 격분한 주인으로서 당신 영광을 따르기를 거부하는 극악한 종들에게 영벌을 주시는 일이 없도록 해야 하겠다.

[8]그러므로 우리는 마침내 "우리가 잠에서 깨어나야 할 때가 이미 왔습니다" 하신 성서의 말씀에 분발하여 일어나도록 하자. [9]그리고 우리는 하느

설의 내용을 간략하게 압축한 것으로 볼 수 있다.

1. "오, 아들아. … 경청하고": 규칙서에서 "들음"은 수도승이 지녀야 할 기본적인 태도로 부각되어 있다. 하느님의 말씀을 들음은 "하느님을 찾음"(**RB 58,7**)이요 순명의 길과 상통한다.

2. "불순종": 원조 아담의 범죄를 암시하지만, 여기서는 말을 듣고 있는 "너", 즉 수도승 자신에게 향한 말이다. "물러갔던", "되돌아 가거라"는 "길"의 개념과 연관되어 있다.

3. "자기 뜻"(propriis voluntatibus)은 "하느님의 뜻"(voluntas Dei)에 반대되는 것으로서 규칙서에서 항상 부정적인 뜻으로 사용되고 있다.

4. **RM**의 "주의 기도문 해설", 특히 마지막 소청에 대한 해설(**Thp. 69-79**절)을 요약한다.

5. 여기서부터 45절까지 그리고 50절은 **RM**의 시편 주해(**Ths. 2-46**절)를 거의 글자대로 옮겨놓은 부분이다.

[9]**et apertis oculis nostris ad deificum lumen, adtonitis auribus audiamus divina cotidie clamans** qu**id nos admonet vox dicens:** [10]*Hodie si vocem eius audieritis, nolite obdurare corda vestra.* [11]Et iterum: ***Qui habet aures audiendi audiat quid Spiritus dicat ecclesiis.*** [12]**Et quid** dicit? ***Venite, filii, audite me; timorem Domini docebo vos.*** [13]***Currite dum lumen vitae habetis, ne tenebrae mortis vos conprehendant.***

[14]**Et quaerens Dominus in multitudine populi cui haec clamat operarium suum, iterum dicit:** [15]***Quis est homo qui vult vitam et cupit videre dies bonos?*** [16]Quod si **tu audi**ens **respondeas: »Ego«, dic**it **tibi** Deus: [17]**»Si vis habere veram et perpetuam vitam,** *prohibe linguam tuam a malo et labia tua ne loquantur dolum; deverte a malo et fac bonum, inquire pacem et sequere eam.* [18]**Et cum haec feceritis,** *oculi* **mei** *super* **vos** *et aures* **meas** ad *preces* **vestras,** *et antequam me invocetis, dicam* **vobis:** *Ecce adsum!«* [19]**Quid dulcius nobis ab hac voce Domini invitantis nos, fratres** carissimi? [20]**Ecce pietate sua demonstrat nobis Dominus viam vitae.** [21]***Succinctis*** **ergo** *fide* **vel observantia bonorum actuum lumbis nostris, per ducatum** *Evangelii* **pergamus itinera eius, ut mereamur eum** *qui* **nos** *vocavit in regnum suum* **videre.**

---

10 시편 94,8 ‖ 11 묵시 2,7; 참조: 마태 11,15 ‖ 12 시편 33,12 ‖ 13 요한 12,35 ‖ 15 시편 33,13 ‖ 17 시편 33,14-15 ‖ 18 시편 33,16; Passio Juliani 12; 이사 58,9; 65,24 ‖ 20 참조: 시편 15,10 ‖ 21 에페 6,14-15; 1데살 2,12

---

10. RM의 본문에서 벗어나 베네딕도가 첨가한 고유 부분으로서 시편 94,8에 나오는 내용이다. 이 시편은, 수도승들이 매일 야간기도의 초대송에서 외우는 시편(RB 9,3; 10,10 참조)으로서, 출애굽 때에 지엄하신 하느님께 반항하던 이스라엘 백성의 불순종을 묘사하고 있다.

12. 12-18절에서는 시편 33,12-16이 연이어 주로 인용되면서, 사이사이에 해설을 위

님의 빛을 향해 눈을 뜨고, 하느님께서 날마다 우리에게 외치시며 훈계하시는 말씀에 귀기울여 들을 것이니, [10]"그분의 목소리를 오늘 듣게 되거든, 너희 마음을 무디게 가지지 말라" 하시고, [11]또 "들을 귀 있는 사람은 성신께서 교회들에 말씀하시는 바를 들어라"고 하신다. [12]그러면 그분께서 무엇을 말씀하시는가? "아이들아 와서 내 말을 듣거라. 주님을 두려워함을 너희에게 가르쳐 주겠노라; [13]너희는 생명의 빛이 있는 동안에 달려, 죽음의 암흑이 너희를 덮치지 않도록 하여라."

[14]주께서 이 말씀을 백성의 무리에게 외치시고 그들 가운데서 당신 일꾼을 찾으시며, [15]»"생명을 원하고 좋은 날들을 보고자 하는 사람은 누구냐?"«고 말씀하신다. [16]만일 네가 이 말씀을 듣고 »"저로소이다"« 하고 대답한다면, 하느님께서는 너에게 말씀하시기를 [17]»"만일 네가 참되고 영원한 생명을 원하거든, 네 혀는 악을 삼가고 네 입술은 간교한 말을 하지 말라. 사악을 멀리하고, 선을 행하며 평화를 찾아서 뒤따라 가라. [18]그리고 너희가 이대로 행한다면 내 눈은 너희를 바라보고 내 귀는 너희의 간구를 들을 것이며, 너희가 나를 찾아 부르기 전에 내가 너희에게 '나 여기 있노라'«고 말할 것이다." [19]사랑하는 형제들아, 우리를 초대하시는 주님의 이 말씀보다 우리에게 더 반가운 것이 무엇이겠는가? [20]보라, 주께서 당신 자애로써 우리에게 생명의 길을 보여주신다. [21]그러므로 우리는 신앙과 선행의 실천으로 허리를 묶고 복음성서의 인도함을 따라 주님의 길을 걸어감으로써, 우리를 당신 나라로 부르시는 그분을 뵈옵도록 하자.

한 다른 시편이나 성경 구절들이 삽입되어 있고, 23-28절에서는 시편 14,1-4가 위와 같은 방법으로 인용되어 있다.

14. "머리말"은 하느님과 수도승 사이의 긴밀한 대화 형식으로 되어 있는 것이 특징인데, 여기서부터 본격적인 대화가 나온다.

16. 베네딕도는 RM의 Ths. 12절의 "Dominus"(주님)를 "Deus"(하느님)로 바꾸어 놓았다. 여기서 시편 33의 말씀을 주님(그리스도)께 돌리지 않고 야훼 하느님 아버지의 말씀으로 하기 위해서인 듯하다. 이런 현상은 RB 2,6; 7,11-20.29.67에서도 나타난다.

[22]In cuius regni tabernaculo si volumus habitare, nisi illuc bonis actibus curritur, minime pervenitur. [23]Sed interrogemus cum Propheta Dominum dicentes ei: »*Domine, quis habitabit in tabernaculo tuo, aut quis requiescit in monte sancto tuo?*« [24]Post hanc interrogationem, fratres, audiamus Dominum respondentem et ostendentem nobis viam ipsius tabernaculi, [25]dicens: *Qui ingreditur sine macula et operatur iustitiam;* [26]*qui loquitur veritatem in corde suo, qui non egit dolum in lingua sua;* [27]*qui non fecit proximo suo malum, qui obprobrium non accepit adversus proximum suum;* [28]qui *malignum* diabulum aliqua suadentem sibi, cum ipsa suasione sua a *conspectibus* cordis sui respuens, *deduxit ad nihilum,* et *parvulos* cogitatos eius *tenuit et adlisit ad* Christum; [29]qui, *timentes Dominum* de bona observantia sua non se reddunt elatos, sed ipsa in se bona non a se posse sed a Domino fieri existimantes, [30]operantem in se Dominum *magnificant,* illud cum Propheta dicentes: *Non nobis, Domine, non nobis, sed nomini tuo da gloriam;* [31]sicut nec Paulus Apostolus de praedicatione sua sibi aliquid inputavit, dicens: *Gratia Dei sum id quod sum;* [32]et iterum ipse dicit: *Qui gloriatur, in Domino glorietur.* [33]Unde et **Dominus** in Evangelio ait: *Qui audit verba mea haec et facit ea, similabo eum viro sapienti qui aedificavit domum suam super petram;* [34]*venerunt flumina, flaverunt venti, et*

---

23 시편 14,1 ‖ 25-27 시편 14,2-3 ‖ 28 시편 14,4; 136,7; 참조: 1고린 10,4 ‖ 29-30 시편 14,4 ‖ 30 시편 113,9(= 113 후편 1) ‖ 31 1고린 15,10 ‖ 32 2고린 10,17 ‖ 33 마태 7,24; 참조: 시편 14,5 ‖ 34 마태 7,25

---

28. 우리말 번역에서는 잘 나타나 있지 않지만, 여기에 인용되어 있는 주된 성서 구절은 시편 14,4(Ad nihilum deductus est in conspectu ejus malignus timentes autem Dominum glorificat)이다. 베네딕도는 이 시편 구절에서 "사악한 자"(malignus)를 "사악한 악마"로 발전시키고, 시편 136,9("네 어린 것을 잡아다가

[22]만일 우리가 그분 나라의 장막 안에서 살고자 한다면, 선행으로 달리지 않고는 결코 그곳에 이르지 못할 것이다. [23]그러나 우리는 예언자와 함께 »"주여 당신 장막에 묵을 이 누구오리까, 거룩한 당신 산에 쉴 이 누구오리까?"« 하고 여쭈어 보기로 하자. [24]형제들아, 이렇게 한 후에 우리는 당신 장막에 이르는 길을 우리에게 보여주시며 대답하시는 주님의 말씀을 듣자. [25]그분께서 말씀하시기를 »"그는 허물 없이 걸어가며 의(義)를 하는 사람, [26]마음속에 진리를 품은 사람이다. 그는 제 혀로 모함하지 않는 사람, [27]제 이웃에게 해로운 일을 하지 않는 사람, 제 이웃에 대한 모욕을 용납하지 않는 사람이다. [28]그는 유인하는 사악한 악마를 그의 유혹과 함께 마음으로부터 쫓아 사라지게 하고, 악마의 사소한 유혹까지도 그리스도께 메어 쳐바수는 사람이다."« [29]그들은 주님을 두려워하여 자기의 착한 생활에 대해 자신을 높이지 않고, 오히려 자기 스스로는 아무런 선행도 할 수 없고 오직 하느님으로 말미암아 이루어지는 것임을 알아, [30]자신 안에서 활동하시는 주님을 찬미하며, 예언자와 함께 »"마시옵소서 주여, 우리에게는 마시옵소서. 영광일랑 오직 당신 이름에 돌려주소서"« 하고 말하는 사람이다. [31]또한 바울로 사도께서도 자기 설교에 대해서 자기 자신에게는 아무것도 돌리지 않고 »"내가 오늘의 내가 된 것은 하느님의 은총입니다"« 하시고, [32]또 »"자랑하려거든 주님 안에서 자랑하시오"« 하고 말씀하셨다. [33]주께서 복음성서에서 "나의 이 말을 듣고 그대로 실행하는 사람은 반석 위에 자기 집을 지은 슬기로운 사람과 같다. [34]큰 물이 밀려오고 또 바람

바위에다 메어치는 사람은 행복하다" = Beatus qui tenebit et alidet parvulos tuos ad petram)를 첨가하여 재구성하였다. 이 재구성에서 "네 어린 것들" (parvulos tuos) 대신 악마의 "사소한 유혹"(parvulos cogitatos)으로 바꾸고, "바위에다"(ad petram) 대신 1고린 10,4에 나오는 "그 바위는 곧 그리스도였습니다"라는 말씀에 따라 "그리스도께"(ad Christum)로 바꾸어 놓았다.

33. 베네딕도는 시편 **14,5**에 대한 주석(RM Ths. 29-31절)을 삭제하였다. 아마 머리말 끝부분(46-49절)의 첨가를 염두에 두고 있기 때문인 듯하며, 또 사실 이 삭제 부분은 내용상 문맥에 별로 잘 어울리지 않는다.

inpegerunt in domum illam, et non cecidit, quia *fundata erat super petram.*

[35]**Haec conplens Dominus expect**at **nos cotidie his suis sanctis monitis factis nos respondere debere.** [36]**Ideo nobis propter emendationem malorum huius vitae dies ad indutias relaxantur,** [37]**dicente Apostolo:** *An nescis quia patientia Dei ad paenitentiam te adducit?* [38]**Nam pius Dominus dicit:** *Nolo mortem peccatoris, sed convertatur et vivat.*

[39]**Cum ergo interrogassemus Dominum, fratres, de habitatore tabernaculi ejus, audivimus habitandi praeceptum; sed si conpleamus habitatoris officium.** [40]**Ergo praeparanda sunt corda nostra et corpora sanctae praeceptorum oboedientiae militanda,** [41]**et quod minus habet in nos natura possibile, rogemus Dominum ut gratiae suae jubeat nobis adjutorium ministrare.** [42]**Et si, fugientes gehennae poenas, ad vitam volumus pervenire perpetuam,** [43]***dum* adhuc vacat et *in* hoc *corpore sumus* et haec omnia per hanc lucis vitam vacat implere,** [44]**currendum et agendum est modo quod in perpetuo nobis expediat.**

[45]**Constituenda est ergo nobis dominici scola servitii.** [46]**In qua institutione nihil asperum, nihil grave, nos constitu-**

---

35 참조: 마태 7,28 ‖ 37 로마 2,4 ‖ 38 에제 33,11 ‖ 43-44 참조: 요한 12,35 ‖ 45 Scola(학원): 참조: 까시아누스, 담화집 3,1,2; 18,16,15; 19,2,4; RM Ths 45; 1,83; 87,9; 90,12.29.46.55; 92,26.29

---

36. 이 지상생활의 연장(indutias relaxantur): 하느님께서 우리의 회개를 기다리면서 당신의 심판을 연기하신다는 집행유예의 뜻이다. RM Prol. 6-7 참조.

43-44. "육신 생명 … 현세 생명의 빛"의 주제는 앞의 36절처럼 하느님께서 우리의 생활 개선을 위해 허락하신 집행유예 기간과 같은 것이다.

이 불어 그 집에 들이쳐도 그 집은 반석 위에 세워졌기 때문에 무너지지 않는다" 하고 말씀하신다.

[35]주께서는 이 말씀을 마치시면서, 우리가 날마다 우리 행실로써 당신의 이 거룩한 훈계에 마땅히 응답하기를 기다리고 계시다. [36]이때문에 우리가 우리 악행을 고칠 수 있도록 이 세상의 날들이 연장되는 것이니, [37]사도께서 말씀하시기를 »"너를 회개시키려고 베푸시는 하느님의 인내를 깨닫지 못하느냐?"« 하시고, [38]또 어지신 주께서는 »"나는 죄인의 죽음을 원치 않고 오히려 회개하여 살기를 원한다"« 고 말씀하신다.

[39]그러므로 형제들아, 우리는 이미 주의 장막 안에 살게 될 사람에 대해 여쭈어 보았고 살아야 할 계명들을 들었으니, 우리는 그 살 자의 본분(本分)을 다해야 할 것이다. [40]그러므로 우리는 계명들에 대한 거룩한 순명 아래서 분투하기 위해 우리의 마음과 몸을 준비해야 할 것이다. [41]그리고 우리 안에 있는 본성은 이것을 할 수 있기에 너무도 부족하니, 주님께서 당신 은총으로써 우리를 도와주시도록 간구하자. [42]또 우리가 지옥벌을 피하고 영원한 생명에 도달하기를 원한다면, [43]아직 겨를이 있고 육신 생명이 있으며 이 모든 것을 현세 생명의 빛으로 다할 수 있는 동안에, [44]영원토록 우리에게 유익이 되는 일을 당장에 달려 실행하자.

[45]그러므로 우리는 주님을 섬기는 학원을 설립해야 하겠다. [46]우리는 이것을 설립하는 데 거칠고 힘든 것은 아무것도 제정하기를 결코 원치 않는

---

45. "주님을 섬기는 학원"(dominici scola servitii): 수도원을 학원이라 하는 것은, 회수도원에서 얼마동안 배운 다음 일정한 수준에 오르면 독수도자로 떠나라는 의미가 아니다(까시아누스는 처음에 다분히 이런 생각을 갖고 있었다. 272-274쪽 참조). 수도원은 죽을 때까지(50절) 주님을 섬기는 방법을 배우고 실천하면서 공동체 모두가 함께 하느님을 찾는(58,7) 도장이다.

46-49. 이 고유 부분은 베네딕도의 중용의 정신과 규칙서의 성격을 가장 잘 드러내는 구절이다. 특히 49절의 내용은 RB 7,67-70에 제시되어 있는 수덕 단계의 요약이며, 마지막 장인 RB 73장의 정신을 반영한다.

turos speramus; [47]sed et si quid paululum restrictius, dictante aequitatis ratione, propter emendationem vitiorum vel conservationem caritatis processerit, [48]non ilico pavore perterritus refugias viam salutis quae non est nisi angusto initio incipienda. [49]Processu vero conversationis et fidei, *dilatato corde* inenarrabili dilectionis dulcedine *curritur via mandatorum* Dei, [50]**ut ab ipsius numquam magisterio discedentes, *in* eius *doctrinam usque ad mortem* in monasterio *perseverantes, passionibus Christi* per patientiam *participemur, ut et* regno *eius* mereamur *esse* consortes. Amen.**

[Explicit Prologus]

---

48 참조: 마태 7,14 ‖ 49 시편 118,32 ‖ 50 참조: 1베드 4,13; 로마 8,17

---

47. "dictante aequitatis ratione"(공정한 이치에 맞게): 공정하고 합리적인 조치를 뜻한다. 이러한 태도는 베네딕도의 고유 부분인 **RB 2,18b-19**에서도 나타나 있다: "nisi alia rationabilis causa existat ⋯ justitia dictante".

바이다. [47]그러나 결점을 고치거나 애덕을 보존하기 위하여 공정한 이치에 맞게 다소 엄격한 점이 있더라도, [48]즉시 놀래어 좁게 시작하기 마련인 구원의 길에서 도피하지 말아라. [49]그러면 수도생활과 신앙에 나아감에 따라 마음이 넓어지고 말할 수 없는 사랑의 감미(甘味)로써 하느님의 계명들의 길을 달리게 될 것이니, [50]주의 가르침에서 결코 떠나지 말고, 죽을 때까지 수도원에서 그분의 교훈을 항구히 지킴으로써 그리스도의 수난에 인내로써 한몫 끼어 그분 나라의 동거인이 되도록 하자. 아멘.

〔머리말 끝〕

---

49. 여기서 "conversatio"는 계속적인 수도생활을 말한다(1,3.12; 21,1; 22,2; 58,1.17; 63,1; 73,1.2). "수도생활에 나아감에 따라"("Processu … conversationis")는 수도생활의 시작(initium conversationis: 73,1)과 수도생활의 완성(perfectionem conversationis: 73,2) 사이의 과정을 말한다. 또 여기서 "신앙"(fidei)은 "수도생활"(conversatio)의 기초 또는 그 본질을 나타내며, 둘은 서로 긴밀한 관계를 갖고 있다. 신앙 없는 수도생활은 불교의 수도생활과 다를 바 없으며, 실제의 수도생활 없는 신앙은 공염불에 불과할 것이다.

50. 인내: Michael Casey, 서방 수도승 전통 안에서 본 인내의 덕, 코이노니아 13집 (1988년 여름) 80-109 참조.

[Incipit textus Regulae]

[Regula appellatur ab hoc quod oboedientum dirigat mores]

I

De generibus monachorum

[1]Monachorum quattuor *esse genera* manifestum est.

[2]*Primum coenobitarum,* hoc est monasteriale, militans sub Regula vel abbate.

[3]Deinde *secundum* genus est *anachoritarum,* id est heremitarum, horum qui non conversationis fervore novicio, sed monasterii probatione diuturna, [4]qui didicerunt contra diabulum multorum solacio jam docti pugnare, [5]et bene extructi fraterna ex acie ad singularem pugnam heremi, securi jam sine consolatione alterius, sola manu vel brachio contra vitia carnis vel cogitatio-num, Deo auxiliante, pugnare sufficiunt.

[6]*Tertium* vero *monachorum* te*terrimum genus est sara-*

1,1-3 참조: 까시아누스, 담화집 18,4; 18,8 ‖ 4-5 참조: 까시아누스, 담화집 18,6; 제도집 5,36; 레오, 강론 18,2; 88,3-4; 89,2 ‖ 6 참조: 까시아누스, 담화집 18,4; 18,7; 지혜 3,4

---

1. 괄호 안의 "규칙서 시작"(Incipit textus Regulae)과 "규칙이란 …"(Regula appellatur …)은 어떤 사본들에만 나오는 것으로 후대에 첨가되었다. "Regula appellatur …"은 RM Prol. 23-27의 내용을 연상시키지만 그 위치가 다르다.

1. Monachus(수도승): RB 1980 부록, 수도승 용어에 대한 연구, 코이노니아 10집 (1985년 겨울) 89-113 참조.

2. 회수도자들을 나타내는 네 가지 특징은 "수도원 안에서 살며"(monasteriale), "분투하는"(militans), "규칙"(regula), "아빠스"(abbate)이다. 다른 세 수도승들의 종류는 이 네 가지 특징 중에 어느 것이 결여되어 있는 생활임을 설명하면서, 끝에 가서(13절) 회수도승들이 "가장 굳센 종류"(fortissimum genus)의 수도승이라는 결론을 내린다.

〔규칙서 시작〕

〔규칙이란 순종하는 사람들의 행위를 인도한다는 데서 생긴 말이다〕

제**1**장
수도승들의 종류에 대하여

¹수도승들의 종류는 네 가지임이 분명하다.

²첫째는 "회수도자"(會修道者)들이니, 그들은 수도원 안에서 살며, 규칙과 아빠스 밑에서 분투하는 이들이다.

³그 다음, 둘째 종류는 "독수도자"(獨修道者) 또는 "은세수도자"(隱世修道者)들이다. 그들은 수도생활에 풋열심에서가 아니라, 수도원 안에서 오랫동안 훈련을 받고 나서 ⁴많은 형제들의 도움으로 악마와 대항하여 싸우는 법을 배우고, ⁵잘 훈련되어 형제들의 진지(陣地)로부터 나와 광야에서 단독으로 싸움을 함에 있어 이제는 다른 사람의 도움을 받지 않고 하느님의 도우심에 힘입어 그들 자신의 손과 팔만으로써 육체와 생각의 악습을 거슬러 싸우기에 충분한 이들이다.

⁶수도승들의 셋째 종류는 "사라바이따"라고 하는 극히 나쁜 자들이다.

---

3. "독수도자": 라틴어 "anachorita"는 희랍어 "ἀναχωρητής"를 그대로 옮겨놓은 말이며, 은퇴한 자 또는 피신한 자라는 뜻으로 홀로 사는 수도승을 말한다. "은세수도자": 라틴어 "heremita"는 희랍어 "ἐρημίτης"에서 나온 말로서 세속을 떠나 사막이나 광야에서 사는 수도승을 뜻한다. 베네딕도는 병행구인 RM 1,3의 "conversio"를 "conversatio"로 바꾸어 놓았다. RB에서는 "conversio"를 한번도 쓰지 않는 반면 RM에서는 "conversatio"를 한번도 쓰지 않는다. 두 단어 모두 '수도생활'의 의미를 갖고 있지만 "conversio"는 마음을 돌이켜 수도생활을 시작한다는 일회적 행위의 뜻이 강한 반면, "conversatio"는 그 생활을 계속한다는 뜻이 강하다. 따라서 베네딕도는 의식적으로 "conversatio" 단어를 사용한 듯하다.

6-9. "사라바이따"에 관한 내용은 RM 1,6-12를 반으로 줄인 것이다(RM 1,6b.10-12 삭제). 이들은 회수도자들의 4가지 특징 중에 특히 "아빠스"(혼자서 목자도 없이), "수도원 안에 살며"(주님의 양떼에서가 아니고), "규칙"(그들의 법은 … 쾌

baitarum, qui nulla Regula adprobati, experientia magistra, *sicut aurum fornacis*, sed in plumbi natura molliti, [7]adhuc operibus servantes saeculo fidem, mentiri Deo per tonsuram noscuntur. [8]Qui bini aut terni aut certe singuli sine pastore, non dominicis sed suis inclusi ovilibus, pro lege eis est desideriorum voluntas, [9]cum quidquid putaverint vel elegerint, hoc dicunt sanctum, et quod noluerint, hoc putant non licere.

[10]Quartum vero genus est monachorum quod nominatur girovagum, qui tota vita sua per diversas provincias ternis aut quaternis diebus per diversorum cellas hospitantur, [11]semper vagi et numquam stabiles, et propriis voluntatibus et guilae inlecebris servientes, et per omnia deteriores sarabaitis.

[12]De quorum omnium horum miserrima conversatione melius est silere quam loqui. [13]His ego omissis, ad coenobitarum fortissimum genus disponendum, adjuvante Domino, veniamus.

---

7 참조: 시편 80,16

락이며)의 3가지 요소 없이 사는 자들로서 극히 나쁜 자들이다(teterrimum).

6. "사라바이따": 라틴어 "sarabaita"의 뜻과 어원에 대해 학자들의 의견이 분분한데, "무리" 또는 "공동체"란 뜻을 가진 꼽트어에서 나온 단어로 수도 공동체를 뜻하기도 한다. 원래는 나쁜 의미를 가진 단어가 아니었지만, 예로니무스와 까시아누스가 이 단어를 라틴어 표기로 사용하면서, 몇명씩 무리지어 제멋대로 사는 수도자라는 나쁜 뜻으로 사용하였다.

7. "삭발"(tonsura): 고대 동방에서 노예들이 삭발을 하였다. 여기서 수도승들이 삭발한 것은 자기 자신을 "그리스도의 종"이라는 생각에서 나온 관습이 아닐까 추측되지만 확실한 증거는 없다. 까시아누스의 글에 수도승들의 삭발에 대한 언급이 일체 없는 것으로 보아 삭발은 RM과 RB 시대에 시작된 것으로 보인다.

10-11. "기로바꾸스"에 관한 내용은 RM 1,13-74에 나오는 긴 풍자 이야기 중에 도입 부분만 따오고(10절 = RM 1,13-14), 11절에서는 RM의 삭제된 부분의 내용을 간략하게 요약하고 있다. 이들은 회수도승들의 네 가지 특징을 하나도 지니고 있지 않은 자들로서 앞의 "극히 나쁜" 사라바이따보다도 더 나쁜 자들이라 한다.

10. "기로바꾸스": 라틴어 "girovagus"는 희랍어 "γῦρος"(원, 회전)과 라틴어 "vagari"(떠돌아다니다)의 합성어이다.

그들은 용광로 안의 황금처럼 어떤 규칙이나 경험의 가르침으로 단련된 이들이 아니고, 납의 성질과 같이 물러 [7]행실로써는 아직 세속에 충성을 지키면서도 삭발(削髮)로써 하느님을 속이는 것으로 알려진 자들이다. [8]그들은 둘이나 셋, 때로는 혼자서 목자도 없이, 주님의 양떼에서가 아니고 오직 자기네들의 무리 안에서 사는 자들이다. 그들의 법은 욕망의 쾌락이며, [9]자기들이 추정하고 선택한 것은 무엇이나 다 거룩하다고 하고 자기들이 원치 않는 것은 부당하다고 여긴다.

[10]수도승들의 넷째 종류는 "기로바꾸스"(떠돌이 수도승)라고 불리우는 자들이다. 그들은 일생 동안 여러 지방을 돌아다니며 여러 암자에서 삼사일씩 나그네로 묵고 [11]항상 떠돌아 다니며 한번도 정주(定住)하지 않고, 자기의 뜻과 탐식에 빠진 자들로서, 모든 점에 있어 "사라바이따"들보다도 더 나쁜 자들이다.

[12]비참하기 짝이 없는 이런 모든 자들의 수도생활에 대하여 말하느니보다는 차라리 침묵을 지키는 편이 더 낫겠다. [13]그러므로 이런 자들은 다 제쳐놓고 주의 도우심에 힘입어 그 가운데 가장 굳센 회수도자들을 다루어 나가고자 한다.

"암자"(cellas): 병행구인 **RM 1,14**에서는 "암자와 수도원"(cellas et monasteria)으로 되어 있는데, 베네딕도는 구별 없이 **"cellas"** 단어만으로 일반적으로 수도원을 지칭하고 있다.

12-13. 이 두 구절은 **RM 1,75**의 내용과 연관되지만 베네딕도는 자기 말로 재구성하였다. "비참하기 짝이 없는 이런 모든 자들의"란 표현은 문맥상 앞의 **3**가지 수도승을 모두 포함할 수 있으나 실제로는 "사라바이따"와 "기로바꾸스"를 암시한다. 그런데 "독수도자"들에 대한 묘사는, 마치 회수도원에서 잘 훈련된 모범적인 수도승이 한 단계 높은 수도생활로 나아가는 것처럼 보인다. 사실 까시아누스의 〈제도집〉과 〈담화집〉에서 이와 같은 수덕 과정을 서술하고 있기 때문에 그 동안 많은 학자들은 베네딕도도 까시아누스의 이상을 따르는 것으로 해설해 왔다. 그러나 **RB** 안에서 "독수도자" 생활을 권하는 아무런 흔적도 찾아볼 수 없으며 오히려 **13**절에서 "회수도자"들을 다른 **3**종류보다 더 굳센 종류라는 최상급을 쓰고 있다. 한편 까시아누스는 〈담화집〉 **18-24**권에서, 오랫동안 독수도자 생활을 하던 모범적인 수도승들이 다시 회수도원으로 돌아오는 것을 이야기하고 있는데, 이것은 그의 초기의 이상을 후에 수정한 것으로 볼 수 있다.

II

Qualis debeat esse abbas

[1]**Abbas qui praeesse dignus est monasterio semper meminere debet quod dicitur et nomen majoris factis implere.** [2]**Christi enim agere vices in monasterio creditur, quando ipsius vocatur pronomine,** [3]**dicente Apostolo:** *Accepistis spiritum adoptionis filiorum, in quo clamamus: Abba, Pater.* [4]**Ideoque abbas nihil extra praeceptum Domini quod sit debet aut docere aut constituere** vel **jubere,** [5]**sed jussio ejus vel doctrina fermentum divinae justitiae in discipulorum mentibus conspargatur,** [6]**memor semper abbas quia doctrinae suae vel discipulorum oboedientiae,** utrarumque **rerum, in tremendo judicio** Dei **facienda erit discussio.** [7]**Sciatque abbas culpae pastoris incumbere quidquid in ovibus paterfamilias utilitatis minus potuerit invenire.** [8]**Tantundem iterum erit ut, si inquieto vel inoboedienti gregi pastoris fuerit omnis diligentia adtributa et morbidis earum actibus**

2,3 로마 8,15 ‖ 4 참조: 바실리우스, 규칙서 15 ‖ 5 참조: 마태 13,33

2, 1. "아빠스": "abbas"는 아라메아어 "abba"(아버지)에서 나온 말이다(마르 14,36; 로마 8,15; 갈라 4,6). 라틴말로 "abbas"는 처음부터 회수도원의 장상을 나타내는 용어로 정착되었다. "ipsius pronomine"(그의 호칭)에서 "ipsius"는 그리스도(2절)를 지칭한다. 즉, 아빠스는 원래 그리스도께 붙여지는 "아버지"(아빠스)라는 호칭을 그리스도의 대리자로서 받게 된다는 뜻이다. 성서에서 원래 "아버지"는 성부께 붙여진 이름이고 제2위 성자는 "아들"로 불리운다. 그러나 복음성서에서 제자들에 대한 그리스도의 부성(父性)을 암시하는 구절들이 있다(마르 10,24; 요한 13,33; 14,18; 21,5). 교부 시대에 와서는 그리스도께 "아버지"의 명칭이 자주 사용되며, 더 나아가 복음을 전해 준 사람, 스승, 주교를 아버지(patres: 교부)로 불렀다. 베네딕도 당시에 수도원의 장상이 아빠스로 불리운 것이 일반적인 관례였는데, 여기서는 아빠스에게 신적 권위를 부여하고 있다. 수도원의 진정한 주인은 그리스도이시며 아빠스는 단지 그분의 역할을 대신하는 사

제2장

아빠스는 어떠한 사람이어야 하는가

[1]수도원을 돌보기에 적합한 아빠스는 항상 그의 호칭을 기억하여 행동으로 써 으뜸이란 명칭을 채워야 한다. [2](아빠스는) 수도원 안에서 그리스도의 대리자로 믿어지며, 그분께 (바치는) 호칭으로 불리어진다. [3]이는 "여러분은 의자(義子)의 성신을 받아 '아빠, 아버지' 하고 부릅니다"라는 사도의 말씀에 의한 것이다. [4]그러므로 아빠스는 주의 계명 이외에는 아무것도 가르치거나 정하거나 명해서는 안되며 [5]다만 자기 명령이나 교훈으로써 하느님의 정의의 누룩을 제자들의 정신 속에 넣어주어 부풀게 해야 한다. [6]아빠스는 자기의 가르침과 제자들의 순명, 이 두 가지에 대해 하느님의 무서운 심문을 받으리라는 사실을 항상 기억하고 있어야 한다. [7]그리고 아빠스는 집주인이 양들 가운데서 별로 이익되는 점이 없음을 발견하거든 그것이 목자의 탓인 줄로 알아야 한다. [8]그러나 만일 말썽부리거나 순종하지 않는 양무리를 위해 목자가 열성을 다 기울이고 또 그들의 병든 행위들을 고치

람(vices Christi)이다. 이러한 신학은 규칙서에서 인용된 루가 **10,16**("너희의 말을 듣는 사람은 나의 말을 듣는 사람이다")에 근거를 두고 있다(**RB 5,6.15**). **RB 1980,356-363** 참조.

4. 이 내용은 〈바실리우스 규칙서〉 **15**장의 것과 매우 비슷하다. 바실리우스는, 장상들이 자녀들을 양육하는 어머니(**mater**)의 역할을 해야 한다고 강조하고 있다.

4-10. 여기서 아빠스의 두 가지 이미지인 스승(**4-6**절)과 목자(**7-10**절)가 부각되어 있다. 이것은 다시 **11-29**절에서 스승의 역할, 그리고 **30-40**절에서 목자의 역할을 통해 부연해서 설명되어 있다.

7. 여기서 "목자"는 아빠스이고, "집주인"(**paterfamilias**)은 그리스도를 뜻한다. 즉, 아빠스는 집주인인 주님으로부터 위임받은 양떼인 공동체를 관리하는 일꾼이므로 그 관리에 대한 책임을 심판 때에 져야 한다(아래의 **9.24.37.39**절 참조).

8. "병든"(**morbidis**)과 "고치다"(**cura**) 표현은, **RB 28**장에서 잘못한 형제들을 고치기 위한 아빠스의 노력을 의학적인 용어로 비유한 것과 상통한다. **RB 27-28**장에서는 아빠스의 모습이 "목자"와 "의사"로 나타나 있다.

universa fuerit cura exhibita, [9]pastor eorum in judicio
Domini absolutus dicat cum Propheta Domino: *Justitiam
tuam non abscondi in corde meo, veritatem tuam et
salutare tuum dixi; ipsi autem contemnentes spreverunt
me,* [10]et tunc demum inoboedientibus curae suae ovibus
poena sit eis praevalens ipsa mors.

[11]Ergo, cum aliquis suscipit nomen abbatis, duplici de-
bet doctrina suis praeesse discipulis, [12]id est omnia bona
et sancta factis amplius quam verbis ostendat, ut capaci-
bus discipulis mandata Domini verbis proponere, duris
corde vero et simplicioribus factis suis divina praecepta
monstrare. [13]Omnia vero quae discipulis docuerit esse
contraria, in suis factis indicet non agenda, ne aliis prae-
dicans ipse reprobus inveniatur, [14]ne quando illi *dicat
Deus peccanti: quare tu enarras justitias meas et adsumis
testamentum meum per os tuum? tu vero odisti discipli-
nam et projecisti sermones meos post te,* [15]et: qui *in fratris tui
oculo festucam videbas, in tuo trabem non vidisti.*

[16]Non ab eo persona in monasterio discernatur. [17]Non
unus plus ametur quam alius, nisi quem in bonis actibus
aut oboedientia invenerit meliorem. [18]Non convertenti ex
servitio praeponatur ingenuus, nisi alia rationabilis causa

---

9 시편 39,11; 이사 1,2 ‖ 13 1고린 9,27 ‖ 14 시편 49,16-17

11-15. 스승으로서의 두 가지 지도 방법, 즉 말과 행동을 말한다. 12절에서 3가지 부
류의 제자들을 열거하는데, "duris corde"(마음이 무디고)는 말의 뜻을 알아듣지
만 고집부리는 자, "simplicioribus"(우둔한 자)는 말의 뜻을 잘 알아듣지 못하는
자를 말한다. 그리고 첫째 부류에서, 베네딕도는 병행구인 RM 2,12의 "영리한
자"(intellegentibus)를 "능력 있는 자"(capacibus)로 바꾸어 놓았다. RM의 표현
은 지적인 면 그러니까 뒤의 "우둔한 자"에만 대칭되는 감이 있는 반면, RB의
"능력 있는 자"는 뒤의 "마음이 무딘 자"와 "우둔한 자" 모두에 대칭될 수 있는
지적 또는 의지적 능력을 가진 자라는 점에서 보다 포괄적인 뜻을 지니고 있다.

18-19. RB 2장에서 베네딕도는 RM 2장의 3부분을 삭제하고(RM 2,21; 26-31; 35-
38), 대신 3부분을 삽입하였다(RB 2,18b-19; 26-29; 31-36). 이 삭제 부분과 삽입
부분은 그 길이나 위치에 있어서 매우 비슷하다. 따라서 이 부분들을 비교 연구

는 데 온갖 정성을 다 바쳤다면, [9]그들의 목자는 주님의 심판정에서 무죄한 사람이 되어 예언자와 함께 주님께 "당신의 정의를 내 마음속에 감춰두지 아니하고, 당신의 진실과 당신의 구원을 말했사오나, 그들은 나를 무시하고 천대했나이다"라고 말할 수 있을 것이다. [10]그리고 그때 드디어 그의 지도에 순종하지 않던 양들에게는 벌로서 죽음이 닥쳐올 것이다.

[11]그러므로 누가 아빠스의 이름을 받게 되거든, 두 가지 가르침으로 제자들을 지도해야 할 것이니, [12]즉, 모든 좋은 것과 거룩한 것을 말보다는 행동으로써 보여줄 것이다. 능력있는 제자들에게는 주의 계명을 말로써 설명하고, 마음이 무딘 자와 우둔한 자들에게는 실제 행동으로써 하느님의 계명을 보여주어야 한다. [13]아빠스는, 자기가 제자들에게 부당하다고 가르친 바는 무엇이거나 해서는 안된다는 것을 자기의 행동으로써 가르칠 것이다. 왜냐하면 "다른 이들은 가르치면서도, 자기 자신은 버림받게 될까" 두렵기 때문이며, [14]또 하느님께서 죄짓는 그에게 "너 어찌 내 계명을 얘기하며 네 입에 내 언약을 담느냐? 너는 규율을 싫어하고 내 말을 네 등 뒤로 팽개쳤으며" [15]또한 "형제의 눈 속에 있는 티는 보면서도 네 눈 속에 있는 들보는 보지 못하였구나" 하실까 두렵기 때문이다.

[16]아빠스는 수도원 안에서 사람들을 차별하지 말 것이다. [17]만일 어떤 이가 선행과 순명에 있어 뛰어나지 않는 한 어떤 한 사람을 다른 사람보다 더 사랑하지 말 것이다. [18]또 합당한 이유가 있지 않는 한 노예 출신의 (수도승)보다 자유인 출신의 (수도승)을 더 우대하지 말 것이다. [19]만일

하는 것은 아빠스에 대한 베네딕도의 사상을 이해하는 데 매우 중요하다.

제1차 삭제 및 삽입(**RM 2,21; RB 2,18b-19**): 베네딕도가 삭제한 **RM 2,21**은, 하느님께서 의인이나 죄인이나 모두에게 당신의 사랑의 정을 동등하게 보여주신다는 원칙적인 내용이다. 반면 삽입된 내용은, "합당한 이유가 있지 않는 한"이란 조건을 내세우면서 차별대우를 하지 말라는 것과, "정당한 이유"가 있지 않는 한 각자의 차례를 바꾸어서는 안된다는 것이다. 특히 **RB 63**장에서 입회한 순서에 따라 차례를 정하라는 규정은, 형제들의 일정한 서열이 고정되어 있지 않고 아빠스가 매일 바꿀 수 있는 **RM**의 규정과는 크게 다르다.

existat. [19]Quod si ita, justitia dictante, abbati visum fuerit, et de cujuslibet ordine id faciet. Sin alias, propria teneant loca, [20]**quia** *sive* **servus sive** *liber,* **omnes in Christo unum sumus et sub uno Domino aequalem servit**utis **militiam bajulamus, quia** *non est apud Deum personarum acceptio.* [21]**Solummodo in hac parte apud** ipsum **discernimur, si meliores ab aliis** in operibus bonis et humiles **inveniamur.** [22]**Ergo aequalis sit ab eo omnibus caritas, una praebeatur in omnibus** secundum merita **disciplina.**

[23]**In doctrina sua namque abbas apostolicam debet illam semper formam servare in qua dicit:** *Argue, obsecra, increpa,* [24]**id est, miscens temporibus tempora, terroribus blandimenta, dirum magistri, pium patris ostendat affectum,** [25]**id est indisciplinatos et inquietos debet** durius **arguere, oboedientes** autem et **mites et patientes ut in melius proficiant obsecrare, neglegentes et contemnentes ut increp**at et corripiat **admonemus.**

[26]Neque dissimulet peccata delinquentium; sed et mox ut coeperint oriri radicitus ea ut praevalet amputet, memor periculi Heli sacerdotis de Silo. [27]Et honestiores quidem atque intellegibiles animos prima vel secunda admonitione verbis corripiat, [28]inprobos autem et duros ac superbos vel inoboedientes verberum vel corporis castigatio in ipso initio peccati coerceat, sciens scriptum: *Stultus verbis non corrigitur,* [29]et iterum: *Percute filium tuum virga et liberabis animam eius a morte.*

[30]**Meminere debet semper abbas quod est, meminere**

---

20 에페 6,8; 갈라 3,28; 로마 2,11 ‖ 23 2디모 4,2 ‖ 26 참조: 지혜 11,24; 1사무 2,27-34; 3,11-14; 4,12-18 ‖ 28 잠언 29,19 ‖ 29 잠언

---

20. "다 같은 병역에 종사": 수도생활을 한 왕이신 그리스도 밑에 종사하는 병역으로 묘사한 것은 다른 곳에서도 찾아볼 수 있다(머리말 3.40; 1,2; 58,10; 61,10).

23. "가르침"(doctrina): 11절의 "가르침"과 연관되어 있다. 스승으로서 아빠스의 두 가지 가르침의 방법 중에 "말"의 가르침을 뜻한다.

26-29. 제2차 삭제 및 삽입(RM 2,26-31; RB 2,26-29): 베네딕도가 삭제한 RM 2,26-

정당한 이유가 있다고 판단되면 아빠스는 각자의 위치를 정할 수 있으나, 그렇지 않다면 본래의 위치에 그대로 둘 것이다. [20]우리는, 노예이거나 자유인이거나, 모두 그리스도 안에 하나이고, 한 주님 아래 다 같은 병역에 종사하기 때문이며, 또 "하느님께서는 사람들을 차별 없이 대하시기 때문이다." [21]다만 우리가 선행에 있어 다른 사람들보다 뛰어나며 겸손한 자로 드러날 때에 우리는 이 점에 있어 그분께로부터 구별을 받는다. [22]그러므로 아빠스는 모든 사람을 동등하게 사랑하고, 모든 이에게 그 공적에 따라 같은 규율을 적용할 것이다.

[23]한편 아빠스는 자기의 가르침에서 "타이르고 설득하며, 책벌하라"고 말씀하신 사도의 방식을 항상 따를 것이니, [24]즉 때에 따라 엄격하게도 하고 온순하게도 하여, 준엄한 스승과 어진 아버지의 정을 드러내라는 말이다. [25]다시 말하면, 규율을 지키지 않고 말썽부리는 이에게는 더 엄히 타이를 것이며, 순종하고 온순하고 인내심 있는 사람에게는 더욱 정진하도록 권유하며, 소홀히 하는 이와 거만한 이는 책벌하고 교정하기를 권하는 바이다.

[26]또한 잘못을 저지르는 사람들의 죄를 묵과하지 말고, 그 잘못이 생기려 할 때 즉시 "실로"의 제관 "헬리"가 당한 재앙을 기억하여 그 싹을 뿌리째 뽑아 버리도록 할 것이다. [27]그리고 정직하고 영리한 사람에게는 한 두 번 말로 타이를 것이나, [28]불량하고 고집세고 거만하거나 불순종하는 이는 매나 혹은 육체적 벌로써 범죄의 시초에 막을 것이니, 성서에 "어리석은 자는 말로써 고쳐지지 않는다" 하시고 [29]또 "네 아들을 매로 때려라, 그러면 그의 영혼을 죽음에서 구할 것이다"라고 하시기 때문이다.

[30]아빠스는 자기의 지위를 늘 기억하고 명칭을 기억하고 있어야 하며,

31의 내용은 아빠스가 스스로 겸손의 모범을 보여야 하며, 편애하는 일 없이 모두에게 똑같이 부모의 사랑과 정을 주어야 한다는 것이다. 반면 삽입 부분의 내용은 25절에 언급된 교정 문제를 부연해 강조한다: 27-28절의 내용과 열거된 수도승들의 부류는 12절의 것과 비슷하다. 제2차 삽입의 강조점은, 공동체 안에 잘못이 생기기 시작하는 초기부터 그 근절을 위한 온갖 노력을 기울이라는 것이다. 이 2차 삽입에서 아빠스는 매로 다스리는 무서운 스승처럼 나타나 있지만 바로 이어 나오는 제3차 삽입에서 그 의미가 보완되어 있다.

quod dicitur, et scire quia *cui plus* committitur, *plus ab eo*
exigitur. [31]Sciatque quam difficilem et arduam rem suscipit
regere animas et multorum servire moribus, et alium quidem
blandimentis, alium vero increpationibus, alium suasionibus;
[32]et secundum uniuscujusque qualitatem vel intellegentiam, ita
se omnibus conformet et aptet ut non solum detrimenta gregis
sibi commissi non patiatur, verum in augmentatione boni gregis
gaudeat. [33]Ante omnia, ne dissimulans aut parvipendens
salutem animarum sibi commissarum, ne plus gerat sollicitudi-
nem de rebus transitoriis et terrenis atque caducis, [34]sed
semper cogitet quia animas suscepit regendas, de quibus et
rationem redditurus est. [35]Et ne causetur de minori forte sub-
stantia, meminerit scriptum: *Primum quaerite regnum Dei et*
justitiam ejus, et haec omnia adicientur vobis, [36]et iterum: *Nihil*
deest timentibus eum.

[37]**Sciat**que **quia qui suscipit animas regendas paret se**
ad rationem **reddend**am, [38]**et quantum sub cura sua frat-**
rum se habere scierit numerum, agnoscat pro certo quia
in die judicii ipsarum omnium animarum est redditurus
Domino rationem, **sine dubio addita et su**ae animae. [39]Et
ita, **timens semper futuram discussionem pastoris de cre-**
ditis ovibus, cum de alienis ratiociniis cavet, redditur de
suis sollicitus, [40]**et cum de monitionibus suis emendatio-**
nem aliis subministrat ipse efficitur a vitiis emendatus.

23,14

31-36. 제3차 삭제 및 삽입(RM 2,35-38; RB 2,31-35): 베네딕도가 삭제한 내용은 스
승의 명령과 형제의 순명에 대해 강조하고, 아빠스는 이에 대해 주님의 심판정에
서 헴바치게 될 것임을 경고하는 것이다. 반면 삽입 부분에서는 아빠스의 "목자"
이미지 아래 2가지 점이 강조되어 있다. 여러 부류의 사람들을 대하는 아빠스의
태도, 즉 각자의 성질과 지능에 따라서 적절하게 대해야 한다는 것(31-32절)과
지상 재물에 대한 걱정으로 자기에게 맡겨진 영혼들의 구원 문제를 소홀히 하지
말라는 현실적인 충고이다(33-35절).

32. "자기에게 맡겨진 양들": 아빠스는 형제들에 대해 목자이지만 주인으로서의 목
자가 아니라 주님의 일꾼 또는 관리인으로서의 목자임을 주지시키기 위해, "맡

많이 맡겨진 이에게는 많이 요구됨을 알아야 한다. [31]또한 그는 영혼들을 다스리고 많은 사람들의 기질을 맞추는 일이 얼마나 어렵고 힘든 일인지를 알아야 한다. 어떤 사람에게는 유순하게 대하고 어떤 사람에게는 책벌하고, 또 어떤 사람에게는 권고해 주어야 한다. [32]또 각자의 성질과 지능에 따라 모든 이에게 순응하고 알맞게 해줌으로써 자기에게 맡겨진 양들에게 손해가 없도록 할 뿐만 아니라, 오히려 착한 양들의 수효가 늘어나는 것을 기뻐할 것이다. [33]무엇보다도 지나가고 사라질 지상(地上) 사물에 대해 지나치게 마음을 쓰느라고 자기에게 맡겨진 영혼들의 구원 문제를 소홀히하거나 가벼이 보아 넘기지 말아야 하며, [34]자기가 영혼들을 다스리도록 책임 맡았으므로 그들에 대해 헴바침이 있으리라는 사실을 언제나 염두에 두어야 한다. [35]또한 재산의 적음을 핑계삼지 말아야 할 것이니, "먼저 하느님의 나라와 그분의 의(義)를 구하라. 그러면 이 모든 것은 덧붙여 받게 될 것이다" 하시고 [36]또 "그분을 두려워하는 이들에게는 아쉬움이 없을 것이다" 하신 성서의 말씀을 기억할 것이다.

[37]영혼들을 다스릴 책임을 맡은 사람은 자기가 헴바치기 위해 준비할 것을 알아야 한다. [38]또한 그는 자기가 돌보는 형제들의 수효가 얼마인지를 알아야 하며 심판의 날에 이 모든 영혼들에 대한 헴과 아울러 어김없이 자기 영혼의 헴도 주께 바치리라는 사실을 확실히 알아야 한다. [39]이와 같이, 아빠스는 맡겨진 양떼에 대해 장차 받게 될 목자로서의 심문을 항상 두려워하고, 다른 이들에 대해 바칠 헴을 조심하는 동시에 자신의 헴에 대해서도 염려할 것이며, [40]자신의 훈계로 다른 이들의 잘못을 고치게 할 때에 자기의 결점도 고칠 것이다.

기 다"(committere) 동사가 **3**번 사용되어 있다(**30.32.33**절).

38. "형제들의 수효"(numerum)는 머리말 **5**절에 나오는 "우리를 이미 당신의 아들들의 수(numero)에 넣어 주신"을 연상케 한다.

"각자의 성질": **P. E. Hammett**, 성 베네딕도 규칙에서 개인에 대한 배려, 코이노니아 **14**집 (**1989**년 가을) **74-85** 참조.

III

De adhibendis ad consilium fratribus

[1]Quotiens aliqua praecipua agenda sunt in monasterio, convocet abbas omnem congregationem et dicat ipse unde agitur, [2]et audiens consilium fratrum tractet apud se et quod utilius judicaverit faciat. [3]Ideo autem omnes ad consilium vocari diximus quia saepe juniori Dominus revelat quod melius est.

[4]Sic autem dent fratres consilium cum omni humilitatis subjectione, et non praesumant procaciter defendere quod ejs visum fuerit; [5]et magis in abbatis pendat arbitrio, ut quod salubrius esse judicaverit ei cuncti oboediant. [6]Sed sicut discipulos convenit oboedire magistro, ita et ipsum provide et juste condecet cuncta disponere.

[7]In omnibus igitur omnes magistram sequantur Regulam, neque ab ea temere declinetur a quoquam. [8]Nullus in monasterio proprii sequatur cordis voluntatem, [9]neque praesumat quisquam cum abbate suo proterve aut foris monasterium contendere. [10]Quod si praesumpserit, regulari disciplinae subjaceat. [11]Ipse tamen abba cum timore Dei et observatione Regulae omnia faciat, sciens se procul dubio de omnibus judiciis suis aequissimo judici Deo rationem redditurum.

[12]Si qua vero minora agenda sunt in monasterii utilitatibus,

---

3. 베네딕도는 영성 부분(머리말-7장)에서 유일하게 제3장만 RM에서 벗어나 자유롭게 서술하고 있다. 이와 유사한 내용은 RM 2,41-50에 있지만, 베네딕도는 독립된 장으로 만들었고 또 내용에서 많은 차이가 있을 뿐 아니라 자기 문체로 모두 바꾸어 놓았다.

1. 현행 베네딕도회의 참사회 제도(Capitulum)의 근거가 되는 구절이다.

3. "젊은 사람에게": **63,5-6** 참조.

6. "스승에게 순종하는": **6,6** 참조.

9. 회의중의 의견 대립을 뜻하지 않고, 회의에서 이미 결정된 사항(5절)을 후에 실

제**3**장

형제들의 의견을 들음에 대하여

[1]수도원 안에 어떤 중요한 일이 있을 때마다 아빠스는 공동체 전체를 소집하여, 그 일을 자기가 직접 제안해야 한다. [2]그는 형제들의 의견을 듣고 깊이 검토한 후에 더 유익하다고 판단되는 바를 행할 것이다. [3]모든 형제들을 회의에 소집하라고 하는 이유는, 주께서 때때로 더 좋은 의견을 젊은 사람에게 밝혀 주시기 때문이다.

[4]형제들은 온전히 겸손된 복종심을 가지고 의견을 제출할 것이지 감히 자기 의견을 거만하게 주장하지 말 것이다. [5]결정권은 아빠스에게 달려 있으니, 그가 더욱 유익하다고 판단한 바에 모든 이들은 순종할 것이다. [6]스승에게 순종하는 것이 제자들에게 합당한 일인 것처럼, 모든 일을 예견하며 공정하게 처리하는 것은 스승에게 합당한 일이다.

[7]그러므로 모든 이는 모든 일에 있어 규칙을 스승과 같이 따를 것이며, 아무도 이것을 경솔하게 위반하지 말 것이다. [8]아무도 수도원 안에서 사사로운 마음의 뜻을 따르지 말아야 한다. [9]누구든지 자기 아빠스와 무례하게 다투지 말아야 하고 수도원 밖에서도 그렇게 하지 말아야 한다. [10]누가 만일 그런 짓을 감히 행하거든 규칙에 정한 벌을 줄 것이다. [11]그러나 아빠스 자신은 자기가 판단한 모든 일에 대해 지극히 공정한 판관이신 하느님께 분명히 헴바치게 될 것임을 알고, 하느님을 두려워하는 마음을 가지고 규칙을 지키면서 모든 일을 해야 한다.

[12]만일 수도원의 유익에 있어 그다지 중요하지 않은 일을 처리해야 할

행 단계에서 반대하는 태도를 말한다.

11. "자기가 판단한 모든 일에 대해": **65,22** 참조.

12. 현행 베네딕도회의 장로회 제도의 근거가 되는 구절이다.

seniorum tantum utatur consilio, [13]sicut scriptum est: *Omnia fac cum consilio et post factum non paeniteberis.*

IV

Quae sunt instrumenta bonorum operum

[1]In **prim**is Dominum *Deum diligere ex toto corde, tota anima,* tota virtute.
[2]**Deinde** *proximum tamquam seipsum.*
[3]**Deinde** *non occidere.*
[4]*Non adulterare.*
[5]*Non facere furtum.*
[6]*Non concupiscere.*
[7]*Non falsum testimonium dicere.*
[8]*Honorare* omnes homines.
[9]**Et** *quod sibi quis fieri non vult, alio ne faciat.*
   [10]*Abnegare semetipsum* sibi **ut** *sequatur* **Christum.**
[11]*Corpus castigare.*
[12]**Delicias** non amplecti.
[13]**Jeiunium amare.**

3,13 잠언 31,3(구 라틴어 역본); 집회 32,24

4,1 마르 12,30; 루가 10,27 ‖ 2 마르 12,31; 루가 10,28 ‖ 3-5 마태 19,18-19; 루가 18,20 ‖ 6 출애 20,17; 신명 5,21; 로마 13,9 ‖ 7 마태 19,18; 루가 18,20 ‖ 8 1베드 2,17 ‖ 9 마태 7,12; 토비 4,16 ‖ 10 마태 16,24; 루가 9,23; 참조: Passio Juliani 46 ‖ 11 1고린 9,27

---

4. 제목: 제목에 대한 설명은 **75**절에 가서야 나오는데, 이 설명은 **RM 3**장의 제목과 일치한다. **RB 4**장에 나오는 대부분의 내용은 **RM 3**장과 일치한다. 그리고 베네딕도는 여기에 관련되는 **RM 4-6**장을 삭제하였는데, 이 세 장들은 비교적 짧은

경우에는 장로들의 의견만 들을 것이니, [13]“모든 일을 의논하여 행하라. 그렇게 한 후에는 뉘우침이 없을 것이다”라는 성서의 말씀처럼 할 것이다.

제**4**장

착한 일의 도구들은 무엇인가

[1]첫째로 마음을 다하고 정신을 다하고 힘을 다하여 주 하느님을 사랑하라.

[2]그 다음으로 이웃을 자기와 같이 사랑하라.

[3]그리고 살인하지 말라.

[4]간음하지 말라.

[5]도둑질을 하지 말라.

[6]탐내지 말라.

[7]거짓 증언을 하지 말라.

[8]모든 사람들을 존경하라.

[9]자기에게 되어지기를 원하지 않는 바를 남에게 행하지 말라.

[10]그리스도를 따르기 위해 자신을 끊어 버려라.

[11]육체를 다스리라.

[12]쾌락을 찾지 말라.

[13]금식(禁食)을 좋아하라.

장들로서 **RM** 3장과 중복되는 내용이 대부분이다.

1-9. 1-2절은 사랑의 이중(二重) 계명이며 3-8절은 십계명에 나오는 계명들이며, 9절은 황금률이다. 베네딕도는 **RM** 3,1에 나오는 성삼위께 대한 신앙고백문은 삭제하고, **RM** 3,8의 “아버지와 어머니를 존경하라” 대신 “모든 사람들을 존경하라”(8절)로 바꾸어 놓았다.

10-13. 육체의 금욕에 관한 내용.

[14]**Pauperes recreare.**

[15]*Nudum vestire.*

[16]*Infirmum visitare.*

[17]**Mortuum sepelire.**

[18]**In tribulatione subvenire.**

[19]**Dolentem consolari.**

    [20]*Saeculi actibus se facere alienum.*

[21]*Nihil amori Christi praeponere.*

[22]*Iram non perficere.*

[23]*Iracundiae tempus non reservare.*

[24]**Dolum in corde non tenere.**

[25]**Pacem falsam non dare.**

[26]**Caritatem non derelinquere.**

[27]*Non jurare ne* forte *perjuret.*

[28]**Veritatem ex corde et ore proferre.**

    [29]*Malum pro malo non reddere.*

[30]*Injuriam non facere,* sed *et factas* patienter sufferre.

[31]*Inimicos diligere.*

[32]*Maledicentes se non remaledicere, sed magis benedice-re.*

[33]*Persecutionem pro justitia sustinere.*

    [34]*Non esse superbum.*

[35]*Non vinolentum.*

[36]**Non multum edacem.**

13-15 참조: Passio Juliani 46 ‖ 15-16 마태 25,36 ‖ 17 참조: 토비 1,20; 2,7-9 ‖ 20-23 Passio Juliani 46 ‖ 24 참조: 잠언 12,20 ‖ 27 마태 5,34 ‖ 29 Passio Juliani 46; 1베드 3,9 ‖ 30 치쁘리아누스, 주의 기도문 15 ‖ 31 마태 5,44; 루가 6,27 ‖ 32 루가 6,28; 1고린 4,12; 1베드 3,9 ‖ 33 1고린 4,12; 1베드 3,14; 마태 5,10 ‖ 34-35 디도 1,7 ‖ 36 집회 37,32

14-19. 이웃 사랑, 특히 자비의 행위에 관한 내용.

20-21. 세속을 미워하고 그리스도를 사랑하라는 내용.

¹⁴가난한 사람들에게 먹을 것을 주라.

¹⁵헐벗은 사람을 입혀 주라.

¹⁶병자를 방문하라.

¹⁷죽은 이를 장사지내라.

¹⁸시련중에 있는 사람을 도와주라.

¹⁹슬퍼하는 사람을 위로하라.

²⁰세속(世俗)의 행위들을 멀리하라.

²¹아무것도 그리스도께 대한 사랑보다 더 낮게 여기지 말라.

²²화내지 말라.

²³원한을 오래 품어두지 말라.

²⁴간사스런 계교를 마음속에 품지 말라.

²⁵거짓 평화를 주지 말라.

²⁶사랑을 버리지 말라.

²⁷헛된 맹세를 하지 않기 위해 맹세하지 말라.

²⁸진리를 마음과 입으로 드러내라.

²⁹악을 악으로 갚지 말라.

³⁰불의를 행하지 말고, 자기가 당한 (불의도) 인내로이 참아라.

³¹원수를 사랑하라.

³²악담을 악담으로 갚지 말고 오히려 축복해 주라.

³³정의를 위하여 박해를 참아 받아라.

³⁴교만하지 말라.

³⁵주정뱅이가 되지 말라.

³⁶과식가가 되지 말라.

22-33. 온순, 사랑, 진실의 행위들.

34-43. 영혼과 육체의 나쁜 경향들을 거슬러.

36. 같은 내용이 31,1에서도 나온다.

[37]**Non somnulentum.**

[38]*Non pigrum.*

[39]**Non murmuriosum.**

[40]Non detractorem.

[41]**Spem suam Deo committere.**

[42]**Bonum aliquid in se cum viderit, Deo** adplicet, non sibi.

[43]**Malum** vero semper **a se factum** sciat **et sibi** reputet.

[44]**Diem judicii timere.**

[45]**Gehennam expavescere.**

[46]**Vitam aeternam** omni concupiscentia spiritali **desiderare.**

[47]**Mortem cotidie ante oculos suspectam habere.**

[48]**Actus vitae suae omni hora custodire.**

[49]**In** omni **loco Deum se respicere pro certo scire.**

[50]**Cogitationes malas cordi suo advenientes mox ad Christum adlidere** et seniori spiritali patefacere.

[51]**Os suum a malo vel pravo eloquio custodire.**

[52]**Multum loqui non amare.**

[53]**Verba vana aut risui apta non loqui.**

[54]**Risum multum aut excussum non amare.**

[55]**Lectiones sanctas libenter audire.**

[56]**Orationi frequenter incumbere.**

[57]**Mala sua praeterita cum lacrimis vel gemitu cotidie in oratione Deo confiteri.**

[58]**De ipsis malis de cetero emendare.**

---

38 로마 12,11 ‖ 39-40 참조: 지혜 1,11 ‖ 47 까시아누스, 제도집 12,25; 담화집 16,6 ‖ 49 참조: 잠언 15,3; 시편 13,2 ‖ 50 참조: 시편 136,7 ‖ 57 참조: 마태 6,12; 까시아누스, 담화집 20,6

44-47. 세말과 죽음에 대한 두려움과 준비.

48-54. 자기 행동에 대한 조심.

55-58. 기도와 참회의 정신.

³⁷잠꾸러기가 되지 말라.

³⁸게으름뱅이가 되지 말라.

³⁹불평쟁이가 되지 말라.

⁴⁰험담꾼이 되지 말라.

⁴¹자신의 희망을 하느님께 두라.

⁴²자신 안에서 어떤 좋은 점을 보게 되거든, 자신에게 말고 하느님께 그것을 돌려라.

⁴³그러나 나쁜 점은 항상 자신이 한 것으로 알고, 자기 탓으로 돌려라.

⁴⁴심판의 날을 두려워하라.

⁴⁵지옥을 무서워하라.

⁴⁶모든 영적 욕망을 가지고 영원한 생명을 갈망하라.

⁴⁷죽음을 날마다 눈앞에 환히 두라.

⁴⁸자신의 일상 행위를 매순간 조심하라.

⁴⁹어느 곳에서나 하느님께서 자신을 지켜보고 계심을 확실히 알고 있어라.

⁵⁰자신의 마음속에 떠오르는 나쁜 생각을 즉시 그리스도께 쳐바수고, 영적 장로에게 밝히라.

⁵¹나쁘고 추잡한 말을 입에 담지 말라.

⁵²많이 말하기를 좋아하지 말라.

⁵³실없는 말이나 웃기는 말을 하지 말라.

⁵⁴많은 웃음이나 지나친 웃음을 좋아하지 말라.

⁵⁵거룩한 독서를 즐겨 들어라.

⁵⁶기도에 자주 열중하라.

⁵⁷지난날의 자기 잘못을 눈물과 탄식으로 매일 기도중에 하느님께 고백하고,

⁵⁸그 잘못을 앞으로 고쳐라.

---

57. 까시아누스, 담화집 **20,6,7** 참조.

59Desideria carnis non efficere.

60Voluntatem propriam odire.

61Praeceptis **abbatis** in omnibus **oboedire**, etiam si ipse aliter — quod absit — agat, memores illud dominicum praeceptum: *Quae dicunt facite, quae autem faciunt facere nolite.*

*62Non velle **dici sanctum antequam sit, sed** prius *esse* quod verius dicatur.*

63Praecepta Dei factis cotidie adimplere.

64Castitatem amare.

65Nullum odire.

66Zelum non habere.

67Invidiam non exercere.

68Contentionem non amare.

69Elationem fugere.

70Et seniores venerare.

71Juniores diligere.

72In Christi amore pro inimicis orare.

73Cum discordante **ante solis occasum in** pacem **redire.**

74Et de Dei misericordia **numquam desperare.**

---

59 갈라 5,16 ‖ 60 참조: 집회 18,30 ‖ 61 마태 23,3 ‖ 62 Passio Juliani 46 ‖ 64 유딧 15,11 ‖ 65 참조: 디다케 2,7; 레위 19,17; 신명 23,8 ‖ 66.68 참조: 야고 3,14-15 ‖ 72 참조: 마태 5,44 ‖ 73 참조: 에페 4,26

59-64. 영혼과 육체의 절제와 통제.

61. RM 4,67에서는 "아빠스의 훈계에 순종하라"고만 되어 있는데, 베네딕도는 "이런 일이 없어야 하겠지만"(quod absit)란 단서와 함께 아빠스의 잘못의 가능성에 대해서도 언급한다(3,11; 65,22 참조).

65-73. 형제적 사랑.

66. "zelum non habere". 여기서는 나쁜 열정을 뜻한다. RB 72장에서는 좋은 열정(zelus bonus)과 나쁜 열정(zelus malus)을 구별하여 자세히 설명하고 있다.

69-72. 4개의 준칙(準則)은 베네딕도가 첨가한 것이다. 70-71절의 내용은 63,10의 내

[59]육체의 욕망을 채우지 말라.

[60]자신의 사사로운 뜻을 미워하라.

[61]모든 일에 있어 아빠스의 명령에 순종할 것이며, 이런 일이 없어야 하겠지만, 비록 아빠스 자신이 다르게 행동할지라도 "그들이 말하는 것을 실행하되 그들의 행동은 본받지 말라" 하신 주님의 명령을 기억하여 그렇게 하라.

[62]성인(聖人)이 되기 전에 성인으로 불리우기를 바라지 말고, 참으로 성인으로 불리어지도록 먼저 성인이 되라.

[63]하느님의 계명을 매일 행동으로써 채워라.

[64]순결을 좋아하라.

[65]아무도 미워하지 말라.

[66](나쁜) 열정을 가지지 말라.

[67]시기하지 말라.

[68]다투기를 좋아하지 말라.

[69]자만심을 멀리하라.

[70]연로(年老)한 이들을 공경하라.

[71]연소(年少)한 이들을 사랑하라.

[72]그리스도께 대한 사랑 안에서 원수들을 위해 기도하라.

[73]불목한 자와는 해가 지기 전에 화해하라.

[74]그리고 하느님의 자비에 대해 절대로 실망하지 말라.

용과 같다. 여기서는 "seniores"와 "juniores"를 연령적인 구별로 볼 수 있지만, **63**장에 따라, 수도원의 입회 순서에 따른 선배와 후배의 구별로 볼 수도 있다.

72. "그리스도께 대한 사랑": **7,69; 63,13; (4,21** 참조). 원수들을 위한 기도: **13,12-13** 참조.

74. 하느님의 자비에 대한 신뢰: 베네딕도는 **RM 3,77**의 "Deo"를 "de Dei misericordia"(하느님의 자비에 대하여)로 바꾸어 놓았다. **74**개의 준칙을 마무리 짓는 이 준칙에서 "misericordia"(자비)는 하느님의 사랑, 도우심, 용서 등의 뜻을 폭넓게 포괄하며, 이에 대한 신뢰심은 모든 준칙 준수에 기초가 되는 것이다.

[75]**Ecce haec** sunt instrumenta **artis spirital**is. [76]**Quae cum fuer**int a **nobis die noctuque incessabiliter adimpleta et in die judicii reconsignata, illa mercis nobis a Domino recon**pens**abitur quam** Ipse **promi**sit: [77]*Quod oculus non vidit nec auris audivit, quae praeparavit Deus his qui diligunt illum.*

[78]**Officina vero** ubi **haec omnia diligent**er **oper**emur claustra sunt **monasteri**i et stabilitas in congregatione.

77 1고린 2,9

75-78. 마지막 권고: 75-76절은 RM 3,78-81을 축소시킨 것이다. 77절은 1고린 2,9를 인용하여 삽입한 RB의 고유 부분으로 특히 "마련해 주셨다"는 RM 3,82-94에

⁷⁵보라! 이런 것들이 영적(靈的) 기술의 도구들이니, ⁷⁶우리가 이것들을 밤낮으로 끊임없이 채워 실천하고 심판의 날에 그것을 돌려드리면, 주께서 친히 약속하신 그 상급을 받게 될 것이니, ⁷⁷"눈으로 본 적이 없고 귀로 들은 적이 없는 것을 하느님께서는 당신을 사랑하는 사람들을 위하여 마련해 주셨다"라고 약속하셨기 때문이다.

⁷⁸우리가 이 모든 것을 부지런히 실행할 장소는 수도원의 봉쇄 구역과 수도회 안에 정주(定住)하는 것이다.

길게 묘사되어 있는 천국의 복락을 암시한다. 78절은 **RM 6,1-2**와 연관되며, 따라서 베네딕도는 의식적으로 **RM 4-5**장을 삭제하였음을 알 수 있다.

78. **RM 6,2**의 "육체의 울타리"(**corporis clusura**)를 "수도원의 봉쇄 구역"(**claustra monasterii**)으로 바꾸고, "수도회 안에 정주"(**stabilitas in congregatione**)를 삽입하였다. 여기서 "수도원의 봉쇄 구역"은 장소적인 정주가 강조되어 있고, "수도회 안에 정주"는 형제들의 유대관계 안에 정신적인 정주가 강조되어 있다.

V

De oboedientia

[1]**Primus humilitatis gradus est oboedientia sine mora.** [2]**Haec convenit his qui nihil sibi a Christo carius aliquid** existim**ant.** [3]**Propter servitium sanctum quod professi sunt** seu **propter metum gehennae vel** gloriam **vitae aeternae,** [4]**mox aliquid imperatum a majore** fuerit, ac si divinitus imperetur, **moram pati nesci**ant **in** faciendo. [5]**De quibus Dominus dicit:** *Obauditu auris oboedivit mihi.* [6]**Et item dicit doctoribus:** *Qui vos audit me audit.* [7]**Ergo hii tales, relinquentes statim quae sua sunt et voluntatem propriam deserentes,** [8]**mox exoccupatis manibus et quod** agebant inperfectum relinquentes, vicino oboedientiae **pede jubentis vocem factis sequuntur,** [9]**et veluti uno momento praedicta magistri jussio et perfecta discipuli opera, in velocitate timoris Dei, ambae res communiter citius explic**antur.

[10]**Quibus ad vitam aeternam** gradiendi **amor incumbit,** [11]**ideo angustam viam arripiunt,** unde Dominus dicit:

5,5 시편 17,46 ‖ 6 루가 10,16 ‖ 7-8 참조: 마태 4,22 ‖ 11 마태 7,14

5,1. "겸손의 첫째 단계"의 내용은, 겸손의 장인 7장에 나오는 겸손의 첫째 단계 (7,10 이하)와 같지 않고 오히려 셋째 단계(7,34)와 연관되어 있어 잘못된 것처럼 보인다. 그러나 여기서 "첫째의"(primus)는 "기본적인" 또는 "보다 완전한"의 뜻을 가지고 있다.

2. 베네딕도는 RM 7,2의 "소수의 완전한 사람들에게"(sed … forma paucis … et perfectis in …)란 말을 삭제함으로써 지체없는 순명을 완전한 사람들에게만 국 한시키지 않고 모든 수도승에게 가능한 것으로 권유하고 있다.

3. "거룩한 섬김"(servitium sanctum): 수도생활은 주님을 섬기는 생활(머리말 45; 2,18.20; 49,5)이며, 이 섬김은 특히 공동기도에서 나타난다(16,2; 18,20). 따라서

제**5**장

순명에 대하여

[1]겸손의 첫째 단계는 지체 없는 순명이다. [2]이것은 그리스도보다 아무것도 더 소중히 여기지 아니하는 사람들에게 알맞는 일이며, [3]그들은 서약한 거룩한 섬김 때문에, 또는 지옥에 대한 두려움이나 영원한 생명의 영광 때문에, [4]장상으로부터 어떤 것을 명령받았을 때 즉시 하느님의 명령으로 받아들여 그것을 실행함에 지체할 줄을 모른다. [5]이런 사람들에게 대해서는 주께서 "귀로 듣자마자 나에게 순명했다"고 말씀하셨으며, [6]또 교사들에게는 "너희들의 말을 듣는 사람은 나의 말을 듣는 사람이다"라고 말씀하셨다. [7]그러므로 이런 사람들은 자신을 위한 일을 즉시 그만두고 사사로운 뜻을 버리며, [8]자기가 하던 일에서 즉시 손을 떼어 아직 마치지 않은 채 그대로 두고, 순명의 빠른 걸음으로 명령하는 이의 말을 행동으로 따른다. [9]스승의 명령이 나오는 것과 제자의 실행이 완수되는 것이 한순간에 이루어지듯이 하느님을 두려워함에서 오는 신속함으로 이 두 가지 일이 함께 빨리 실행된다.

[10]그러므로 영원한 생명에로 나아가려는 원의가 간절한 사람들은 [11]"생명으로 들어가는 길은 좁다"고 하신 주님의 말씀을 따라 좁은 길을 택한다.

여기서 "거룩한 섬김 때문에" 장상에게 하는 순명은 그리스도께 바치는 순명이며, "그리스도보다 아무것도 더 소중히 여기지 아니하는"(2절) 수도승의 태도이다. 이러한 신학은 6절과 15절에 두 번 인용된 루가 **10,16**에서 더욱 잘 드러난다.

10. 베네딕도는 **RM 7,10-21**(불완전한 자들의 순명)과 **RM 7,22-47**(사라바이따의 생활에 대한 비판)을 삭제하고, 완전한 자들의 순명으로 건너뛴다(**RB 5,10 = RM 7,47** 이하). 따라서 문맥상 **RM 7,47**의 "반대로"(E contrario … vero)를 삭제하고, 9절과 자연스럽게 연결시킨다.

11. "좁은 길": 마태 **7,13-14**에 나오는 "두 가지 길" 또는 "두 가지 문"은 그리스도교 영성의 중요한 개념이다. 베네딕도는 **RM**의 불완전한 자들의 불순명 부분(**RM**

Angusta via est quae ducit ad vitam, [12]**ut non suo arbitrio viventes vel desideriis suis et voluptatibus oboedientes, sed ambulantes alieno judicio et imperio, in coenobiis degentes abbatem sibi praeesse desiderant.** [13]**Sine dubio hii tales illam Domini imitantur sententiam qua dicit:** *Non veni facere voluntatem meam, sed eius qui misit me.*

[14]**Sed haec ipsa oboedientia tunc acceptabilis erit Deo et dulcis hominibus, si quod jubetur non trepide, non tarde, non tepide,** aut **cum murmurio vel cum responso nolentis efficiatur,** [15]**quia oboedientia quae majoribus praebetur Deo** exhibetur; ipse enim **dixit:** *Qui vos audit me audit.* [16]Et **cum bono animo a discipulis praebe**ri oportet, quia *hilarem datorem diligit Deus.* [17]**Nam, cum malo animo si oboedit discipulus** et **non solum ore sed et**iam in **corde si** murmuraverit, [18]etiam si **impleat** jussionem, **tamen acceptum jam non erit Deo qui cor eius respicit murmurantem.** [19]**Et** pro tali **facto nullam** consequitur gratiam, immo poenam murmurantium incurrit, si non cum satisfactione emendaverit.

---

13 요한 6,38 ‖ 14 참조: 마태 21,29 ‖ 15 루가 10,16 ‖ 16 2고린 9,7; 참조: 집회 35,10-11 ‖ 19 참조: 1고린 10,10

7,10-47)을 삭제하면서 동시에 멸망에로 이르는 넓은 길에 관한 내용을 삭제하였다.

14-19. 대체로 RM 7,67-74를 따르나 약간 축소 내지 변경하였다. 이에 앞서 RM 7,52-56(순명의 안전성)과 57-66절(순교자적 순명)을 삭제하였다.

¹²이렇게 함으로써, 그들은 자기 마음대로 살거나 자기의 원의나 욕망을 따르지 아니하고, 다른 사람의 판단과 명령을 따라 수도원 안에 살면서 아빠스를 자기 으뜸으로 모시기를 원하게 된다. ¹³이런 사람들은 확실히 "나는 내 뜻을 이루려고 온 것이 아니라 나를 보내신 분의 뜻을 이루려고 왔다"고 하신 주님의 말씀을 본받는 사람들이다.

¹⁴그러나 이러한 순명이 하느님께 받아들여지고 사람들에게 감미롭게 되는 것은, 명령받은 바를 겁내지 않고 느리지 않으며, 무관심하지 않고, 불평이나 싫다는 대꾸 없이 실행할 때이다. ¹⁵왜냐하면 장상들에게 바치는 순명은 곧 하느님께 하는 것이니, 주께서 친히 "너희들의 말을 듣는 사람은 나의 말을 듣는 사람이다"라고 말씀하셨기 때문이다. ¹⁶또 "하느님께서는 기쁜 마음으로 주는 사람을 사랑하시는" 까닭에 제자들은 좋은 마음으로 순명해야 한다. ¹⁷만일 제자가 나쁜 마음을 가지고 순명하든지 또는 입으로 불평하는 경우는 물론이고, 마음속으로도 불평한다면 ¹⁸비록 명령을 완수했다 하더라도, 불평하는 그의 속마음을 이미 들여다보시는 하느님께는 받아들여지지 않는다. ¹⁹또 이런 일에는 아무런 은총도 따라오지 않을 것이며, 만일 보속하여 고치지 않는다면, 오히려 불평하는 자들에게 내려지는 벌을 받게 될 것이다.

---

17. 순명에 반대되는 불평에 대해 말하고 있다. **"Murmuratio"**는 의성어로서 입으로 중얼거리는 행위이며, 규칙서에서는 불평을 지칭하는 이 단어를 **11**번 사용한다. 불평은 능동적이고 적극적인 기쁜 마음으로 하는 순명이 아닐 뿐 아니라 사소한 문제(예를 들면 음식량, 일의 양, 지급품의 질 등)로 인해 공동체 안에 분열과 불화의 싹이 될 수 있다. 그래서 베네딕도는 **40,9**에서 "무엇보다도 경계하는 바는 불평을 삼가라는 것이다"고 엄히 말한다.

VI

De taciturnitate

[1]Faciamus quod ait **Propheta:** *Dixi: custodiam vias meas, ut non delinquam in lingua mea. Posui ori meo custodiam, obmutui et humiliatus sum et silui a bonis.* [2]**Hic ostendit Propheta, si a bonis eloquiis interdum propter taciturnitatem debet tacere, quanto magis a malis verbis propter poenam peccati debet cessari.**

[3]**Ergo, quamvis de bonis et sanctis et aedificationum eloquiis, perfectis discipulis, propter taciturnitatis gravitatem rara loquendi concedatur licentia,** [4]**quia** scriptum est: *In multiloquio non effugies peccatum,* [5]et alibi: *Mors et vita in manibus linguae.* [6]**Nam loqui et docere magistrum condecet, tacere et audire discipulum convenit.**

[7]Et ideo, si qua requirenda sunt a priore, cum omni humilitate et subjectione reverentiae requirantur. [8]**Scurrilitates vero vel verba otiosa et risum moventia aeterna clusura** in omnibus locis **damnamus et ad talia eloquia discipulum aperire os non permittimus.**

6,1 시편 38,2-3 ‖ 4 잠언 10,19 ‖ 5 잠언 18,21

---

6. RM에서는 침묵에 대해 RM 8장("제자들의 침묵에 대하여, 어떠한 모양으로 어느 정도 지켜야 합니까?": 37개 절)과 RM 9장("침묵중에 있는 형제들이 어떤 절차로 아빠스에게 질문합니까?": 51개 절) 2개의 장으로 되어 있다(도합 88개 절). RB 6장은 RM 8,31-33.35b-37; 9,51만 취하고 7절은 고유 부분이다.

1. 베네딕도는 갑자기 RM 8,31부터 시작하는 데서 오는 어색함을 없애기 위해 "Faciamus quod ait Propheta"(… 하신 예언자의 말씀을 우리는 실행하자)라는 말을 삽입하였다.

2. "silentium"은 그냥 입을 다물고 있는 행위 자체를 말하고, "taciturnitas"는 말을 듣기 위해 귀기울여 침묵하는(6절: "tacere et audire") 보다 능동적이고 적극

제**6**장
침묵에 대하여

[1]"나는 말하기를, '내 길을 지키어 내 혀로 죄짓지 않으리라. 나는 내 입에다 파수꾼을 두었고, 벙어리가 되어 낮추어졌으며, 좋은 일에 대해서도 말하지 않았노라'"고 하신 예언자의 말씀을 우리는 실행하자. [2]여기에서 예언자가 보여주고자 하는 바는, 침묵의 덕을 (닦기) 위해 때로는 좋은 담화도 하지 말아야 했다면 하물며 죄의 벌을 (피하기) 위해서 나쁜 말을 해서는 안된다는 것이다.

[3]그러므로 비록 좋고, 거룩하고, 건설적인 담화일지라도 침묵의 중대성 때문에 완전한 제자들에게 말할 허락을 드물게 줄 것이다. [4]성서에 "너는 많은 말에서 죄를 피하지 못하리라"고 기록되어 있고, [5]또 다른 곳에는 "죽음과 삶이 혀에 달려 있다"고 기록되어 있기 때문이다. [6]말하는 것과 가르치는 것은 스승에게 적합한 일이고, 침묵하는 것과 듣는 것은 제자에게 합당한 일이다.

[7]그러므로, 만일 장상에게 여쭈어볼 일이 있으면 온전한 겸손과 존경에서 나오는 복종심을 가지고 여쭈어볼 것이다. [8]그러나 점잖지 못한 희롱이나, 한가한 말이나, 웃기는 말은 어느 곳에서나 절대로 금하며 단죄하고, 또 이러한 담화를 위해 제자들이 입을 여는 것을 허락하지 않는다.

적인 태도, 즉 침묵의 덕을 말한다.

3. "건설적인"(aedificationum): 다른 사람에게 교훈을 주는 유익한 말을 뜻한다 (38,9 참조).

7-8. RM 9장에서는 형제가 아빠스에게 질문하는 데 있어 세세한 절차, 상당히 비현실적인 절차에 대해 51개 절에 걸쳐 길게 서술하고 있는데, 베네딕도는 7절에서 합리적인 원칙을 자신의 말로 요약하여 제시하며, RM 9장의 마지막 말(51절)만을 그대로 인용함으로써 끝맺고 있다. 7절의 "온전한 겸손과 복종심을 가지고"(cum omni humilitate et subjectione)는 3,4에 나오는 태도와 상통한다.

VII

De humilitate

[1]Clamat nobis Scriptura divina, fratres, dicens: *Omnis qui se exaltat humiliabitur et qui se humiliat exaltabitur.* [2]Cum haec ergo dicit, ostendit nobis omnem exaltationem genus esse superbiae. [3]Quod se cavere Propheta indicat dicens: *Domine, non est exaltatum cor meum neque elati sunt oculi mei, neque ambulavi in magnis neque in mirabilibus super me.* [4]Sed quid *si non humiliter sentiebam, si exaltavi animam meam? sicut ablactatum super matrem suam, ita retribues in animam meam.*

[5]Unde, fratres, si summae humilitatis volumus culmen adtingere et ad exaltationem illam caelestem ad quam per praesentis vitae humilitatem ascenditur, volumus velociter pervenire, [6]actibus nostris ascendentibus scala illa erigenda est quae in somnio Jacob apparuit, *per quam ei descendentes et ascendentes angeli* monstrabantur. [7]Non aliud sine dubio descensus ille et ascensus a

---

7,1 루가 14,11; 18,14; 참조: 마태 23,12 ‖ 3 시편 130,1 ‖ 4 시편 130,2 ‖ 6 창세 28,12

7,1-70 = RM 10,1-19.30-44.49.52-72.75-78.80-91
이 긴 장은 한 가지 덕에 대한 서술이라기보다 수덕생활의 전체, 즉 수도승이 지녀야 할 기본적인 태도를 말하고 있다. 지극히 전능하시고 무한하시며 선하시고 완전하신 하느님 앞에 인간은 자신이 얼마나 연약하고 무능하며 변하기 쉬우며 죄많은 존재인가를 깨닫고 그 사실을 그대로 인정하는 태도이다. 여기서 인간은 지존하신 하느님께 흠숭을 드리고 그분의 도우심을 청하게 된다.

1-4. 겸손의 필요성: 여러 성경 구절을 인용하면서, 하느님의 품을 떠나 있으려는 교만한 자는 마치 어머니의 젖에서 떨어져 나간 아기의 신세임을 강조한다.

1. 어원적으로 "humilitas"(겸손)는 "humus"(흙, 먼지)에서 왔다. 인간 창조(창세 2,7)에서 보는 것처럼 인간은 원래 한줌의 흙에 불과한 존재인데, **RM** 8,1-5는 이

제**7**장

겸손에 대하여

[1]형제들아, 성서는 우리에게 소리쳐 말하기를, "누구든지 자기를 높이는 사람은 낮아지고, 자기를 낮추는 사람은 높아질 것이다"라고 하신다. [2]이 말씀으로써 (성서는) 자기를 높이는 모든 짓이 교만의 일종임을 우리에게 일러준다. [3]예언자는 이에 대하여 스스로 조심할 것을 가르쳐 주기 위해 말하기를 "주여, 잘난 체하는 마음 내게 없삽고, 눈만 높은 이 몸도 아니오이다. 크나큰 일들을 쫓지도 아니하고 내게 겨운 일들을 하지도 않나이다"라고 하셨다. [4]그러나 "내가 만일 겸손되이 생각하지 않고 내 영혼을 들어올렸다면" 어떻게 하셨겠습니까? "엄마의 젖에서 떼어낸 아기처럼 당신은 내 영혼을 그렇게 대해 주시리이다."

[5]그러므로 형제들아, 우리가 만일 겸손의 최고 정상에 이르기를 원하고, 또 현세 생활의 겸손을 통해서 오르게 될 천상적 들어높임에 속히 도달하기를 원한다면, [6]우리는 야곱이 꿈에서 천사들이 오르락내리락 하는 것을 보았다던 그 사다리를 우리의 향상하는 행동으로써 세워야 하겠다. [7]내리고 오른다는 것은 분명히 교만으로써 내려가고 겸손으로써 올라간다는 것

점을 실감나게 묘사하고 있다. 사순절 첫날, 재의 수요일에 우리는 머리에 재를 받으며, "너는 흙이니 흙으로 돌아갈 것을 생각하라"라는 말을 듣는다.

5-9. 겸손의 사다리.

6. 사다리(scala): 완덕을 향해 올라가는(5절) 과정을 묘사하기 위해 "사다리"라는 상징을 도입하면서 창세 **28,12**에 나오는 야곱의 이야기와 연결시킨다. 수덕생활을 사다리와 연결시킨 예는 많다. 베네딕도와 동시대 사람이었던 요한 끌리마쿠스(희랍어로 끌리막스 *κλιμαξ* 자체가 "사다리"라는 뜻이다)는 영성생활을 30단계로 된 사다리로 묘사하였고, 성 바실리우스(시편 1편 주해: PG **29,217**)와 까시오도루스(시편 **119**편 주해: PG **70,901**)와 성 예로니무스(서간 **98,3**)도 영성생활을 사다리로 설명하였다.

7. 일반적으로 천사는 하느님과 인간 사이에 연락을 하는 역할을 맡고 있다. 하느님

nobis intellegitur nisi exaltatione descendere et humili-
tate ascendere. [8]Scala vero ipsa erecta nostra est vita in
saeculo, quae humiliato corde a Domino erigatur ad
caelum. [9]Latera enim ejus scalae dicimus nostrum esse
corpus et animam, in qua latera diversos gradus humili-
tatis vel disciplinae evocatio divina ascendendo inseruit.

[10]Primus itaque humilitatis gradus est, si *timorem Dei*
sibi *ante oculos* semper ponens, oblivionem omnino fugiat
[11]et semper sit memor omnia quae praecepit Deus, ut
qualiter et contemnentes Deum gehenna de peccatis
incendat et vita aeterna quae timentibus Deum prae-
parata est animo suo semper evolvat. [12]Et custodiens se
omni hora a peccatis et vitiis, id est cogitationum, lin-
guae, manuum, pedum vel voluntatis propriae sed et
desideria carnis, [13]aestimet se homo de caelis a Deo
semper respici omni hora et facta sua omni loco ab
aspectu Divinitatis videri et ab angelis omni hora re-
nuntiari.

[14]Demonstrans nobis hoc Propheta, cum in cogitationi-
bus nostris ita Deum semper praesentem ostendit
dicens: *Scrutans corda et renes Deus;* [15]et item: *Dominus
novit cogitationes hominum;* [16]et item dicit: *Intellexisti*

---

10 까시아누스, 제도집 4,39,1; 시편 35,2; 참조: 시편 100,3 ‖ 10-11 참
조: 치쁘리아누스, 서간 58,11 ‖ 13 참조: Visio Pauli 7; 시편 13,2; 잠언
15,3 ‖ 14 시편 7,10 ‖ 15 시편 93,11 ‖ 16 시편 138,3

의 섭리와 은총을 전해 주기 위해 인간에게 내려오고 인간의 행위를 하느님께 보
고하기 위해 하느님께 올라간다(13절과 28절 참조). 그러나 여기서는 천사들의
오름과 내림의 행위를 교만과 겸손에 비유하고 있는데, 아마 대천사 루치펠이 교
만 때문에 지옥에 떨어진 것과 성자께서 십자가에까지 비하하심으로 영광의 권
좌에 오르심을 암시하고 있다.

9. "gradus"(단계, 계단): 앞으로 12개의 단계를 말하는데, 까시아누스는 제도집
4,39에서 겸손의 10 "indicia", 즉 열 개의 표지들을 말한다. 여기서 말하는 “단
계” 는 한 계단을 올라가야 다음 계단을 올라갈 수 있는 순서를 뜻하는 것이 아
니라 수도승이 겸손의 덕을 닦기 위해 항상 추구해야 할 모든 점을 순서에 관계

으로밖에 우리는 달리 알아들을 수 없다. ^{8}세워진 사다리 자체는 우리의 현세 생활이니, 우리 마음이 겸손해질 때 주께서는 천상으로 향한 그 사다리를 세워 주신다. ^{9}우리는 그 사다리의 다리들을 우리의 육체와 영혼으로 보며, 하느님의 부르심은 우리가 올라가야 할 겸손과 규율의 여러 단계들을 이 다리들 사이에 끼워 넣으신다.

^{10}겸손의 첫째 단계는, 하느님께 대한 두려움을 늘 눈앞에 두어 잠시도 잊지 않으며, ^{11}하느님께서 명하신 모든 것을 늘 기억하여 하느님을 경멸하는 자들이 자기들의 죄로 말미암아 어떻게 지옥불에 태워지며, 또 하느님을 두려워하는 사람들에게 마련된 영원한 생명이 어떠한 것인지를 자신의 마음속에 늘 생각하는 것이다. ^{12}그리고 매시간 죄와 악습에서, 즉 생각과 혀와 손과 발과 자기의 뜻과 육체의 욕망에서 자신을 지킬 것이다. ^{13}사람은 하느님께서 천상으로부터 매시간 항상 자신을 내려다보시고, 자신의 행동을 하느님께서 어디서나 살펴보시며, 또 천사들이 매시간 보고드리고 있다는 사실을 염두에 둘 것이다.

^{14}예언자는 이것을 우리에게 알리시고, 또 하느님께서 우리 생각 가운데 늘 현존하고 계시다는 것을 밝혀 말씀하시기를 "마음과 콩팥을 살펴보시는 하느님"이라 하시고, ^{15}또 "주께서는 사람의 생각을 아시나이다" 하셨으며, ^{16}다시 말씀하시기를 "당신은 내 생각들을 멀리서부터 아시나이다" 하

없이 열거한 것에 불과하다. 각 단계에 대한 서술 분량도 서로 큰 차이가 있는데, 제1단계는 **21**개 절로 되어 있는 반면 제3단계는 불과 **1**개 절밖에 되지 않는다. 각 단계는 대개 비슷한 구조로 되어 있다. 하느님의 현존 앞에 자신의 나쁜 행위나 생각들을 기억하고 이를 고치기 위해 노력하는 것이다.

10-30. 제1단계: 이 첫째 단계는 분량 면에서 가장 길 뿐만 아니라 다른 모든 단계들의 기초가 된다.

12. 죄와 악습에 떨어질 수 있는 여섯 가지 매체, 즉 생각, 혀, 손, 발, 자기 뜻, 육체의 욕망 등을 열거하고 있다. "생각"에 대해서는 **14-18**절에, "자기 뜻"에 대해서는 **19-22**절에, "육체의 욕망"에 대해서는 **23-25**절에서 설명하고 있다. 한편 베네딕도는 나머지 "혀"(RM 10,20-22), "손"(RM 10,23), "발"(RM 10,24-29)에 대한 설명을 삭제하였다.

cogitationes meas a longe; [17]et: *Quia cogitatio hominis confitebitur tibi.* [18]Nam ut sollicitus sit circa cogitationes suas perversas, dicat semper utilis frater in corde suo: Tunc *ero inmaculatus coram eo si observavero me ab iniquitate mea.*

[19]Voluntatem vero propriam ita facere prohibemur cum dicit Scriptura nobis: *Et a voluntatibus tuis avertere.* [20]Et item rogamus Deum in oratione ut *fiat* illius *voluntas in* nobis. [21]Docemur ergo merito nostram non facere voluntatem cum cavemus illud quod dicit Sancta Scriptura: *Sunt viae quae putantur ab hominibus rectae, quarum finis usque ad profundum inferni demergit,* [22]et cum item pavemus illud quod de neglegentibus dictum est: *Corrupti sunt et abominabiles facti sunt in voluntatibus suis.*

[23]In desideriis vero carnis ita nobis Deum credamus semper esse praesentem cum dicit Propheta Domino: *Ante te est omne desiderium meum.* [24]Cavendum ergo ideo malum desiderium, quia *mors secus introitum dilectationis posita est.* [25]Unde Scriptura praecepit dicens: *Post concupiscentias tuas non eas.*

[26]Ergo si *oculi Domini speculantur bonos et malos* [27]et *Dominus de caelo semper respicit super filios hominum, ut videat si est intellegens aut requirens Deum,* [28]et si ab angelis nobis deputatis cotidie die noctuque Domino factorum nostrorum opera nuntiantur, [29]cavendum est ergo omni hora, fratres, sicut dicit in psalmo Propheta,

---

17 시편 75,11 ‖ 18 시편 17,24 ‖ 19 집회 18,30 ‖ 20 마태 6,10 ‖ 21 잠언 16,25 ‖ 22 시편 13,1 ‖ 23 시편 37,10 ‖ 24 참조: Passio Sebast. 14 ‖ 25 집회 18,30 ‖ 26 잠언 15,3 ‖ 27 시편 13,2 ‖ 28 참조: Visio Pauli 7과 10 ‖ 29 시편 13,3

---

19. "사사로운 뜻"(voluntas propria) 또는 "자기의 뜻"(voluntas sua)은 "하느님의 뜻"(voluntas Dei)에 배치되는 것이다.

시고, [17]"사람의 생각은 당신에게 밝혀지나이다"라고 하셨다. [18]그러므로 쓸모있는 형제는 자신이 그릇된 생각을 (할까) 조심하여 마음속으로 "내 허물에서 나를 지켜 나는 주님 앞에서 무결하게 되었나이다"라고 늘 말해야 한다.

[19]성서는 우리에게 "네 뜻으로부터 돌아서라"고 말씀하시니, 우리는 자기의 뜻을 행하려고 하지 말아야 한다. [20]그리고 그분의 뜻이 우리 안에서 이루어지도록 우리는 기도중에 하느님께 간구하자. [21]그러므로 우리가 (다음과 같이 할 때) 우리의 뜻을 따르지 말아야 한다는 것을 당연히 배우게 될 것이니, "사람들에게는 옳게 보이는 길들이 그 끝은 지옥의 깊은 곳까지 빠진다"고 하신 성서의 말씀에 유의하며, [22]또 경솔한 자들에게 대하여 "그들은 자기 뜻 때문에 부패하고 흉하게 되었다"고 하신 성서의 말씀을 두려워할 때이다.

[23]예언자가 주님께 말씀드리기를, "내 모든 욕망이 당신 앞에 있사옵니다"라고 하셨으니 우리는 육체의 욕망 중에서도 하느님이 우리와 늘 현존하신다는 것을 믿도록 하자. [24]그러므로 "죽음이 쾌락의 문 가까이에 있으니", 나쁜 욕망을 삼가야 한다. [25]이에 대해 성서는 명령하기를, "너의 욕정을 따라가지 말라"고 하신다.

[26]그러므로 "주님의 눈이 착한 사람들과 악한 사람들을 살피신다"면, [27]또 "주께서 하늘로부터 사람의 자식들을 항상 굽어보시며, 그 누가 지각이 있어 하느님을 찾는지 보고자 하신다"면, [28]또 우리를 맡고 있는 천사들이 매일 밤낮으로 우리 행위들을 주께 보고드리고 있다면, [29]형제들아, 예언자가 시편에서 말하는 것처럼, 하느님께서 언젠가 "악에 기울어져 쓸

26-30. 제1단계의 결론적인 권고로서 그 내용은 도입 부분(10-13절)과 비슷하다: 우리를 항상 지켜보시는 하느님의 현존 앞에 자신을 항상 조심하며 그분께로 되돌아 가라는 것이다.

29. 병행구인 **RM** 10,40에서는 "시편 제13편에서 말하는 것처럼"이라 하면서 인용하는 시편 번호를 정확하게 지적하고 있는데, 이러한 현상은 **RM**과 **RB** 중에 여기서만 나타난다. 한편 베네딕도는 "주님"(Dominus)을 "하느님"(Deus)으로 바

ne nos *declinantes* in malo et *inutiles factos* aliqua hora
aspiciat Deus [30]et, parcendo nobis in hoc tempore, quia
pius est et expectat nos converti in melius, ne dicat nobis
in futuro: *Haec fecisti et tacui.*

[31]Secundus humilitatis gradus est, si propriam quis non
amans voluntatem desideria sua non delectetur implere,
[32]sed vocem illam Domini factis imitetur dicentis: *Non
veni facere voluntatem meam, sed eius qui me
misit.*[33]Item dicit scriptura: *Voluntas habet poenam et
necessitas parit coronam.*

[34]Tertius humilitatis gradus est, ut quis pro Dei amore
omni oboedientia se subdat majori, imitans Dominum,
de quo dicit Apostolus: *Factus oboediens usque ad mor-
tem.*

[35]Quartus humilitatis gradus est, si in ipsa oboedientia
duris et contrariis rebus vel etiam quibuslibet *inrogatis
injuriis,* tacite conscientia *patientiam* amplectatur [36]et
sustinens non lassescat vel discedat, dicente Scriptura:

---

30 시편 49,12; 참조: 유딧 7,20; 집회 2,13 ‖ 32 요한 6,38 ‖ 33 Pas-
sio Anastasiae 17 ‖ 34 필립 2,8 ‖ 35 까시아누스, 제도집 4,39,2 ‖
36 마태 10,22

꾸었는데, 이러한 변경을 머리말 **16; 2,6; 7,11.20.29.67**에서도 찾아볼 수 있다.
일반적으로 베네딕도는 구약의 시편 말씀을 "주님"(= 그리스도)께 돌리지 않고
"하느님"(= 성부)께 돌리는 경향이 있다.

31-33. 겸손의 둘째 단계. 이미 첫째 단계에서 언급된 "자기 뜻"(**19-22**절)과 "욕망"
(**23-25**절)과 연결된다.

32. 둘째 단계의 핵심은, 그리스도의 모범에 따라 하느님의 뜻을 실천하는 것이다.
구체적으로 주님의 말씀을 행동으로 실천함으로써 그리스도를 본받는 것이 바
로 하느님의 뜻을 실천하는 것임을 말한다. 여기에 인용된 요한 **6,38**은 이미 **RB
5,13**에도 인용되어 있다.

33. "scriptura"는 일반적으로 신구약 성서만을 지칭하는데, 여기에 실제로 인용된
내용은 "아나스타시아의 수난기 **17**"이다. 이것은 착각에서 오는 경우로 보여지
며, 사실 당시의 수도자들은 성서와 교부 문헌을 암기하고 있어서 자유자재로 인
용한 데서 오는 착각일 가능성이 높다. 인용구는 너무 간단하여 그 해석이 쉽지

모없이 된" 우리를 바라보시게 되지 않도록 늘 조심해야 할 것이다. [30]또한 그분은 자애로우시고 또 우리들이 더 나은 상태로 돌아서기를 기다리시기 때문에 현세에서는 참아주시지만, 장차, "네가 이런 짓을 하였는데도 내가 잠잠하겠느냐?"고 말씀하시는 일이 없도록 조심할 것이다.

[31]겸손의 둘째 단계는, 자신의 뜻을 좋아하지 않고 자신의 욕망을 채우기를 즐겨하지 않으며, [32]오히려 "나는 내 뜻을 이루려고 온 것이 아니라 나를 보내신 분의 뜻을 이루려고 왔다"고 하신 주님의 말씀을 실제 행동으로 본받는 것이다. [33]또 성서에는 "(개인의) 뜻은 벌을 가져오나 (다른 이에 의한) 강요는 화관을 마련한다"고 하셨다.

[34]겸손의 셋째 단계는, 하느님께 대한 사랑 때문에 온갖 순명으로써 장상에게 복종하여 "그분은 죽기까지 순종하셨다"고 사도께서 말씀하신 그 주님을 본받는 것이다.

[35]겸손의 넷째 단계는, 순명에 있어 어렵고 비위에 거슬리는 일 또는 당한 모욕까지도 의식적으로 묵묵히 인내로써 받아들이며, [36]이를 견디어 내면서 싫증을 내거나 물러가지 않는 것이다. 이에 대해 성서에는 "끝까지

않다. 문장 구조상 "뜻"(voluntas)과 "강요"(necessitas)가 서로 대칭되며, "벌"(poenam)과 "화관"(coronam)이 대칭된다. 따라서 "수난기"에 나오는 이 구절은, "내가 인간적인 뜻에 따라 배교한다면 지옥벌을 받게 될 것이나, 내가 신앙을 고수하여 순교를 해야 한다면 구원의 화관을 쓰게 될 것이다"라는 뜻으로 이해할 수 있다. 베네딕도는 여기서 "강요"를 "(개인의) 뜻"에 대칭되는 "장상의 뜻", 더 궁극적으로 "하느님의 뜻"을 나타내고 있다.

34. 셋째 단계는 제5장(순명)을 요약하며, 특히 필립 **2,6-11**의 그리스도 찬미가에 나오는 그리스도의 순명의 모범에 따라 장상에게 순명할 것을 권한다. 앞의 두 단계에서는 일반적인 겸손에 대해 말하였지만 셋째 단계부터는 수도승적인 겸손에 대해 말한다.

35-43. 넷째 단계는 첫째 단계 다음으로 길며, 그 주제는 인내이다. **35-41**절에서는 장상과 형제들과의 관계에 있어서 인내를 말하고, **42-43**절에서는 형제들 서로의 관계에 있어서 인내를 말한다.

35. 셋째 단계에서는 장상들에게 향한 일차적인 순명에 대해 서술하였지만, 넷째 단계의 전반부(**35-41**절)에서는 영웅적인 순명을 거론하면서 이 순명중에 당하게 될 어려움, 고통을 참아받는 인내를 강조한다.

Qui perseveraverit usque in finem, hic salvus erit. [37]Item: *confortetur cor tuum et sustine Dominum.* [38]Et ostendens fidelem pro Domino universa etiam contraria sustinere debere, dicit ex persona sufferentium: *Propter te morte adficimur tota die,* aestimati *sumus ut oves occisionis.* [39]Et securi de spe retributionis divinae subsecuntur gaudentes et dicentes: *Sed in his omnibus superamus propter eum qui dilexit nos.* [40]Et item alio loco Scriptura: *Probasti nos, Deus, igne nos examinasti sicut igne examinatur argentum; induxisti nos in laqueum; posuisti tribulationes in dorso nostro.* [41]Et ut ostendat sub priore debere nos esse, subsequitur dicens: Inposuisti homines super capita nostra. [42]Sed et praeceptum Domini in adversis et injuriis per patientiam adimplentes, qui *percussi in maxillam praebent et aliam,* auferenti *tunicam dimittunt et pallium, angarizati miliario vadunt duo,* [43]cum Paulo Apostolo *falsos fratres* sustinent et *persecutionem* sustinent, *et maledicentes se benedicent.*

[44]Quintus humilitatis gradus est, si *omnes cogitationes* malas cordi suo advenientes vel mala a se absconse commissa per humilem confessionem *abbatem non celaverit suum.* [45]Hortans nos de hac re Scriptura dicens: *Revela*

---

37 시편 26,14 ‖ 38 시편 43,22; 로마 8,36 ‖ 39 로마 8,37 ‖ 40 시편 65,10-11 ‖ 41 시편 65,12 ‖ 42 마태 5,39-41 ‖ 43 2고린 11,26; 1고린 4,12 ‖ 44 까시아누스, 제도집 4,39,2 ‖ 45 시편 36,5

---

37. "주님을 견디어내라"(sustine Dominum): 주님께서 내리시는 시련이나 어려움을 인내로이 참아견디어라는 뜻으로 이해할 수 있다.

37-38. 베네딕도는 병행구인 RM 10,54-55에 두 번 나오는 "예언자"(propheta)를 삭제함으로써 시편 인용구를 36절에 나오는 "성서"의 말로 자연스럽게 연결시켰다.

참는 사람은 구원을 받을 것이다"하셨고, [37]또 "네 마음을 굳게 가지고 주님을 견디어내라"고 하셨다. [38]충실한 자는 비위에 거슬리는 모든 것까지도 주님을 위해 참아야 한다는 사실을 가르치고자, (성서는) 수난자의 입장에서 말하기를 "우리는 종일토록 당신을 위하여 죽어가고, 도살당할 양들처럼 여겨지나이다"하신다. [39]또 그들은 하느님의 보답에 확실한 희망을 걸고 기뻐하며, "그러나 우리는 우리를 사랑하시는 그분으로 말미암아 이 모든 시련을 이겨냅니다"라고 말한다. [40]또 다른 곳에서 성서는 "하느님, 은덩이를 (풀무)불로 달구어 내듯 당신이 우리를 불로 단련시키셨으니, 올가미에 우리가 걸리게 하시고, 환난을 우리 등에 지워 주시나이다"라고 하신다. [41]또 우리가 장상(長上) 밑에 있어야 함을 가르치기 위해 계속해서 말하기를 "사람들을 우리의 머리 위에 두셨나이다"라고 하신다. [42]나아가서 그들은 역경과 모욕 중에서도 주님의 계명들을 인내로써 채워 한쪽 뺨을 치는 이에게 다른 쪽 뺨을 돌려대고, 속옷을 빼앗는 이에게 겉옷마저 주며, 오리를 가자고 강요하는 이에게 십리를 가주고, [43]사도 바울로와 같이, 거짓 형제들을 참아주고 박해하는 이들을 참아주고 자기를 저주하는 이들을 축복해 준다.

[44]겸손의 다섯째 단계는, 자기 마음속에 들어오는 모든 악한 생각이나 남모르게 범한 죄악들을 겸손된 고백을 통하여 아빠스에게 숨기지 않는 것이다. [45]이 점에 대하여 성서는 우리에게 권고하여 말하기를 "네 길을 주

42-43. 형제들 서로에 대한 인내를 말하고 있는데, 베네딕도가 이상적인 형제적 공동체 생활에 대해 묘사하는 **RB 72**장 중에 특히 **5**절("육체나 품행상의 약점들을 지극한 인내로 참아 견디며")을 연상케 한다.

44-48. 다섯째 단계는 영적 고백에 대해 말한다. 이 영적 고백은 **4,50; 46,5**에도 나온다. 까시아누스는 제도집 **4,39,2**에서 장로에게 좋은 행위나 생각 그리고 나쁜 행위나 생각 모두를 고백해야 하며(둘째 표지), 이는 장로로부터 좋은 판단을 듣기 위함이라(셋째 표지)고 그 이유를 설명하고 있는 반면, 베네딕도는 나쁜 생각이나 은밀한 잘못에 대한 고백만을 언급하고 있다. 여기서 말하는 고백은 요즘의 고백성사와는 다른 것이며, **RB 4,50**과 **46,5**에서처럼 아빠스를 "영신적 장로"로 생각하여 영적인 치유를 얻기 위한 영적 대화 혹은 상담과 같은 것이다.

ad Dominum viam tuam et spera in eum. [46]**Et item dicit:**
Confitemini Domino quoniam bonus, quoniam in saeculum misericordia ejus. [47]**Et item Propheta:** *Delictum meum cognitum tibi feci et injustitias meas non operui.* [48]*Dixi: pronuntiabo adversum me injustitias meas Domino, et tu remisisti impietatem cordis mei.*

[49]**Sextus humilitatis gradus** est, *si omni vilitate* vel **extremitate** *contentus sit* monachus, *et ad omnia quae sibi* injunguntur *velut operarium malum se judicet et indignum,* [50]dicens sibi cum Propheta: *Ad nihilum redactus sum et nescivi; ut jumentum factus sum apud te et ego semper tecum.*

[51]**Septimus humilitatis gradus** est, si *omnibus se inferiorem* et viliorem *non* solum sua lingua *pronuntiet, sed* etiam *intimo cordis credat affectu,* [52]**humilians se et dicens** cum Propheta: *Ego autem sum vermis et non homo, obprobrium hominum et abjectio plebis.* [53]*Exaltatus sum et humiliatus et confusus.* [54]**Et item:** *Bonum mihi quod humiliasti me, ut discam mandata tua.*

[55]**Octavus humilitatis gradus** est *si nihil agat* monachus, *nisi quod communis* **monasterii** *regula vel majorum cohortantur exempla.*

---

46 시편 105,1; 117,1 ‖ 47-48 시편 31,5 ‖ 49 까시아누스, 제도집 4,39,2 ‖ 50 시편 72,22-23 ‖ 51 까시아누스, 제도집 4,39,2 ‖ 52 시편 21,7 ‖ 53 시편 87,16 ‖ 54 시편 118,71.73 ‖ 55 까시아누스, 제도집 4,39,2

---

46. "confitemini": 라띤어 "confiteor" 동사는 "찬미하다"와 "고백하다" 두 가지 뜻을 갖고 있다. 여기에 인용된 시편 105,1(= 117,1)의 "confitemini"는 원래 "찬미하다"의 뜻을 갖고 있지만, 베네딕도는 "고백하다"의 뜻으로 사용하고 있다.

49-50. 여섯째 단계는 까시아누스의 일곱째 표지(제도집 4,39,2)를 거의 문자적으로 옮겨놓은 것이다. 한편 RM 10,66-67과 비교해 볼 때, 베네딕도는 "수도승" (monachus)이란 주어를 삽입하였다(49절). 이러한 삽입은 여덟째 단계(55절), 아홉째 단계(56절), 열한째 단계(60절), 열두째 단계(62절)에서도 마찬가지이다.

께 드러내고 그를 믿어라" 하시고, [46]또 "주님이 좋으시니 그분께 고백하라. 그분의 자비는 영원하시다" 하시며 [47]또다시 예언자는 "내가 당신께 내 잘못을 고백하고 내 불의를 아니 감추며, [48]'주님께 내 불의를 아뢰나이다' 하였을 제, 내 마음의 불충을 용서해 주셨나이다"라고 하신다.

[49]겸손의 여섯째 단계는, 수도승이 온갖 비천한 것이나 가장 나쁜 것으로 만족하고 자기에게 부여된 모든 일에 있어, 자신을 나쁘고 부당한 일꾼으로 여겨 [50]예언자와 함께 "나는 쓸모없는 자이오며 알아듣지도 못하였나이다. 나는 당신 앞에서 짐승과 같은 처지오나 늘 당신과 함께 있겠나이다"라고 말하는 것이다.

[51]겸손의 일곱째 단계는, 모든 사람들 가운데서 자신이 가장 못하고 비천한 사람이라는 것을 자신의 말로써 드러낼 뿐 아니라, 마음 깊숙한 정으로 확신하여 [52]자신을 낮추고 예언자와 함께 "나는 벌레요 사람이 아니며, 사람들의 조롱감이고 백성들의 천덕꾸러기니이다." [53]"내가 나를 높였음에 낮아지고, 부끄럽게 되었나이다" 하고, [54]또 "당신이 나를 낮추셨기에 내가 당신의 계명을 배우게 된 것은 내게 좋은 일이었나이다"라고 말하는 것이다.

[55]겸손의 여덟째 단계는, 수도승이 수도원의 공동 규칙이나 장상들의 모범이 권고하는 것 이외에는 아무것도 행하지 않는 것이다.

---

49. "온갖 비천한 것"(omni vilitate): 의복, 음식, 물품, 잠자리 등에서 낮고 천한 것을 기쁘게 받아들이는 것을 뜻한다.

51-54. 앞의 여섯째 단계에서는 자신을 부당한 일꾼으로, 그리고 여기에서는 자신을 모든 사람들 가운데서 가장 못하고 비천한 자로 확신하는 태도인데, 이것은 단순한 자기 비하가 아니라 수덕의 높은 경지를 나타낸다. 하느님의 완전하심을 묵상하면서 자신의 과거의 죄와 지금의 너무나 불완전한 모습을 관상하는 데서 오는 자기 인정이다.

55. 일곱째 단계까지는 주로 내적 겸손이 서술되어 있는데, 여덟째 단계부터는 외적 겸손이 언급된다. 외적 겸손은 진정한 내적 겸손의 토대 위에 이루어져야 한다. 내적으로 교만하면서 겉으로만 겸손한 척하는 바리사이파적 겸손이 있기 때문이다. 이 여덟째 단계는 까시아누스의 여섯째 표지(제도집 **4,39,2**)와 연관된다.

[56]**Nonus humilitatis gradus** est *si linguam* ad loquendum pro*hibeat* monachus **et, taciturnitatem habens, usque ad interrogationem non loquatur,** [57]**monstrante Scriptura quia** *in multiloquio non effugitur peccatum,* [58]**et quia** *vir linguosus non dirigitur super terram.*

[59]**Decimus humilitatis gradus** est *si non sit facilis ac promtus in risu,* **quia scriptum est:** *Stultus in risu exaltat vocem suam.*

[60]**Undecimus humilitatis gradus** est **si, cum loquitur** monachus, **leniter et sine risu, humiliter cum gravitate vel pauca verba et** rationabilia **loquatur,** *et non sit clamosus in voce,* [61]**sicut scriptum est:** *Sapiens verbis innotescit paucis.*

[62]**Duodecimus humilitatis gradus** est **si non solum corde** monachus **sed etiam ipso corpore humilitatem videntibus se semper indicet,** [63]**id est in Opere Dei, in oratorio, in monasterio, in horto, in via, in agro vel ubicumque sedens, ambulans vel stans, inclinato** sit **semper capite, defixis in** terram **aspectibus,** [64]**reum se omni hora de peccatis suis aestimans jam se tremendo judicio repraesentari** aestimet, [65]**dicens sibi in corde semper illud, quod publicanus** ille evangelicus **fixis in** terram **oculis dixit:** *Domine, non sum dignus, ego peccator, levare oculos meos ad caelos.* [66]**Et item cum Propheta:** *Incurvatus sum et humiliatus sum usquequaque.*

---

56 까시아누스, 제도집 4,39,2; 참조: 시편 33,14 ‖ 57 잠언 10,19 ‖ 58 시편 139,12 ‖ 59 까시아누스, 제도집 4,39,2; 집회 21,23 ‖ 60 까시아누스, 제도집 4,39,2 ‖ 61 Sextus, Enchiridion 147 ‖ 62-64 참조: 바실리우스, 규칙서 86 ‖ 65 루가 18,13; 참조: 마태 8,8 ‖ 66 시편 37,9

56-61. 아홉째 단계와 뒤따르는 열째, 열한째 단계는 혀의 사용과 이에 연관된 외적

⁵⁶겸손의 아홉째 단계는, 수도승이 말함에 혀를 억제하고, 침묵의 정신을 가지고 질문을 받기 전에는 말하지 않는 것이니, ⁵⁷왜냐하면 성서는 "많은 말에서 죄악을 피하지 못한다" ⁵⁸또 "말이 많은 사람은 이 지상에서 오래 살지 못한다"라고 가르치기 때문이다.

⁵⁹겸손의 열째 단계는, 쉽게 또 빨리 웃지 않는 것이니, (성서에) "어리석은 자가 큰 소리를 내어 웃는다"라고 기록되어 있기 때문이다.

⁶⁰겸손의 열한째 단계는, 수도승이 말할 때 온화하고 웃음이 없으며 겸손하고 정중하며 간결한 말과 이치에 맞는 말을 하고, 목소리(에 있어서)는 큰 소리를 지르지 않는 것이다. ⁶¹(책에는) "지혜로운 사람은 적은 말로 드러난다"라고 기록되어 있다.

⁶²겸손의 열두째 단계는, 수도승이 마음으로뿐 아니라 몸으로도 자기를 보는 사람들에게 겸손을 항상 드러내는 것이다. ⁶³즉, 하느님의 일이나, 성당이나, 수도원 안이나, 정원이나, 길이나, 밭이나 어디서든지, 또 앉아 있을 때나 걸어다닐 때나 혹은 서 있을 때나, 언제나 머리를 숙여 땅을 내려다보고 ⁶⁴자기 죄에 대하여 매시간 자신을 죄인으로 여겨, 이미 무서운 심판대에 서 있는 것처럼 생각할 것이다. ⁶⁵복음서에 나오는 그 세리가 눈을 땅으로 내려뜨고, "주여 저는 죄인이므로 하늘을 향해 제 눈을 들기에 부당합니다"라고 한 그 말을 언제나 자기 마음속에서 되풀이하며 ⁶⁶예언자와 함께 "나는 어디서든지 몸을 굽혀 낮추어졌나이다"라고 말할 것이다.

표현들에 대해 언급하고 있다. 이와 비슷한 연결은 **RB 4,52-54**에서도 나온다. 특히 아홉째 단계는 침묵의 덕에 대해 말하는 **6**장과 연관되어 있다.

59. 웃음에 대해: **4,53-54** 참조.

62-66. 열두째 단계는 수도승의 외적 자세와 태도에 있어 겸손을 말하고 있다.

62. "마음으로뿐 아니라": 외적 겸손에는 내적 겸손이 전제되어 있어야 함을 암시한다. "마음"(corde)과 "몸"(corpore)은 **9**절에서 언급된 겸손의 사다리의 두 다리인 우리의 "육체와 영혼"(corpus et animam)을 말한다.

63. 수도승이 처해 있을 수 있는 모든 장소와 때를 열거하고 있다. 장소들의 열거는 **46,1; 66,7** 참조. "하느님의 일"(opus Dei): 공동으로 바치는 성무일도를 뜻한다.

[67]**Ergo, his omnibus humilitatis gradibus ascensis,** monachus **mox ad caritatem** Dei **perveniet illam** *quae perfecta foris mittit timorem,* [68]*per quam universa quae prius non sine formidine observabat absque ullo labore velut naturaliter* ex consuetudine *incipiet custodire,* [69]*non jam timore* gehennae, sed amore Christi et **consuetudine** *ipsa bona et dilectatione virtutum.* [70]**Quae Dominus jam** in **operarium suum mundum a vitiis et peccatis Spiritu Sancto dignabitur demonstrare.**

---

67 까시아누스, 제도집 4,39,2; 1요한 4,18 ‖ 68-69 까시아누스, 제도집 4,39,3 ‖ 70 참조: 로마 5,5

67-70. 겸손에 대한 긴 장을 끝맺으면서, 수덕생활의 전반적인 과정을 요약하고, 이
에 대한 용기를 주는 권고를 하고 있다. 하느님께 대한 두려움 내지 지옥에 대한

[67]그러므로 겸손의 이 모든 단계들을 다 오른 다음에 수도승은 곧 하느님의 사랑에 도달하게 될 것이다. 이 완전한 사랑은 두려움을 몰아내며, [68]이전에는 공포심 때문에 지키던 모든 것을 별로 어려움 없이 자연스럽게 습관적으로 지키기 시작할 것이니, [69]이제는 지옥에 대한 무서움에서가 아니라 그리스도께 대한 사랑과, 좋은 습관과, 덕행에 대한 즐거움에서 하게 될 것이다. [70]이제 주께서는 악습과 죄악에서 깨끗하여진 당신 일꾼 안에서 성신을 통하여 이 사실을 드러내 보이실 것이다.

두려움에서 시작하는 수덕생활은 죄와 악습을 제거하고, 마음이 깨끗하여져서 (puritas cordis) 결국 하느님의 사랑의 절정에 이르게 된다는 수덕, 영성의 과정은 오리게네스, 까시아누스 등 고대 영성가들의 수덕 과정과 상통한다. 또 이 과정은 베네딕도의 고유 부분인 머리말 **48-49**절의 내용과 일치한다.

VIII

De Officiis divinis in noctibus

[1]Hiemis tempore, id est a Kalendas Novembres usque in Pascha, juxta considerationem rationis, octava hora noctis surgendum est, [2]ut modice amplius de media nocte pausetur et jam digesti surgant. [3]Quod vero restat post Vigilias a fratribus qui psalterii vel lectionum aliquid indigent, meditationi inserviatur.

[4]A Pascha autem usque ad supradictas Novembres, sic temperetur hora, ut Vigiliarum Agenda parvissimo intervallo, quo fratres ad necessaria naturae exeant, mox Matutini, qui incipiente luce agendi sunt, subsequantur.

---

8. 공동기도 전례집(RB 8–20장): 대부분의 학자들은 RB 8–20장을 공동기도 전례집(codex liturgicus)이라 부른다. 8–18장에서는 공동기도의 절차, 시편 배열 등을 규정하고 19–20장에서는 기도의 태도와 정신에 대해 서술하고 있다. 베네딕도는 머리말부터 7장까지 영성 부분에서는 RM을 거의 문자대로 따르고 있으나 8장부터는 장 배열이나 내용 면에서 RM과는 다른 독자적인 길을 취하고 있다.
참고 문헌: A. de Vogüé, 성규에 나타난 기도, 코이노니아 2집 (1978년 봄) 14-42; Jean Leclercq, 전례와 관상, 코이노니아 8집 (1984년 봄) 40-58; RB 1980, 베네딕도 규칙의 전례편, 코이노니아 11집 (1986년 겨울) 55-101.

제**8**장

밤에 바칠 성무일도에 대하여

[1]겨울철, 즉 11월 1일부터 부활절까지는 이치에 따라 사려깊게 하려면, 밤 제8시에 일어날 것이니, [2]한밤중은 조금 지나서까지 쉬고 소화가 된 다음에 일어나도록 할 것이다. [3]〈야간기도〉 후에 남은 시간은, 시편이나 독서를 더 익혀야 할 형제들이 공부(工夫)하는 데 쓰도록 할 것이다.

[4]부활절부터 위에 말한 11월 초까지는 이렇게 시간을 배정할 것이니, 〈야간기도〉 후에 형제들이 생리적인 필요 때문에 나갈 수 있도록 잠깐 여유를 주었다가, 날이 밝기 시작할 때 바쳐야 할 〈아침기도〉를 뒤이어 바칠 것이다.

---

1. 겨울철(hiemis tempore): 야간기도를 위한 절기는 겨울철(11월 1일 ~ 부활절)과 여름철(부활절 ~ 11월 1일)로 구분되어 있다. 이 구분에는 두 가지 요소가 작용하고 있으니, 전례적인 의미에서 부활절을 기점으로 한다는 점과, 그리고 태양빛의 길이, 즉 낮시간과 밤시간의 길이의 차이에서 오는 문제를 고려하고 있다는 점이다. 후자의 문제는 9장(겨울철 야간기도)과 10장(여름철 야간기도)에서 자세히 언급되어 있다.
   "밤 제8시"(octava hora noctis): 요즘의 시간 계산법과는 달리 일출과 일몰 시간을 기점으로 하여 낮시간과 밤시간을 구분하고, 이를 각각 12등분하여 1시간으로 정하였다. 다시 말하면, 1시간이 60분 길이로 고정되어 있는 것이 아니라, 밤의 길이와 낮의 길이가 서로 다른 계절에 따라 1시간의 길이가 달라진다. 밤 제8시는 밤 길이와 낮 길이가 같은 춘분과 추분의 경우에 지금의 새벽 2시를 뜻한다.
3. "공부하는 데"(meditationi): 여기서 "meditatio"는, 요즘 흔히 말하는 묵상법과는 다르며, 또 지식을 쌓기 위한 단순한 학습이 아니라, 시편이나 하느님의 말씀인 성경을 읽고 외우면서 마음속에 되새기는 행위이다(48,23; 58,5 참조).
4. "생리적인 필요"(ad necessaria naturae): 화장실 가는 문제를 뜻한다.

IX

Quanti psalmi dicendi sunt nocturnis Horis

[1]Hiemis tempore suprascripto, in primis versu tertio dicendum: *Domine, labia mea aperies, et os meum adnuntiabit laudem tuam.* [2]Cui subjungendus est tertius psalmus et Gloria. [3]Post hunc, psalmum nonagesimum quartum cum antefana, aut certe decantandum. [4]Inde sequatur Ambrosianum, deinde sex psalmi cum antefanas.

[5]Quibus dictis, dicto versu, benedicat abbas et, sedentibus omnibus in scamnis, legantur vicissim a fratribus in codice super analogium tres lectiones, inter quas et tria responsoria cantentur. [6]Duo responsoria sine *Gloria* dicantur; post tertiam vero lectionem, qui cantat dicat *Gloriam.* [7]Quam dum incipit cantor dicere, mox omnes de sedilia sua surgant ob honorem et

---

9, 1 시편 50, 17

9, 1. "Versu": "계응송"이라 번역했지만, 원래의 뜻은 "구절"(句節)이다. 특히 시편 중에 의미있는 구절을 뽑아 외우는데, 요즘처럼 구절의 전반부를 선창하면 회중이 후반부를 대답하는 형식으로 했는지는 확실하지 않다. 규칙서에서 **"versus"** 단어가 **24**번 사용되고 있는데, 그중에 정확하게 구절의 내용을 명시한 곳은 **7**번 (**9,1; 17,3; 18,1; 35,16; 38,3; 53,14; 58,21**) 있다. **58,21-22**를 보면 서원자가 "주여, 주의 말씀대로 나를 받으소서. …"란 구절을 먼저 하고 다른 형제들이 그 구절을 그대로 세 번 반복한다고 되어 있다.

"주여, 내 입시울을 열어 주소서. …": 하루는 해지는 시각, 즉 밤시간부터 시작된다. 따라서 〈야간기도〉는 하루에서 처음으로 하는 기도이다. 〈끝기도〉가 끝나면 모든 이는 입술에 봉인을 한 것처럼 완전한 침묵을 지켜야 한다(**42,8-9**). 수도승은 하루의 첫기도를 시작하면서 자기 스스로 입을 열지 않고 주님께서 친히 입술의 봉인을 떼어 주시어 주님을 찬미할 수 있도록 해주시기를 청하는 것이다.

2. 제3시편: 제일 먼저 외우는 시편으로서 이 시편 중에 나오는 "나는 누워 깊이 잠들었더니, 주께서는 이 몸을 잡아 깨워 주셨나이다"(**6**절)란 대목 때문에 채택된 것 같다. 이 시편과 **94**편은 매일 〈야간기도〉에 외우게 되어 있다(**10,3** 참조).

제9장

밤 시간경들에는 몇 개의 시편을 바쳐야 하는가

[1]위에 말한 겨울철에는, 처음에 "주여 내 입시울을 열어 주소서. 곧 내 입이 당신 찬미를 전하리이다" 하는 계응송을 세 번 외우고 [2]이어 제3 시편과 〈영광송〉을 외울 것이다. [3]그 다음 제94 시편을 후렴과 함께 노래하거나 혹은 (후렴 없이) 이어서 노래한다. [4]그리고 나서 〈암브로시우스의 찬미가〉를 외우고 이어서 여섯 편의 시편을 후렴과 함께 외운다.

[5]이렇게 한 후에 계응송을 외우고 아빠스는 강복할 것이며, 모든 이는 의자에 앉고 형제들은 책대 위에 놓인 책에서 세 개의 독서를 번갈아 읽으며 그 사이에 세 개의 응송을 노래한다. [6]두 개의 응송은 〈영광송〉 없이 할 것이나, 세번째 독서 후에는 선창자가 〈영광송〉을 노래한다. [7]선창자가 〈영광송〉을 노래할 때는 모든 이가 성삼위께 찬양과 존경을 드러내기 위해

---

3. 시편 제94편: 출애굽 때에 이스라엘 백성이 자기들의 목자이신 야훼 하느님께 반항하고 반역하던 내용의 시편이다. 베네딕도는 머리말 **10**절에서 이 시편의 **8**절을 특별히 삽입하였다.
   "cum antefana, aut certe decantandum": 해석상의 어려움이 있다. 문맥상 "후렴과 함께"(cum antefana)에 대칭되는 "decantandum"은 후렴이 없이 직접 노래하는 "in directum"(17,6)과 같은 뜻으로 보인다. 사실 베네딕도는 시편기도에서 후렴이 있느냐(cum) 없느냐(sine)로 구별한다(**12,1; 13,2; 17,6.9; 43,4** 참조).

4. 〈암브로시우스의 찬미가〉(Ambrosianum): 〈야간기도〉에 대해 서술하는 이곳뿐 아니라 〈아침기도〉(**12,4; 13,11**)와 〈저녁기도〉(**17,7**)에서도 바치는 것으로 되어 있다. 하나의 고정된 찬미가를 〈야간기도〉, 〈아침기도〉, 〈저녁기도〉에 반복해서 바치는 것이 아니라, 여러 찬미가들 중에서 해당하는 시간경에 맞는 것을 골라 노래했다는 뜻이다. 사실 **6**세기부터 교회의 찬미가들을 "Ambrosianum"이란 명칭으로 불렀다.

5. 책대(analogium): 오래된 수도원들에서 흔히 볼 수 있는 큰 독서대를 말한다. 그 당시 책(codex)은 종이로 된 것이 아니라 양피지로 된 책이었다.

7. 여기서는 "dicere"와 "cantare"가 같은 뜻으로 사용되고 있다(**5-6**절 참조). 영광송을 노래할 때 일어서는 동작은 **11,3**에도 나온다(**11,9** 참조).

reverentiam Sanctae Trinitatis.

⁸Codices autem legantur in Vigiliis divinae auctoritatis, tam Veteris Testamenti quam Novi, sed et expositiones earum, quae a nominatis et orthodoxis catholicis Patribus factae sunt.

⁹Post has vero tres lectiones cum responsoria sua, sequantur reliqui sex psalmi cum *Alleluia* canendi. ¹⁰Post hos, lectio Apostoli sequatur, ex corde recitanda, et versus, et supplicatio litaniae id est *Quirie eleison.* ¹¹Et sic finiantur Vigiliae nocturnae.

X

Qualiter aestatis tempore agatur nocturna Laus

¹A Pascha autem usque ad Kalendas Novembres, omnis ut supra dictum est psalmodiae quantitas teneatur, ²excepto quod lectiones in codice, propter brevitatem noctium, minime legantur, sed pro ipsis tribus lectionibus una de Veteri Testamento memoriter dicatur, quam brevis responsorius subsequatur. ³Et reliqua omnia ut dictum est impleantur, id est ut numquam minus a duodecim psalmorum quantitate ad Vigilias nocturnas dicantur, exceptis tertio et nonagesimo quarto psalmo.

---

10. 〈탄원의 기도〉(supplicatio litaniae): litania는 희랍어에 어원을 둔 말로 "탄원" 또는 "애원"(supplicatio)을 뜻한다. 젤라시우스 1세 교종(492~496) 때에 로마에 도입된 기도로서 요즘의 "호칭기도"와 비슷하다. 선창자가 먼저 짤막한 탄원을 하면 회중은 "기리에 엘레이손"(주여, 우리를 불쌍히 여기소서)라고 응답하는 형식으로 계속되는 기도이다.

즉시 자기 자리에서 일어설 것이다.

[8]〈야간기도〉에는 하느님의 권위로 씌어진 구약성경이나 신약성경을 읽든지, 혹은 유명한 정통(正統) 가톨릭 교부들이 저술한 성경 주해서들을 읽게 할 것이다.

[9]이 세 독서들을 각각의 응송과 함께 바친 다음에는 이어서 나머지 여섯 시편을 〈알렐루야〉와 함께 노래한다. [10]이것이 끝나면 사도의 독서를 마음 속으로 암송한 후 계응송과 〈탄원의 기도〉, 즉 〈기리에 엘레이손〉을 바칠 것이다. [11]이렇게 하여 〈야간기도〉를 마친다.

제10장

여름철의 〈야간 찬미기도〉는 어떻게 할 것인가

[1]부활절부터 11월 1일까지는 위에 말한 시편의 수를 다 지킬 것이나, [2]밤이 짧기 때문에 책에 있는 독서들은 읽지 말고 이 세 독서 대신에 구약성경에서 하나의 독서를 암송하고 이어서 짧은 응송을 바칠 것이다. [3]그리고 나머지 모든 것은 위에 말한 그대로 채울 것이니, 즉 〈야간기도〉에 시편 제3편과 제94편을 제외한 시편의 수를 절대로 열두 편 이하로 하지 말 것이다.

10,2. 독서나 응송을 짧게 하는 경우는 종지기가 종을 늦게 쳐서 일어나는 경우도 있다(11,12).

3. 시편의 수를 줄이지 말라는 것은, 매일 각 시간경에 바칠 시편 번호와 숫자가 정해져 있으며, 1주간에 150시편을 모두 바쳐야 한다는 원칙(RB 18,24-25) 때문이다.

XI

Qualiter diebus dominicis Vigiliae agantur

¹Dominico die temperius surgatur ad Vigilias. ²In quibus Vigiliis teneatur mensura, id est, modulatis ut supra disposuimus sex psalmis et versu, residentibus cunctis disposite et per ordinem in subselliis, legantur in codice, ut supra diximus, quattuor lectiones cum responsoriis suis. ³Ubi tantum in quarto responsorio dicatur a cantante *Gloria*; quam dum incipit, mox omnes cum reverentia surgant.

⁴Post quibus lectionibus sequantur ex ordine alii sex psalmi cum antefanas sicut anteriores, et versu. ⁵Post quibus iterum legantur aliae quattuor lectiones cum responsoriis suis, ordine quo supra.

⁶Post quibus dicantur tria cantica de Prophetarum, quas instituerit abbas; quae cantica cum *Alleluia* psallantur. ⁷Dicto etiam versu et benedicente abbate, legantur aliae quattuor lectiones de Novo Testamento, ordine quo supra. ⁸Post quartum autem responsorium incipiat abbas hymnum *Te Deum laudamus*. ⁹Quo perdicto, legat abbas lectionem de Evangelia, cum honore et timore stantibus omnibus. ¹⁰Qua perlecta, respondeant omnes *Amen*, et subsequatur mox abbas hymnum *Te decet laus*, et data benedictione incipiant Matutinos.

11.10 참조: 시편 64,2

---

11. 주일의 〈야간기도〉는 대(大)기도라 하며, 베네딕도 이전 동·서 교회에서는 저녁부터 아침까지 독서와 시편기도로 완전히 밤을 새웠다. 주일 〈아침기도〉는 주님의 부활을 경축하는 기도이므로, 부활 밤에 철야기도를 바치는 것과 같은 이유이다. **RM 49,2-3**을 보더라도 밤을 완전히 새우면서 주일 〈야간기도〉와 이어서 〈아침기도〉를 바친 다음 침대에 가서 쉬었다. 베네딕도는 이를 완화하여 여름철, 겨울철 관계없이 보통 때보다 좀 일찍 일어나 특히 독서의 수를 많게 하였다.

2. "위에 배정한 바와 같이": **9,1-5a**에 서술된 순서를 말한다.

제11장

주일의 〈야간기도〉는 어떻게 할 것인가

[1]주일에는 〈야간기도〉를 위하여 좀더 일찍 일어날 것이다. [2]이 〈야간기도〉는 다음의 규정대로 할 것이니, 즉 위에 배정한 바와 같이, 여섯 시편과 계응송을 노래한 후에 모든 이는 질서있게 순서대로 자기 자리에 앉고, 위에 말한 책에서 뽑은 네 개의 독서들을 각각의 응송들과 함께 읽을 것이며, [3]넷째 응송에만 선창자가 〈영광송〉을 한다. 이것을 시작하면 모든 이들은 즉시 공경심을 가지고 일어설 것이다.

[4]그 독서들이 끝난 후 순서대로 다른 여섯 시편들을 위와 같이 후렴과 함께 외우고 계응송을 한다. [5]그 다음 다시 다른 네 개의 독서들을 각각의 응송과 함께 위에 말한 순서대로 읽는다.

[6]그 다음 아빠스가 정해 준 예언서들 (중의) 세 가지 〈노래〉들을 바치며, 이 〈노래〉들을 〈알렐루야〉와 함께 노래한다. [7]그리고 계응송과 아빠스의 강복이 끝나면 신약성서에서 뽑은 다른 네 개의 독서들을 위에 말한 순서대로 읽는다. [8]넷째 응송 후에 아빠스는 〈떼 데움 라우다무스〉(하느님을 찬미합시다) 찬미가를 시작한다. [9]이것이 끝나면 아빠스는 모든 이들이 존경심과 경외심을 가지고 서 있는 가운데 복음성서에서 뽑은 독서를 읽는다. [10]이것을 다 읽고 나면 모든 이들은 "아멘" 하고 응답하며 이어서 즉시 아빠스는 〈떼 데쳇 라우스〉(주여, 당신께는 찬미가 합당하나이다) 찬미가를 외운다. 그리고 강복을 주고 〈아침기도〉를 시작한다.

---

5. 제2차 4개의 독서는 구약성서에서 뽑은 독서들인 것 같다.

8. 〈떼 데움 라우다무스〉와 〈떼 데쳇 라우스〉 찬미가(10절)는 주일과 축일(RB 14장)에 부른다.

9. 에테리아 여행기 **24,10**을 보면, 주교에 의해 부활 복음이 낭독된다. 또 체사리우스의 수녀들을 위한 규칙서 **69**를 보면 주일 〈야간기도〉에 부활에 관한 복음을 서서 듣는다. 또 **RM 46,4-7**에서는 아빠스가 복음을 직접 읽게 되어 있다.

[11]Qui ordo Vigiliarum omni tempore tam aestatis quam hiemis aequaliter in die dominico teneatur. [12]Nisi forte_quod absit_tardius surgant, aliquid de lectionibus breviandum est aut responsoriis. [13]Quod tamen omnino caveatur ne proveniat; quod si contigerit, digne inde satisfaciat Deo in oratorio per cuius evenerit neglectum.

XII

Quomodo Matutinorum sollemnitas agatur

[1]In Matutinis dominico die, in primis dicatur sexagesimus sextus psalmus, sine antefana, in directum. [2]Post quem dicatur quinquagesimus cum *Alleluia*. [3]Post quem dicatur centesimus septimus decimus et sexagesimus secundus. [4]Inde benedictiones et laudes, lectionem de Apocalipsis una ex corde, et responsorium, Ambrosianum, versu, canticum de Evangelia, litania, et conpletum est.

---

12. 체사리우스, 수녀들을 위한 규칙서 69("Si vero evenerit ut tardius ⋯ consurgant ⋯")에서도 같은 규정이 있다.

[11]〈야간기도〉의 이 순서는 여름철과 겨울철 모든 계절의 주일에 똑같이 지킬 것이며, [12]이런 일이 없어야 하겠지만, 혹시라도 늦게 일어나는 일이 있거든 독서들이나 응송들을 짧게 할 것이다. [13]하여튼 이런 일이 일어나지 않도록 극히 조심해야 하겠지만, 만일 이런 일이 일어났다면 자기의 소홀함으로 이런 일을 저지른 사람이 성당에서 하느님께 합당한 보속을 해야 한다.

제12장
〈아침기도〉의 거행은 어떻게 할 것인가

[1]주일 〈아침기도〉에는 먼저 시편 제66편을 후렴 없이 바로 외운다. [2]그 다음 제50편을 〈알렐루야〉와 함께 외우고, [3]그 다음 제117편과 제62편을 외울 것이며, [4]이어서 〈찬미의 노래〉(베네딕씨오네스)와 〈찬송〉(라우데스)을 외우고, 묵시록에서 뽑은 하나의 독서를 마음속으로 (암송하고), 응송과 〈암브로시우스의 찬미가〉와, 계응송과 복음성서에서 나온 노래와 〈탄원의 기도〉를 하고 끝마칠 것이다.

---

12. 제목: 이 제목은 주일 〈아침기도〉만 아니라 평일의 〈아침기도〉(13장)도 포함한다. 〈아침기도〉를 "sollemnitas"라 하는 것은 평일 〈아침기도〉에서도 마찬가지이다(**13,1**). 까시아누스, 제도집 **3,3,10; 3,4,1** 참조.

1. 다른 시간경들에서는 기도를 시작하는 도입 구절이 있는데(**9,1; 17,3; 18,1**), 〈아침기도〉에서는 이 도입 구절이 없이 바로(**in directum**) 시작한다. 이것은 평일 〈아침기도〉에서도 마찬가지이다(**13,1-2**).

4. 묵시록의 독서: 평일에는 사도들의 서간에서 뽑은 독서를 한다(**13,11**).

XIII

Privatis diebus, qualiter agantur Matutini

[1]Diebus autem privatis, matutinorum sollemnitas ita agatur, [2]id est, ut sexagesimus sextus psalmus dicatur sine antefana, subtrahendo modice, sicut Dominica, ut omnes occurrant ad quinquagesimum, qui cum antefana dicatur. [3]Post quem alii duo psalmi dicantur secundum consuetudinem, id est: [4]secunda feria, quintum et tricesimum quintum; [5]tertia feria, quadragesimum secundum et quinquagesimum sextum; [6]quarta feria, sexagesimum tertium et sexagesimum quartum; [7]quinta feria, octogesimum septimum et octogesimum nonum; [8]sexta feria, septuagesimum quintum et nonagesimum primum; [9]sabbatorum autem, centesimum quadragesimum secundum et canticum Deuteronomium, qui dividatur in duas *Glorias*. [10]Nam ceteris diebus canticum unumquemque die suo ex Prophetis, sicut psallit Ecclesia Romana, dicantur. [11]Post haec sequantur Laudes; deinde lectio una Apostoli memoriter recitanda, responsorium, Ambrosianum, versu, canticum de Evangelia, litania, et conpletum est.

[12]Plane Agenda matutina vel vespertina non transeat aliquando, nisi in ultimo per ordinem oratio dominica, omnibus audientibus, dicatur a priore propter scandalorum spinas quae oriri solent, [13]ut conventi per ipsius orationis sponsionem qua dicunt: *Dimitte nobis sicut et nos dimittimus,* purgent se ab huiusmodi vitio. [14]Ceteris vero Agendis, ultima pars eius orationis dicatur, ut ab omnibus respondeatur: *Sed libera nos a malo.*

13,13 마태 6,12 ‖ 14 마태 6,13

13,2. "느리게 외워"(subtrahendo): **43,4** 참조.
"모든 이들이 참석할 수 있도록": **42,7** 참조.

제13장

평일의 〈아침기도〉는 어떻게 바칠 것인가

[1]평일의 〈아침기도〉 거행은 이렇게 할 것이니, [2]즉 주일과 같이 시편 제66편을 후렴 없이 약간 느리게 외워 모든 이들이 후렴과 같이 외워야 하는 제50편에 참석할 수 있도록 할 것이다. [3]그 다음에 관례에 따라 다른 두 개의 시편들을 외울 것이니, 즉 [4]월요일에는 제5편과 제35편, [5]화요일에는 제42편과 제56편, [6]수요일에는 제63편과 제64편, [7]목요일에는 제87편과 제89편, [8]금요일에는 제75편과 제91편, [9]토요일에는 제142편과 〈신명기의 찬가〉를 외울 것이나 이 찬가는 도중에 〈영광송〉을 넣어 둘로 나누어 할 것이다. [10]다른 날들에는, 로마 교회에서 노래하는 대로, 예언서들에서 나온 성가들 중에 하나를 해당하는 날에 외울 것이다. [11]이것이 끝난 다음에 〈찬미기도〉가 뒤따르고, 그 다음 사도들의 서간에서 나온 하나의 독서를 암송하고, 응송과 〈암브로시우스의 찬미가〉와 계응송과 복음성서에서 나온 노래와 〈탄원의 기도〉를 외우고 끝마칠 것이다.

[12]〈아침기도〉와 〈저녁기도〉의 마지막 순서로 장상은 모든 이들이 듣는 가운데 〈주의 기도〉를 반드시 외울 것이다. 이는 흔히 일어나는 마음의 가책 때문이니, [13]기도문 가운데 "(우리에게 잘못한 이를) 우리가 용서하듯이, 우리를 용서하여 주소서"라는 언약을 바침으로써 모여 있는 사람들이 이러한 허물에서 자신들을 깨끗이 하기 위해서이다. [14]그외 다른 시간경들에는 이 기도의 마지막 부분만 외우고 모든 이들은 "악에서 구하소서" 하고 응답하게 할 것이다.

---

3. "관례에 따라": **13,10; 18,24** 참조.

12-13. 〈아침기도〉와 〈저녁기도〉에 〈주의 기도〉를 바치는 것은 스페인 교회의 전통에서 온다: **A. de Vogüé**, *La Règle de Saint Benoît* V, 493 주 **25** 참조. 이 기도를 바치는 이유에 대한 설명은 베네딕도 고유의 것이다.

제13장　111

XIV

In nataliciis Sanctorum, qualiter agantur Vigiliae

[1]In Sanctorum vero festivitatibus, vel omnibus sollemnitatibus, sicut diximus dominico die agendum, ita agatur, [2]excepto quod psalmi aut antefanae vel lectiones ad ipsum diem pertinentes dicantur; modus autem suprascriptus teneatur.

XV

Alleluia quibus temporibus dicatur

[1]A sanctum Pascha usque Pentecosten, sine intermissione dicatur *Alleluia*, tam in psalmis quam in responsoriis. [2]A Pentecosten autem usque caput Quadragesimae, omnibus noctibus, cum sex posterioribus psalmis tantum ad Nocturnos dicatur. [3]Omni vero Dominica extra Quadragesima cantica,

---

14. 제목: "성인들의 (천상) 탄일"(nataliciis sanctorum): 그 당시 성인들의 축일은 주로 순교자들의 축일이었으며, 축일은 성인이 순교한 날로 정하였는데, 순교한 날을 그의 천상 탄일(dies natalis)이라 불렀다.

1. "festivitatibus vel omnibus sollemnitatibus": 성인들의 축일을 "festivitas"라 하였고, "sollemnitas"는 주님의 구원 신비와 연관된 축일, 예를 들면 부활, 성탄, 공현, 성신강림 등을 말한다. 따라서 요즈음의 교회 전례력에 나오는 축일 (festum)과 대축일(sollemnitas)의 구별과는 다르다.

2. "해당하는 날의 것": 그 축일에 맞는 고유한 독서들, 예를 들면 순교자 축일의 경우에 해당하는 성인의 순교기나 전기를 독서로 읽게 된다는 뜻이다. 로마교회 안에는 독서의 내용들이 고정되었다: **Odro Rom, XIII B, 3-6.14-20.**

제**14**장

성인들의 (천상) 탄일에
어떻게 〈야간기도〉를 바칠 것인가

[1]성인들의 축일들과 모든 (주님의) 축일들에는, 주일에 바치도록 규정한 바와 같이 할 것이나, [2]다만 시편들이나 후렴들이나 혹은 독서들은 해당하는 날의 것을 외울 것이다. 그 방법은 위에 말한 대로 지킬 것이다.

제**15**장

〈알렐루야〉는 언제 외우는가

[1]거룩한 부활절에서 성신강림절까지는 계속해서 시편들이나 응송들에 〈알렐루야〉를 (덧붙여) 바칠 것이다. [2]그리고 성신강림절부터 사순절 시작까지는 밤마다 〈야간기도〉의 후반에 외우는 여섯 시편들에서만 〈알렐루야〉와 함께 외울 것이다. [3]사순절을 제외한 모든 주일에는 〈성가〉, 〈아침기도〉, 〈제1시

---

15. 제목: 〈알렐루야〉는 히브리말로 "주를 찬미하라"는 뜻이다. 시편들 중에는 앞이나 끝에 〈알렐루야〉가 붙어 기쁨을 노래하는 시편들이 여러 개 있고, 토비트서(13,22)와 묵시록(19,1-3)에도 〈알렐루야〉를 붙여서 노래하는 찬가가 있다. 성 아우구스띠누스는 부활 시기에 〈알렐루야〉를 불렀다고 하는데(강론 **252,9**), 다른 전례 시기에도 불렀다고 증언한다(서간 **55,32**). 동·서 교회 그리고 각 지역교회마다 이에 대한 관습이 달랐다. **RM**에서는 **RB**에 비해 더 많이 〈알렐루야〉를 부르게 되어 있다(RM 13,72; 88,14; 95,23 참조). 베네딕도는 대체로 로마 전례의 관습을 따르고 있다.

1. 〈야간기도〉를 위한 전례 시기 구분(부활절 ~ 11월 1일; 11월 1일 ~ 부활절)과는 달리 〈알렐루야〉를 위해서는 전례 시기를 3가지 시기로 구분한다(부활절 ~ 성신강림; 성신강림 ~ 사순절 전까지; 사순절 동안).

Matutinos, Prima, Tertia, Sexta Nonaque cum *Alleluia* dicatur, Vespera vero jam antefana. [4]Responsoria vero numquam dicantur cum *Alleluia*, nisi a Pascha usque Pentecosten.

XVI

Qualiter divina opera per diem agantur

[1]Ut ait Propheta: *Septies in die laudem dixi tibi.* [2]Qui septenarius sacratus numerus a nobis sic implebitur, si Matutino, Primae, Tertiae, Sextae, Nonae, Vesperae Conpletoriique tempore nostrae servitutis officia persolvamus, [3]quia de his diurnis Horis dixit: *Septies in die laudem dixi tibi.* [4]Nam de nocturnis Vigiliis idem ipse Propheta ait: Media nocte surgebam ad confitendum tibi.

[5]Ergo his temporibus referamus *laudes* Creatori nostro super judicia justitiae suae, id est Matutinis, Prima, Tertia, Sexta, Nona, Vespera, Conpletorios, et *nocte surgamus ad confitendum ei.*

16,1 시편 118,164 ‖ 3 시편 118,164 ‖ 4 시편 118,62 ‖ 5 시편 118,164; 118,62

---

3. 사순절 동안에는 주일과 평일 모두에 〈알렐루야〉를 하지 않는다. 베네딕도는 로마 전례의 관습에 따라 주일 저녁기도에 〈알렐루야〉를 하지 말도록 규정하는데, **RM 45,12**에서는 주일부터 월요일 〈야간기도〉까지 〈알렐루야〉를 하게 되어 있다.

16,1-4. 베네딕도는 일곱 번의 낮 시간경들을 위해 시편 **118,164**를, 〈야간기도〉를 위해 시편 **118,62**를 성서적 근거로 제시하고 있다. 7을 "거룩한 숫자"(sacratus numerus)라고 하는데, 시편에 언급되어 있기 때문만 아니라 구약성서에서 7 숫자가 중요한 의미를 갖고 있음을 암시한다(예: 7일 창조). 낮 시간경들은 세 시간 간격으로 바치는 것을(〈아침기도〉, 〈제3시기도〉, 〈제6시기도〉, 〈제9시기도〉,

기도〉, 〈제3시기도〉, 〈제6시기도〉, 〈제9시기도〉를 〈알렐루야〉와 함께 외울
것이나, 〈저녁기도〉에는 후렴을 (사용할 것이다). [4]응송은 부활절부터 성신
강림절까지가 아니면 절대로 〈알렐루야〉와 함께 외우지 말 것이다.

제16장
낮의 하느님의 일은 어떻게 바치는가

[1]예언자가 "나는 낮에 일곱 번씩 당신께 찬미를 바칩니다"라고 말씀하
셨다. [2]만약 우리가 〈아침기도〉, 〈제1시기도〉, 〈제3시기도〉, 〈제6시기도〉,
〈제9시기도〉, 〈저녁기도〉, 〈끝기도〉 때에 우리 섬김의 의무를 완수한다면,
우리는 이 거룩한 일곱이라는 숫자를 채우게 될 것이다. [3]왜냐하면 이 낮
의 시간경들에 대하여 말씀하시기를 "나는 낮에 일곱 번씩 당신께 찬미를
바칩니다"라고 하셨기 때문이다. [4]그리고 밤의 〈야간기도〉에 대해서 같은
예언자는 말씀하시기를 "나는 당신을 찬양하기 위하여 밤중에 일어났습니
다"라고 하셨다.

[5]그러므로 우리는 〈아침기도〉, 〈제1시기도〉, 〈제3시기도〉, 〈제6시기도〉,
〈제9시기도〉, 〈저녁기도〉, 〈끝기도〉 때에 우리 창조주께 당신 "정의의 판
결에 대한 찬미를" 바칠 것이며, 또 그분을 "찬양하기 위하여 우리는 밤에
일어나도록 하자."

〈저녁기도〉) 원칙으로 하는데, 〈제1시기도〉와 〈끝기도〉는 시간 간격의 원칙에
서 벗어나 있다. 사실 〈제1시기도〉는 〈아침기도〉와 거의 이어서 바치고, 〈끝기
도〉는 〈저녁기도〉 후에 공동독서를 한 다음에 바친다(42장 참조).

2. "섬김의 의무"(servitutis officia): 수도원은 "주님을 섬기는 학원"(머리말 45)이
고, 수도승은 "하느님의 종"(머리말 7) 또는 "주님을 섬기는 사람들"(2,20; 19,3;
61,10)이며, 수도생활 자체가 "섬김의 생활"(49,5)이다. 따라서 여기서 "섬김의
의무"란 하느님의 일, 즉 성무일도가 섬김의 생활인 수도생활의 핵심이란 뜻이
다.

XVII

Quot psalmi per easdem Horas dicendi sunt

[1]Jam de Nocturnis vel Matutinis digessimus ordinem psalmodiae; nunc de sequentibus Horis videamus.

[2]Prima Hora dicantur psalmi tres singillatim et non sub una *Gloria*, [3]hymnum eiusdem Horae post versum *Deus, in adiutorium*, antequam psalmi incipiantur. [4]Post expletionem vero trium psalmorum recitetur lectio una, versu et *Quirie eleison* et missas.

[5]Tertia vero, Sexta et Nona, item eo ordine celebretur oratio, id est versu, hymnos earundem Horarum, ternos psalmos, lectionem et versu, *Quirie eleison* et missas. [6]Si major congregatio fuerit, cum antefanas, si vero minor, in directum psallantur.

[7]Vespertina autem sinaxis quattuor psalmis cum antefanas terminetur. [8]Post quibus psalmis, lectio recitanda est; inde responsorium, Ambrosianum, versu, canticum de Evangelia, litania, et oratione dominica fiant missae.

[9]Conpletorios autem trium psalmorum dictione terminentur; qui psalmi directanei sine antefana dicendi sunt. [10]Post quos

---

17,3 시편 69,2

17,2. "하나의 〈영광송〉만 하지 말 것이다"(non sub una Gloria): 즉, 매 시편 끝에 〈영광송〉을 하라는 뜻이다.

3-4. 〈제1시기도〉를 전통적인 세 가지 시간경(〈제3시기도〉, 〈제6시기도〉, 〈제9시기도〉)의 거행 양식의 표본으로 제시하고 있다.

4. "missas": 해석상의 어려움이 있다. 4절과 5절에서는 "et missas"로 되어 있고, 8절에서는 "et oratione dominica fiant missae" 그리고 10절에서는 "et benedictione missae fiant"로 되어 있다. 한편 교회의 전례 모임에서 "Ite, missa est", 즉 "끝났으니 돌아가십시오"란 말로 모임의 끝을 알리고 파견하였으며, 여기서 성찬 전례를 가리키는 "미사"(Missa)라는 말이 나왔다. RB 38,2의

제**17**장

각 시간경들에 몇 편의 시편들을 외워야 하는가

[1]〈야간기도〉나 〈아침기도〉에 대해서는 시편들의 순서를 이미 배정했으니, 이제 다음 시간경들에 대해서 보기로 하자.

[2]〈제1시기도〉는 세 개의 시편들을 각각 떼어서 외우고, 하나의 〈영광송〉만 하지 말 것이다. 시편들을 시작하기 전에, [3]"주여 어서 오사 나를 도우소서" 하는 계응송을 한 후에 그 시간경의 찬미가를 할 것이다. [4]세 개의 시편들을 다 외운 후에는 하나의 독서를 하고, 계응송과 〈기리에 엘레이손〉과 마침기도를 바칠 것이다.

[5]〈제3시기도〉, 〈제6시기도〉, 〈제9시기도〉에도 같은 순서대로 기도를 바칠 것이니, 즉 계응송, 해당하는 시간경의 찬미가, 세 개의 시편들, 독서와 계응송, 〈기리에 엘레이손〉과 마침기도를 바칠 것이다. [6]만일 공동체가 크면 후렴과 함께 할 것이며, 만일 작다면 바로 시편을 외울 것이다.

[7]그러나 〈저녁기도〉에는 네 개의 시편들을 후렴과 함께 할 것이다. [8]이 시편들을 (외운) 후에 독서를 낭독할 것이며, 이어서 응송과 〈암브로시우스의 찬미가〉와 계응송과 복음성서에서 나온 노래와 〈탄원의 기도〉와 〈주의 기도〉를 하고 끝마칠 것이다.

[9]〈끝기도〉는 세 개의 시편들을 외움으로써 끝낼 것이며, 이 시편들은 후렴 없이 이어서 외울 것이다. [10]그 다음 이 시간경에 해당하는 찬미가와,

---

"missas"는 분명히 성찬 전례를 지칭하지만, 여기서는 성찬 전례를 말하는 미사가 아니라 시간경 기도를 끝맺는다는 뜻이다. 그런데 이 "missas"가 "sic finiantur …"(9,11) 또는 "et conpletum est"(12,4; 13,11)와 같은 뜻으로 보고 그냥 "끝마칠 것이다"로 알아들어야 하는지, 아니면 기도를 끝맺는 간단한 양식의 "마침기도"로 알아들어야 하는지는 논란의 여지가 있다. 한편 **67,2**에 "하느님의 일의 마지막 기도"(orationem ultimam)라는 표현에서 보듯이 각 시간경 끝에 끝맺는 "마침기도"의 양식이 있었던 것으로 보인다.

hymnum ejusdem Horae, lectionem unam, versu, *Quirie eleison*, et benedictione missae fiant.

XVIII

Quo ordine ipsi psalmi dicendi sunt

[1]In primis dicatur versu: *Deus, in adiutorium meum intende; Domine, ad adjuvandum me festina, Gloria,* inde hymnum uniuscujusque Horae.

[2]Deinde, Prima Hora Dominica, dicenda quattuor capitula psalmi centesimi octavi decimi. [3]Reliquis vero Horis, id est Tertia, Sexta vel Nona, terna capitula suprascripti psalmi centesimi octavi decimi dicantur.

[4]Ad Primam autem secundae feriae, dicantur tres psalmi, id est primus, secundus et sextus. [5]Et ita per singulos dies ad Primam, usque Dominica, dicantur per ordinem terni psalmi usque nonum decimum psalmum, ita sane ut nonus psalmus et septimus decimus partiantur in binos. [6]Et sic fit, ut ad Vigilias Dominica semper a vicesimo incipiatur.

[7]Ad Tertiam vero, Sextam Nonamque secundae feriae novem capitula quae residua sunt de centesimo octavo decimo, ipsa terna per easdem Horas dicantur.

[8]Expenso ergo psalmo centesimo octavo decimo duobus diebus, id est Dominico et secunda feria, [9]tertia feria jam ad

---

18, 1 시편 69,2

18,2. "capitula": 시편 118편은 176절로 된 가장 긴 시편이다. 이 시편은 알파벳 시편이라고도 하는데, 8개의 절이 한 연(聯)으로 되어 있으며, 각 절은 같은 알파벳으로 시작되며, 이런 식으로 된 22개 연은 히브리어의 알파벳 순으로 되어 있다.

하나의 독서와, 계응송과 〈기리에 엘레이손〉과 강복을 하고 끝마칠 것이다.

제**18**장

어떤 순서로 시편들을 외울 것인가

[1]처음에 "하느님, 날 구하소서. 주여, 어서 오사 나를 도우소서" 하는 계응송과, 〈영광송〉을 외우고, 이어서 각 시간경에 해당하는 찬미가를 할 것이다.

[2]그리고 주일 〈제1시기도〉에는 시편 제118편의 네 개의 연(聯)을 외울 것이며, [3]나머지 시간경들, 즉 〈제3시기도〉, 〈제6시기도〉, 〈제9시기도〉에는 위에 말한 시편 제118편의 세 개의 연을 외울 것이다.

[4]월요일의 〈제1시기도〉에는 세 개의 시편들, 즉 제1편, 제2편, 제6편을 외울 것이다. [5]이와 같이 주일까지 매일의 〈제1시기도〉에는 세 개의 시편들을 순서대로 시편 제19편까지 외울 것이나, 시편 제9편과 제17편은 각각 둘로 나눌 것이다. [6]이렇게 하여 주일 〈야간기도〉는 항상 제20편에서 시작하게 된다.

[7]월요일의 〈제3시기도〉, 〈제6시기도〉, 〈제9시기도〉에는 시편 제118편에서 남은 아홉 개의 연을 각 시간경에 세 개씩 외울 것이다.

[8]그러므로 시편 제118편을 이틀 동안, 즉 주일과 월요일에 다 마치고, [9]화요일 〈제3시기도〉, 〈제6시기도〉, 〈제9시기도〉에는 각각 세 개의 시편들

여기서 "**capitula**"는 한 연을 말한다. 이 시편은 주일(2-3절)과 월요일(7절)에 모두 바치게 되어 있다(8절).

5. "둘로 나눌 것이다": 시편 제**9**편(**39**절)과 제**17**편(**51**절)은 상당히 긴 시편들이므로 각각 둘로 나누어 외우게 되는데, 이것은 하나의 시편이 두 개의 시편 역할을 한다는 뜻이다. 시편 제**143**편과 제**144**편도 둘로 나누어 외운다(**16**절 참조).

Tertiam, Sextam vel Nonam psallantur terni psalmi a centesimo nono decimo usque centesimo vicesimo septimo, id est psalmi novem. [10]Quique psalmi semper usque Dominica per easdem Horas itidem repetantur, hymnorum nihilominus, lectionum vel versuum dispositionem uniformem cunctis diebus servatam. [11]Et ita scilicet semper Dominica a centesimo octavo decimo incipietur.

[12]Vespera autem cotidie quattuor psalmorum modulatione canatur. [13]Qui psalmi incipiantur a centesimo nono usque centesimo quadragesimo septimo, [14]exceptis his qui in diversis Horis ex eis sequestrantur, id est a centesimo septimo decimo usque centesimo vicesimo septimo et centesimo tricesimo tertio et centesimo quadragesimo secundo; [15]reliqui omnes in Vespera dicendi sunt. [16]Et quia minus veniunt tres psalmi, ideo dividendi sunt qui ex numero suprascripto fortiores inveniuntur, id est centesimum tricesimum octavum et centesimum quadragesimum tertium et centesimum quadragesimum quartum; [17]centesimus vero sextus decimus, quia parvus est, cum centesimo quinto decimo conjungatur.

[18]Digesto ergo ordine psalmorum vespertinorum, reliqua, id est lectionem, responsum, hymnum, versum vel canticum, sicut supra taxavimus impleatur.

[19]Ad Conpletorios vero cotidie idem psalmi repetantur, id est quartum, nonagesimum et centesimum tricesimum tertium.

[20]Disposito ordine psalmodiae diurnae, reliqui omnes psalmi qui supersunt aequaliter dividantur in septem noctium Vigilias, [21]partiendo scilicet qui inter eos prolixiores sunt psalmi et duodecim per unamquamque constituens noctem.

---

12. "곡조를 넣어 노래할 것이다"(modulatione canatur): 〈저녁기도〉는 〈아침기도〉와 함께 대(大)시간경이라 부르며, 특히 〈저녁기도〉에는 4개의 시편 모두를 곡조를 넣어 노래한다.

14. 시편 117편은 주일 〈아침기도〉(12,3)에, 시편 제118편은 주일과 월요일 소(小)시간경들(18,8)에, 시편 제133편은 〈끝기도〉(18,19)에, 시편 142편은 토요일 〈아침기도〉(13,9)에 바친다.

을 외울 것이니, 제119편에서부터 제127편까지의 아홉 시편들이다. [10]이 시편들을 일요일까지 각각의 시간경에 맞추어 항상 같은 모양으로 반복할 것이며, 찬미가와 독서와 계응송도 날마다 같은 모양으로 배정할 것이다. [11]이렇게 하여 주일에는 언제나 제118편으로부터 시작하게 되는 것이다.

[12]매일의 〈저녁기도〉에는 네 개의 시편들을 곡조를 넣어 노래할 것이다. [13]이 시편들은 제109편에서 제147편까지이나, [14]그 가운데서 다른 〈시간경〉들에 배정된 시편들, 즉 제117편에서 제127편까지와, 제133편과 제142편은 제외된다. [15]나머지 모든 (시편들은) 〈저녁기도〉에 외울 것이다. [16]그런데 세 개의 시편이 모자라기 때문에, 위에서 말한 (시편) 번호들 가운데서 좀 긴 시편들, 즉 제138편과 제143편과 제144편은 둘로 나눌 것이다. [17]그러나 제116편은 짧기 때문에 제115편과 합할 것이다.

[18]이렇게 〈저녁기도〉 시편들의 순서는 배정되었으니, 나머지, 즉 독서, 응송, 찬미가, 계응송이나 노래 등은 위에 규정한 대로 채울 것이다.

[19]〈끝기도〉에는 매일 같은 시편들을 반복할 것이니, 즉 제4편과 제90편과 제133편이다.

[20]낮에 (외울) 시편들의 순서가 배정되었으니, 나머지 모든 시편들은 7일간의 〈야간기도〉에 동등하게 나눌 것이며, [21]그 가운데서 매우 긴 시편들은 나누어서 매일 밤마다 열두 개씩 할 것이다.

---

18. 기도 순서에서 〈탄원의 기도〉(**12,4**; **13,11** 참조)와 〈주의 기도〉(**13,12-13** 참조)가 언급되어 있지 않다.

19. 〈끝기도〉에서도 비록 매일 같은 시편들이지만, 다른 소(小)시간경들에서처럼 **3**개의 시편들을 바친다.

20. "낮에 (외울) 시편들": 낮에 거행하는 **7**개의 시간경들에서 바치는 시편들을 말한다.

21. "매우 긴 시편들을 나누어서": **18,5.16** 참조. **12**개의 시편: 까시아누스, 제도집 **2,3-4** 참조.

[22]Hoc praecipue commonentes ut, si cui forte haec distributio psalmorum displicuerit, ordinet si melius aliter judicaverit, [23]dum omnimodis id adtendat, ut omni ebdomada psalterium ex integro numero centum quinquaginta psalmorum psallantur, et dominico die semper a caput reprendatur ad Vigilias. [24]Quia nimis inertem devotionis suae servitium ostendunt monachi qui minus a psalterio cum canticis consuetudinariis per septimanae circulum psallunt, [25]dum quando legamus sanctos Patres nostros uno die hoc strenue implesse, quod nos tepidi utinam septimana integra persolvamus.

XIX

De disciplina psallendi

[1]Ubique credimus divinam esse praesentiam et *oculos Domini in omni loco speculari bonos et malos,* [2]maxime tamen hoc sine aliqua dubitatione credamus, cum ad Opus divinum adsistimus.

19, 1 잠언 15, 3; 참조: 치쁘리아누스, 주의 기도문 4

---

22. 베네딕도는 자신이 한 시편 배정을 고집하지 않고, 더 좋은 배열의 가능성을 열어놓았는데 여기에 그의 아량이 돋보인다.

23. RB에서는 주일 〈야간기도〉가 시편 제20편부터 시작되도록 되어 있는 반면 (18,6), 로마 성무일도에서는 시편 제21편부터 시작된다. 베네딕도가 강조하는 것은, 어떤 시편 배열을 따르든지간에 한 주간에 150편의 시편 모두를 바치는 것이며, 정해진 시편 배열을 지키면서 주일 〈야간기도〉를 기점으로 새로 시작하도록 하라는 것이다.

[22](그러나) 여기서 특별히 부탁하는 바는, 만약 어떤 이가 이와 같은 시편들의 배정을 마음에 맞지 않게 생각하거든 더 좋게 여기는 대로 다르게 배치할 것이다. [23]다만 어떠한 경우든지 주의해야 할 일은, 150편의 시편들을 한 주간 동안에 완전히 다 외워야 하며, 주일의 〈야간기도〉에는 항상 처음부터 다시 시작하라는 것이다. [24]한 주간에 시편 전체와 상용(常用)하는 〈노래〉를 완전히 외우지 않는 수도승은 자기의 거룩한 섬김에 너무 태만함을 드러내는 것이다. [25]우리가 읽은 바에 의하면 우리의 거룩한 교부(敎父)들이 하루 동안에 열심히 이것을 다 완수하셨다고 하니, 게으른 우리는 한 주간에라도 다 완수해야 할 것이다.

제 19장

시편을 외우는 태도에 대하여

[1]하느님께서는 어디에나 계시며, "주님의 눈은 모든 곳에서 선인들과 악인들을 살펴보고 계심"을 우리는 믿는다. [2]그렇지만 특히 하느님의 일에 참례할 때 우리는 아무런 의심 없이 이 사실을 믿을 것이다.

---

24. "상용하는 〈노래〉": **13,10(13,3)** 참조. "거룩한 섬김": 성무일도를 "섬김"(servitium)으로 표현한 것은 **16,2; 18,24; 50,4;** (참조 **19,3**)에도 있다.

25. Vitae Patrum 3,6; 5,4.57의 에피소드를 암시한다.

19. 제목: "De disciplina psallendi": 원문대로 하면, "시편을 노래할 (때 지켜야 할) 규율에 대하여"이다. 여기서 규율(disciplina)은 외적 규정보다는 내적 자세를 나타낸다. 그리고 "시편"(psallendi)이란 말은, 시간경에서 시편기도만을 지칭하는 것이 아니라 시간경 전체를 뜻한다.

1. 하느님의 계속적인 현존: **7,14.23** 참조.

2. "하느님의 일", 즉 가대에서의 공동기도 안에 하느님에 대한 생생한 체험을 권고하고 있다.

[3]Ideo semper memores simus quod ait Propheta: Servite Domino in timore, [4]et iterum: *Psallite sapienter,* [5]et: *In conspectu angelorum psallam tibi.* [6]Ergo consideremus qualiter oporteat in conspectu Divinitatis et angelorum ejus esse, [7]et sic stemus ad psallendum, ut mens nostra concordet voci nostrae.

XX

De reverentia orationis

[1]Si, cum hominibus potentibus volumus aliqua suggerere, non praesumimus nisi cum humilitate et reverentia, [2]quanto magis Domino Deo universorum cum omni humilitate et puritatis devotione supplicandum est. [3]Et non in multiloquio, sed in puritate cordis et conpunctione lacrimarum nos exaudiri sciamus.

[4]Et ideo brevis debet esse et pura oratio, nisi forte ex affectu inspirationis divinae gratiae protendatur. [5]In conventu tamen omnino brevietur oratio, et facto signo a priore omnes pariter surgant.

---

3 시편 2,11 ‖ 4 시편 46,8 ‖ 5 시편 137,1 ‖ 6 참조: 치쁘리아누스, 주의 기도문 4

20,2 참조: 에스 13,11 ‖ 4 참조: 마태 6,7

---

3. "섬겨라"(servite)는 **18,24**에서 성무일도를 지칭하는 "섬김"(servitium)을 연상케 한다.

7. "마음이 우리 목소리와 조화되도록 할 것이다": **RM 47,9-20**에는 이에 대해 길게 설명되어 있다.

20, 3. "마음의 순결함"(puritate cordis): 까시아누스, 제도집 **5,32-33**; 담화집 **1,6-**

[3]그러므로 우리는 예언자가 이르신 바를 항상 기억할 것이니, "두려움으로 주를 섬겨라" 하시며, [4]또다시 "지혜롭게 시편을 노래하라" 하시고 [5]또 "천사들 앞에서 당신께 시편을 노래하리이다" 하셨다. [6]그러므로 우리는 하느님과 그분의 천사들 앞에서 어떻게 해야 할 것인지를 생각하고, [7]시편을 외울 때는 우리의 마음이 우리 목소리와 조화되도록 할 것이다.

제20장
기도 때의 공경심에 대하여

[1]만일 우리가 권세있는 사람들에게 무엇을 여쭙고자 할 때, 겸손과 존경심 없이는 감히 하지 못할 것인즉, [2]하물며 만물의 주님이신 하느님께는 온갖 겸손과 순결한 경건심으로 간청해야 할 것이다. [3]많은 말로써가 아니라, 마음의 순결함과 통회의 눈물로써 우리 (간청이) 들어 허락되는 것임을 알 것이다.

[4]그러므로 (기도가) 하느님의 은총에서 영감을 받은 열정으로 길어지는 경우가 아니라면, 기도는 짧고 순수해야 한다. [5]모든 이가 모여 있을 때 기도는 짧게 할 것이며, 장상의 신호가 있으면 모든 이들은 함께 일어설 것이다.

7; 9,15; 19,6.8 등 참조. "통회의 눈물"(conpunctione lacrimarum): 까시아누스, 담화집 9,28 참조. RB 52,4에서는 "눈물과 마음의 지향"(in lacrimis et intentione cordis)을 가지고 기도하라고 한다; RB 4,57 참조.

4. "기도는 짧고 순수해야 한다": 3절의 내용과 연결된다. 까시아누스(담화집 9,36; 제도집 2,10)는, 기도는 짧게 그렇지만 자주 해야 한다고 말하는데, 이 두 가지 조건은 기도의 정신과 마음의 열정을 계속 유지하는 데 도움이 된다는 것이다.

5. 52,2("하느님의 일이 끝나면 모든 이들은 완전한 침묵 가운데 나가며")의 경우를 말하는 것 같다.

XXI

De decanis monasterii

¹Si major fuerit congregatio, elegantur de ipsis fratres boni testimonii et sanctae conversationis, et constituantur decani, ²qui sollicitudinem gerant super decanias suas in omnibus secundum mandata Dei et praecepta abbatis sui. ³Qui decani tales elegantur in quibus securus abbas partiat onera sua. ⁴Et non elegantur per ordinem, sed secundum vitae meritum et sapientiae doctrinam.

⁵Quique decani, si ex eis aliqua forte quis inflatus superbia repertus fuerit reprehensibilis, correptus semel et iterum atque tertio si emendare noluerit, deiciatur, ⁶et alter in loco ejus qui dignus est subrogetur.

⁷Et de praeposito eadem constituimus.

21,1 참조: 사도 6,3; 신명 1,13-15 ‖ 3 참조: 출애 18,21-22 ‖ 4 참조: 신명 1,13-15

---

21. 제목: "십인장"(decanus): 로마 군대 편제에서 있었다(십인장, 백부장, 천부장). 그러나 이 제도는 이미 출애굽 시대에 이스라엘 백성에게 있었으며(출애 **18,21**; 신명 **1,13-15**), 신약에서 사도들이 **7**명의 부제를 세운 것도 이와 비슷한 이유에서였다(사도 **6,1** 이하 참조).

제**21**장

수도원의 십인장(十人長)에 대하여

[1]만일 공동체가 커지면 그들 중에 평판이 좋고 생활이 거룩한 형제들을 뽑아 십인장들로 세울 것이다. [2]이들은 하느님의 계명과 자기 아빠스의 명령에 따라, 자기에게 (맡겨진) 열 사람을 모든 점에서 보살펴야 한다. [3]십인장으로 뽑힐 사람은 아빠스가 안심하고 자기 짐을 나누어 맡길 사람이라야 하며, [4]또 순서에 따라서가 아니라 생활의 공로와 지혜의 학식에 따라 뽑을 것이다.

[5]만일 십인장들 가운데 어떤 이가 교만하여 책망받을 정도에 이르거든 한 번이나 두 번 책벌하고, 세 번까지 하여도 고치려 하지 않거든 파면시키고 [6]다른 합당한 사람을 그의 자리에 대치시킬 것이다.

[7]또 원장에 대해서도 같은 (규정을) 정하는 바이다.

---

1. "만일 공동체가 커지면 … 십인장들 …": 공동체의 인원이 적어도 **20**명 이상이 되어야 하며 따라서 십인장도 두 명 이상이어야 함을 뜻한다. 즉, 공동체가 **20**명 이하이면 십인장을 둘 필요 없이 아빠스가 직접 관할하게 된다.

2. **65,12** 참조. 베네딕도는 원장(**prior**) 제도보다 십인장 제도를 선호한 듯하다.

4. 십인장의 선출 기준은 아빠스의 선출 기준(**64,2**)과 비슷하다.

5-7. 십인장에 대한 벌칙 규정은 원장에 대한 벌칙 규정(**65,18-21**)과 비교할 만하다. 십인장의 경우는, 세 번까지 견책한 다음 파면; 원장의 경우에는 네 번까지 견책한 다음 파면 – 퇴원의 순서로 되어 있다.

XXII

Quomodo dormiant monachi

[1]Singuli per singula lecta dormiant. [2]Lectisternia pro modo conversationis secundum dispensationem abbatis sui accipiant.

[3]Si potest fieri omnes in uno loco dormiant; sin autem multitudo non sinit, deni aut viceni cum senioribus qui super eos solliciti sint, pausent. [4]Candela jugiter in eadem cella ardeat usque mane.

[5]Vestiti dormiant et cincti cingulis aut funibus, ut cultellos suos ad latus suum non habeant dum dormiunt, ne forte per somnum vulnerent dormientem; [6]et ut parati sint monachi semper et, facto signo absque mora surgentes, festinent invicem se praevenire ad Opus Dei, cum omni tamen gravitate et modestia.

[7]Adulescentiores fratres juxta se non habeant lectos, sed permixti cum senioribus. [8]Surgentes vero ad Opus Dei invicem se moderate cohortentur propter somnulentorum excusationes.

---

22. RM에서는 10인조의 책임자들(**praepositi**)에 대해 말하는 **RM 11**장 안에 수도 승들의 잠에 대해 언급하고 있으며(**108-121**절), 그리고 **RM 29**장에서도 취침시 간과 방법에 대해 말하고 있다. 베네딕도는 잠에 대한 규정을 십인장 제도(21장) 와 분리시켜 독립된 장으로 하였다.

제**22**장

수도승들은 어떻게 잠자야 하는가

[1]각 사람은 각각의 침대에서 잘 것이다. [2]침구는 수도생활의 방식에 맞게, 자기 아빠스가 분배하는 대로 받을 것이다.

[3]할 수 있다면 모든 이들은 같은 곳에서 잘 것이다. 그러나 (수가) 너무 많아서 그렇게 할 수 없거든, 열 명씩 혹은 스무 명씩 그들을 보살필 장로들과 함께 잘 것이다. [4]등불은 아침까지 계속해서 침실에 밝혀둘 것이다.

[5]옷을 입은 채로 잘 것이며, 띠나 끈도 맨 채로 잘 것이나, 잠결에 혹시라도 상처입지 않도록 칼을 허리에 차고 자지는 말 것이다. [6]그리고 수도승들은 항상 준비된 상태에 있다가, 신호가 나면 지체 없이 일어나서 하느님의 일에 서로 빨리 오도록 노력할 것이나, 온갖 신중함과 단정함으로 할 것이다.

[7]젊은 형제들은 자기들끼리 (따로) 침대를 모아놓지 말고 장로들과 섞어놓을 것이다. [8]형제들이 하느님의 일을 위해 일어날 때, 잠 많은 이들이 핑계대지 (못하도록) 서로 적당하게 깨워줄 것이다.

---

2. 침구에 대해: **55,15-17** 참조.

3. 하나의 공동 침실: **RM 29,2-4; 44,19; 52,4** 참조. 베네딕도는 **RM**과는 달리 공동체의 인원이 많아질 것을 예상해서 여러 개의 공동 침실을 말한다. "그들을 보살필 장로들"(senioribus qui super eos solliciti sint)은 십인장들을 말하는 것 같다(21,2: "qui sollicitudinem gerant super decanias).

5. 잠잘 때에 "투니카"를 입었다(**55,10**). "칼"(cultellos): 전쟁이나 방어용 칼이 아니라 일할 때 쓰는 도구용 소형칼을 말한다.

XXIII

De excommunicatione culparum

[1]Si quis frater contumax aut inoboediens aut superbus aut murmurans vel in aliquo contrarius existens sanctae Regulae et praeceptis seniorum suorum contemptor repertus fuerit, [2]hic secundum Domini nostri praeceptum admoneatur semel et secundo secrete a senioribus suis. [3]Si non emendaverit, objurgetur publice coram omnibus. [4]Si vero neque sic correxerit, si intellegit qualis poena sit, excommunicationi subjaceat; [5]sin autem inprobus est, vindictae corporali subdatur.

23, 2 참조: 마태 18, 15-16 ‖ 3 참조: 마태 18, 17; 1디모 5, 20

---

23. 학자들은 RB 23-30장을 일반적으로 "형법"(codex poenalis) 혹은 "속죄법" (codex penitentialis)이라고 부르며, 여기에 RB 43-46장을 포함시킨다. RM에서는 십인조의 책임자들(praepositi)에 관한 장(RM 11장: 잠 규정 포함)에 이어 RM 12-15장에서 벌 규정(12-14장)과 속죄 규정(15장)을 말하고 있으나, 베네딕도는 벌 규정(RB 23-30장)과 속죄 규정(RB 44장)을 분리시키고 있다. 이형우, 성 베네딕도 규칙에서 나타난 교정 문제, 코이노니아 10집 (1985년 겨울) 56-88 참조.

제**23**장

잘못에 대한 파문(破門)에 대하여

[1]만일 어떤 형제가 반항하거나 불순종하거나 교만하거나 불평하거나 혹은 성규의 어떤 점에 반대되는 (태도를) 취하거나 자기 장로들의 명령을 멸시하거든, [2]우리 주님의 명령에 따라, 그의 장로들이 한두 번 그를 남몰래 훈계할 것이다. [3]그래도 고치지 않거든 모든 이들 앞에서 공적으로 책벌할 것이다. [4]만일 이렇게 해서도 고치지 않거든, (파문이) 어떤 벌인지를 아는 경우에는 파문에 처할 것이요, [5]그렇지 못하고 둔한 자일 경우에는 육체의 벌에 처할 것이다.

---

1. "contumax": 단순한 불순종이 아니라 완고하게 저항하는 태도를 말한다.

2-4. "주님의 명령에 따라": 마태 **18,15-17**에 나오는 교정 절차를 말한다. 복음서에서는 **4**단계 교정 절차, 즉 ① 단독 교정, ② 두세 사람으로부터의 교정, ③ 교회로부터의 교정, ④ 이방인이나 세리처럼 여김 순으로 되어 있다. 규칙서에서는 복음서의 **1**차, **2**차 교정이 "한 번 두 번 그를 남몰래 훈계할 것이다"로 요약되어 있으며, **3**차 교정에서는 "교회로부터의 교정"이 "모든 이들 앞에서의 교정"으로, **4**차 교정에서는 "이방인이나 세리처럼 여김"이 구체적인 파문(excommunicatio)으로 되어 있다.

5. 체벌은 파문벌을 이해 못하는 어린이에게도 적용된다(**30,2-3**).

XXIV

Qualis debet esse modus excommunicationis

¹Secundum modum culpae, et excommunicationis vel disciplinae mensura debet extendi. ²Qui culparum modus in abbatis pendat judicio.

³Si quis tamen frater in levioribus culpis invenitur, a mensae participatione privetur. ⁴Privati autem a mensae consortio ista erit ratio, ut in oratorio psalmum aut antefanam non inponat, neque lectionem recitet, usque ad satisfactionem. ⁵Refectionem autem cibi post fratrum refectionem solus accipiat, ⁶ut, si verbi gratia fratres reficiunt sexta hora, ille frater nona, si fratres nona, ille vespera, ⁷usque dum satisfactione congrua veniam consequatur.

---

24. 제목: 제목은 사실 내용에 잘 어울리지 않는다. 벌에 대한 판단 기준을 말한 뒤 (1-2절), 가벼운 잘못에 대한 교정 방법을 제시하고 있다(3-7절).

1-2. RM 12,4-5 참조.

3. RM 13,60 참조.

제**24**장

파문의 양식(樣式)은 어떠해야 하는가

[1]잘못의 비중에 따라 파문이나 징계의 정도가 정해질 것이며, [2]이 잘못의 비중을 판단하는 것은 아빠스에게 달려 있다.

[3]그런데 만일 어떤 형제가 가벼운 잘못을 저질렀거든 공동 식탁에 참여하는 것을 금지시킬 것이다. [4]공동 식탁에 참여하는 것이 금지된 사람에게는 다음의 규정대로 할 것이니, 보속을 다할 때까지 성당에서 시편이나 후렴을 선창하지 못하고 독서도 하지 못한다. [5]또한 그는 형제들의 식사가 끝난 후에 혼자서 식사할 것이니, [6]예를 들면 형제들이 제6시에 식사하거든 그 형제는 제9시에 식사하고, 형제들이 제9시에 식사하거든 그는 저녁에 할 것이며, [7]합당한 보속으로 용서를 받을 때까지 (그렇게 할 것이다).

4-7. 공동 식탁에 참여 금지(4절: privati ⋯ a mensae consortio)는 25,1의 "공동 식탁에서의 제외"(suspendatur a mensa)와 같은 뜻이다. 학계에서는 이 식탁에서의 파문(excommunicatio a mensa)을 소(小)파문이라 부르며, 벌의 내용은 공동 식탁에 참여(communio)가 금지되어(ex), 3시간 후에 홀로 식사해야 하며, 이에 곁들여 성당에서는 수동적으로만 참여할 수 있다. RB에 나오는 "excommunicatio"의 의미에 대해: 이형우, 상게서 71-72 참조.

4. "non inponat": 여기서 "inponere"는 시편이나 후렴의 첫부분을 선창하는 것을 말하며, 이것이 금지되는 것이다(44,6; 47,2; 63,4 참조).

XXV

De gravioribus culpis

¹Is autem frater qui gravioris culpae noxa tenetur, suspendatur a mensa, simul ab oratorio. ²Nullus ei fratrum in nullo jungatur consortio nec in conloquio. ³Solus sit ad opus sibi injunctum, persistens in paenitentiae luctu, sciens illam terribilem Apostoli sententiam dicentis: *⁴Traditum ejusmodi hominem in interitum carnis, ut spiritus salvus sit in diem Domini.* ⁵Cibi autem refectionem solus percipiat, mensura vel hora qua praeviderit abbas ei conpetere; ⁶nec a quoquam benedicatur transeunte nec cibum quod ei datur.

25,4 1고린 5,5 ‖ 6 참조: 시편 128,8

25,1. 학계에서는 식탁과 성당에서의 파문(suspendatur a mensa, simul ab oratorio)을 대(大)파문이라 부른다. 수도 규칙서에서 말하는 파문(破門: excommunicatio)은 당시 교회법에서 말하는 파문과는 다르지만, 그 근본 의도는 동일하다. 즉, 공동생활에서 일부 내지 완전히 제외시키는 벌이다.

제**25**장

큰 잘못에 대하여

[1]큰 잘못을 저지른 형제는 공동 식탁과 성당에서 동시에 제외된다. [2]형제들 가운데 누구라도 그와 교제하거나 이야기할 수 없다. [3]그는 혼자 자기에게 맡겨진 일을 하면서 회개의 슬픔중에 항구하며, [4]사도의 저 무서운 판결을 명심할 것이니 말씀하시기를 "그런 자를 육체의 멸망에 내어주어, 주님의 날에 영혼이 구원받게 할 것이다"라고 하셨다. [5]아빠스가 그에게 적당하다고 정해준 분량과 시간에 혼자서 식사할 것이며, [6]지나가는 누구에게도 강복을 받지 못하고 자기에게 주어진 음식에도 강복하지 못한다.

2-3. 파문된 자는 성당에서의 공동기도와 식당에서의 공동식사에서 제외될 뿐 아니라 일도 혼자서 해야 하며, 형제들과의 모든 교류도 금지됨으로써 공동생활에서 완전히 제외된다(**26**장과 **44**장 참조).

 4. 베네딕도는 1고린 **5,5**(tradere hujusmodi Satanae in interitum carnis …)를 인용하면서 '사탄에게'(Satanae)란 단어를 삭제하였다. **RM**에서는 이 성서 인용이 없으며, 까시아누스, 제도집 **2,16**에서는 "Satanae"를 포함시켜 성서 본문대로 인용하고 있다.

 6. 지나가는 형제에게 강복을 청하는 것은 **63,15**를 참조하라.

XXVI

De his qui sine jussione jungunt se excommunicatis

[1]Si quis frater praesumpserit sine jussione abbatis fratri excommunicato quolibet modo se jungere aut loqui cum eo vel mandatum ei dirigere, [2]similem sortiatur excommunicationis vindictam.

XXVII

Qualiter debeat abbas sollicitus esse circa excommunicatos

[1]Omni sollicitudine curam gerat abbas circa delinquentes fratres, quia *non est opus sanis medicus sed male habentibus.* [2]Et ideo uti debet omni modo ut sapiens medicus: inmittere senpectas, id est seniores sapientes fratres, [3]qui quasi secrete

---

27,1 마태 9,12

26,1. "교제하거나 … 말하거나": 25,2의 금지사항이다.

2. "similem sortiatur excommunicationis vindictam"의 어휘 사용이 흥미롭다. 파문된 자(excommunicatus)와는 어떠한 교제(25,2: consortium; communio)도 금지되어 있는데, 이를 어긴 자에게는 그 대가(vindictam)로 그와 같은 벌에 합류시키는 것이다(sortiatur). 파문벌의 엄격함과 철저함을 나타낸다.

27. 규칙서에서 가장 아름다운 장 중의 하나이다. 파문받은 형제에 대한 아빠스의 관심과 배려는 27-29장을 연결해서 보아야 한다. 이 세 장의 연관성과 아빠스의

제**26**장

파문당한 자들과
허락 없이 교제하는 이들에 대하여

[1]만일 어떤 형제가 파문당한 형제와 아빠스의 허락 없이 어떤 모양으로든지 감히 교제하거나, 그와 함께 말하거나, 혹은 그에게 소식을 전해 주면 [2](그에게도) 같은 파문의 벌을 내릴 것이다.

제**27**장

아빠스는 파문받은 형제들을 위해
어떻게 보살펴야 하는가

[1]아빠스는 잘못을 저지른 형제들에 대하여 온갖 염려를 다하여 돌볼 것이다. "의사는 건강한 사람들에게 필요하지 않고 병든 사람들에게 필요하기" 때문이다. [2]그러므로 (아빠스는) 현명한 의사와 같이 모든 방법을 사용해야 하며 "센펙타", 즉 연로하고 지혜로운 형제들을 보내어 [3]흔들리는 형제

표상에 대해: 이형우, 상게서 **73-80** 참조.

1-4. 의사로서의 아빠스 표상: 1절에서 인용된 마태 **9,12**가 암시하듯이, 파문받은 형제는 병자로, 그를 고쳐야 할 아빠스는 의사로 비유되어 있다.

1. 아빠스가 가져야 할 최상의 주의와 관심을 말한다(omni sollicitudine). 여기서 "sollicitudine"는 초조할 정도로 열과 성을 다하는 태도를 뜻하는데, 이러한 태도를 더욱 강조하는 "온갖"(omni)이라는 형용사가 덧붙여 있다.

2. "센펙타"(senpectas): 당시의 의학 용어인 듯하며, E. Molland("Ut sapiens medicus." Medical vocabulary in St. Benedict's Regula Monachorum: SM 6, 1964, 286-293)에 따르면, "senapis"(겨자)에서 온 말로서 "겨자로 하는 찜질"이

consolentur fratrem fluctuantem et provocent ad humilitatis satisfactionem et consolentur eum *ne abundantiori tristitia absorbeatur,* [4]sed, sicut ait item Apostolus: *Confirmetur in eo caritas,* et oretur pro eo ab omnibus.

[5]Magnopere enim debet sollicitudinem gerere abbas et omni sagacitate et industria currere, ne aliquam de ovibus sibi creditis perdat. [6]Noverit enim se infirmarum curam suscepisse animarum, non super sanas tyrannidem. [7]Et metuat Prophetae comminationem per quam dicit Deus: *Quod crassum videbatis adsumebatis, et quod debile erat proiciebatis.* [8]Et Pastoris boni pium imitetur exemplum, qui, relictis nonaginta novem ovibus in montibus, abiit unam ovem quae erraverat quaerere. [9]Cujus infirmitati in tantum conpassus est, ut eam in sacris humeris suis dignaretur inponere et sic reportare ad gregem.

---

3 2고린 2,7 ‖ 4 2고린 2,8 ‖ 7 에제 34,3-4 ‖ 8 요한 10,11; 마태 18,12; 참조: 루가 15,4 ‖ 9 루가 15,5

라 한다. 베네딕도는 "센펙타"란 의학 용어로 나타내는 실제적인 교정 방법을, "즉 연로하고 지혜로운 형제들을 보내어"라고 설명하고 있다(이러한 비유 방법은 28,3에서도 네 차례 나온다). 여기서 "seniores"는 23,2(senioribus)에 나오는 책임자적인 성격이 없지 않지만, 이보다 오히려 58,6(senior)에 나오는 원숙하고 경험있는 사람이라는 뜻이 많다.

3. "거의 남모르게 위로하게 하고": 파문받은 형제에 대한 심리적 배려가 돋보인다. 파문받은 형제는 자기를 찾아온 이 연로하고 지혜로운 형제가 26장의 규정을 불법적으로 어기는 사람이 아니라 아빠스로부터 보내온 사람임을 눈치챌 수 있을 것이다. 한편 아빠스는 그의 자존심을 존중하는 의미에서 "거의 남모르게"(quasi secrete) 위로하게 하는 세심한 주의를 기울이라고 하는데, 여기서 "위로"는 비록 그가 공동체로부터 물리적으로 격리되어 있지만 영적으로는 온갖 배려와 관심을 받고 있음을 느끼게 하여 스스로 겸손되이 보속하도록 하려는 것이다.

를 거의 남모르게 위로하게 하고, 겸손되이 보속할 수 있도록 권유하며, "지나친 슬픔에 빠지지 않도록" 그를 위로하게 할 것이다. [4]그리고 사도께서 말씀하신 바와 같이 "그에게 대하여 사랑을 더 베풀 것이며", 또 모든 이는 그를 위해 기도할 것이다.

[5]아빠스는 자기에게 맡겨진 양들 가운데 하나도 잃지 않도록 큰 염려를 기울여야 하며, 온갖 지혜와 열심으로 쫓아다녀야 한다. [6]그는 자신이 건강한 영혼들 위에 학정권을 받은 것이 아니라 연약한 영혼들을 돌볼 (책임을) 받았음을 알아야 한다. [7]그는 하느님께서 예언자를 통하여 "너희가 살쪄 보이는 것은 취하고, 연약한 것은 버렸다" 하신 경고를 두려워해야 한다. [8]또 그는 아흔아홉 마리의 양들을 산에 남겨두고 잃어버린 한 마리의 양을 찾아 나선 착한 목자의 모범을 본받아야 한다. [9]그분은 그 양을 당신의 거룩한 어깨에 메고 양의 무리로 다시 데려다 주실 만큼 그 양의 연약함에 동정이 극진하셨다.

5-9. 목자로서의 아빠스 표상.

5. 1절에서와 마찬가지로 아빠스의 최상의 주의와 관심을 나타낸다("magnopere … sollicitudinem … omni sagacitate et industria currere").

7. 여기에 인용된 에제 34,3-4는 8-9절에 묘사된 착한 목자에 대비되는 악한 목자의 태도를 말한다. 인용된 에제 34,3-4의 전후 문맥을 보면 34,1-10에서는 하느님이 이스라엘의 악한 목자들을 단죄하시고, 34,11-16에서는, 하느님이 친히 그 악한 목자들 대신 착한 목자가 되시겠다는 약속을 하신다.

8-9. 착한 목자의 표상으로 루가 15,4-7에 나오는 "잃은 양의 비유"를 사용하고 있는 것이 사실이나, 한편 루가 15,4-7에서는 "착한 목자"라는 표현은 없고 요한 10,7-16의 비유(양들을 지키기 위해 목숨을 바치는 착한 목자)에서 나온다. 따라서 베네딕도는 이 두 가지 비유를 함께 염두에 두고 있는 듯하다.

9. "그 양의 연약함에"(cujus infirmitati): 목자의 표상 안에다 1-4절에서 묘사된 의사의 표상을 복합시킨 것이며, 이 의사의 표상은 이어지는 28장에서 주축을 이룬다.

XXVIII

De his qui saepius correpti emendare noluerint

[1]Si quis frater frequenter correptus pro qualibet culpa, si etiam excommunicatus non emendaverit, acrior ei accedat correptio, id est ut verberum vindicta in eum procedant. [2]Quod si nec ita correxerit, aut forte — quod absit — in superbia elatus etiam defendere voluerit opera sua, tunc abbas faciat quod sapiens medicus: [3]si exhibuit fomenta, si unguenta adhortationum, si medicamina Scripturarum divinarum, si ad ultimum ustionem excommunicationis vel plagarum virgae, [4]et jam si viderit nihil suam praevalere industriam, adhibeat etiam, quod majus est, suam et omnium fratrum pro eo orationem, [5]ut Dominus qui omnia potest operetur salutem circa infirmum fratrem. [6]Quod si nec isto modo sanatus fuerit, tunc jam utatur abbas ferro abscisionis, ut ait Apostolus: *Auferte malum ex vobis;* [7]*et iterum:*

28,2 참조: 1디모 3,6 ‖ 6 1고린 5,13 ‖ 7 1고린 7,15

28,1-2. 매질은 파문 이후의 교정 단계를 말하지만, 여기서는 일반적으로 의식적인 (제목: noluerint; 2: voluerit) 재범자(제목: saepius correpti; 1: frequenter correptus), 특히 자기 잘못을 항변하는 고질적인 재범자를 염두에 두고 있다.

3-6. 의학적인 처방과 교정 방법들을 대비시킨다: 찜질 – (×); 기름 – 권유; 약 – 성서; 불지짐 – 파문이나 태형(3절); 더 큰 방법 – 기도(4절); 절단의 칼 – 추방(6절). "찜질"(fomenta)의 경우에는 대칭되는 교정 방법이 빠져 있는데, 이 "fomenta"는 27,2에 나오는 "senpectas"와 비슷한 의학적인 처방인 것 같고, 따라서 27,2-3에 설명된 교정 방법으로 대치될 수 있다. 이러한 교정 방법들은 단계적인 순서에 따라 열거된 것이 아니라 가능한 방법들을 그냥 열거한 것으로 보인다. "기도"를 가장 효과있는 방법(quod majus est)이라고 하는데, 27,4에서도 기도가 이미 언급되었다.

7-8. "절단의 칼", 즉 퇴원은 잘못한 형제에 대한 치유의 처방이 아니며, 27,8-9에 묘

제**28**장

여러 번 책벌을 받고도
고치려 하지 않는 이들에 대하여

[1]만일 어떤 형제가 자주 어떤 잘못 때문에 책벌을 받다가 파문까지 당하고서도 고치지 않거든 그에게 더 심한 벌을 줄 것이니, 즉 매로 때리는 벌을 그에게 줄 것이다. [2]이렇게 해도 고치지 않거나 — 이런 일이 없기를 바라는 바이나 — 혹시 교만에 들떠 굳이 자기 일을 변명하려 들거든, 이때 아빠스는 지혜로운 의사와 같이 행동할 것이다. [3]찜질을 사용하고, 권유의 기름을 발라주며, 성서의 약을 사용하고, 마지막으로 파문이나 태형(笞刑)의 불지짐을 사용할 것이다. [4]그리고 이러한 노력이 아무 효과도 내지 못함을 보거든, 더 큰 방법을 사용할 것이니, (아빠스) 자신과 모든 형제들이 그를 위한 기도를 바쳐, [5]모든 일을 하실 수 있는 주님께서 연약한 형제에게 건강을 주시도록 할 것이다. [6]만일 이러한 방법으로도 낫지 않거든, 그때에 아빠스는 절단(切斷)의 칼을 사용할 것이니, 사도께서 "너희 가운데서 악한 자를 쫓아내라" 하시고, [7]또다시 "만일 믿지 않는 이가 떠

사되어 있는 착한 목자의 태도도 아니라는 데 베네딕도의 고민이 있는 듯하다. 이러한 고민스런 결정을 정당화하기 위해 1고린 **5,13**(6절), 특히 1고린 **7,15**(7절)를 인용한다. 1고린 **7,15**는 소위 "바울로 특전"의 근거가 되는 구절인데, 신앙 문제 때문에 미신자인 배우자가 이혼하려 하면 이혼할 수 있다는 내용이다. 베네딕도는 이 구절을 인용하면서 **"infidelis"**, 즉 아빠스와 공동체가 온갖 노력을 기울였는데도 불구하고 교정하려 하지 않는 자는 수도생활에 불충한 자, 어쩌면 신앙이 없는 자로 볼 수밖에 없으며, 그가 떠나려 하면 떠나도록 내버려 두라는 것이다. 그런데 **28**장 안에는 본인이 스스로 자퇴하겠다는 아무런 의사 표명을 찾아볼 수 없다. 베네딕도는 **8**절에서 그를 퇴원시키는 이유가 전체 공동체의 안전을 위해서라고 분명히 밝히고 있다. 여기서 "병든 한 마리 양", "양떼"의 표현을 통해 **27**장에 나오는 착한 목자를 기억케 하며, 아빠스는 착한 목자의 모범을 끝까지 따를 수 없었는 데에 대한 한계점을 암시한다. 그렇지만 이어 나오는 **29**장에서 퇴원시킨 형제의 교정의 가능성을 다시 열어 놓는다.

Infidelis si discedit, discedat, [8]ne una ovis morbida omnem gregem contagiet.

XXIX

Si debeant fratres exeuntes de monasterio iterum recipi

[1]Frater qui proprio vitio egreditur de monasterio, si reverti voluerit, spondeat prius omnem emendationem pro quo egressus est, [2]et sic in ultimo gradu recipiatur, ut ex hoc ejus humilitas conprobetur. [3]Quod si denuo exierit, usque tertio ita recipiatur, jam postea sciens omnem sibi reversionis aditum denegari.

29,1. 〈스승의 규칙서〉는 교정 부분(**RM 12-15**장)과 분리시켜 **RM 64**장에서 퇴원한 형제의 재입회에 대해 말하는데, 자발적으로 수도원을 나간 파계승에게 **3**번까지 재입회할 가능성을 준다. 이에 비해 베네딕도는 재입회 문제를 교정에 관한 장들 (**RB 23-30**장) 안에 삽입시키고 특히 퇴원당한 형제의 재입회를 언급하고 있다. "그가 나가게 된 원인이었던 악습을 모두 고치기로 약속"하는 것이 재입회의 전 제 조건이다.

나가고자 한다면, 떠나도록 할 것이다"하신다. [8](이는) 병든 한 마리의
양이 온 양떼를 전염시키지 못하도록 하려는 것이다.

제**29**장
수도원에서 나간 형제들을
다시 받아들여야 하는가

[1]자기 악습으로 수도원에서 나가게 된 형제가 만일 다시 들어오기를 원하
거든 먼저 그가 나가게 된 원인이었던 악습을 모두 고치기로 약속한 후에,
[2]그의 겸손을 확인하기 위하여 마지막 자리에 받아들일 것이다. [3]만일 다
시 나가거든 세 번까지는 이렇게 다시 받아들일 것이나, 이후에는 다시 돌
아올 길이 자기에게 완전히 막혀 버린다는 사실을 알게 할 것이다.

---

2. "겸손": 28,2의 "교만" 참조. "마지막 자리": 새로 입회한 것으로 간주하여 마지
   막 자리를 준다(63,1-9 참조).

3. "세 번까지": 한 차례의 퇴원에는 23-28장에 묘사된 긴 교정 과정이 있었음을 염
   두에 둔다면, 이런 교정을 3차례나 반복하는 동안 아빠스와 공동체가 그의 교정
   을 위해 얼마나 많은 노력과 배려를 했는지 상상할 수 있다. 그후에는 재입회의
   가능성을 완전히 막아 놓았다.

XXX

De pueris minori aetate, qualiter corripiantur

[1]Omnis aetas vel intellectus proprias debet habere mensuras. [2]Ideoque, quotiens pueri vel adulescentiores aetate, aut qui minus intellegere possunt, quanta poena sit excommunicationis, [3]hii tales dum delinquunt, aut jejuniis nimiis affligantur aut acris verberibus coerceantur, ut sanentur.

XXXI

De cellarario monasterii, qualis sit

[1]Cellararius monasterii elegatur de congregatione, sapiens, maturis moribus, sobrius, non multum edax, non elatus, *non turbulentus,* non injuriosus, non tardus, non prodigus, [2]sed timens Deum; qui omni congregationi sit sicut pater.

[3]Curam gerat de omnibus. [4]Sine jussione abbatis nihil faciat. [5]Quae jubentur custodiat. [6]Fratres non contristet. [7]Si quis frater ab eo forte aliqua inrationabiliter postulat, non spernendo

---

31,1 참조: 1디모 3,2; 이사 42,4

---

30. 미성년자의 교정: RM 14,79-86 참조.

2. 소년이나 청년은 연령적 미성년자이며, 파문의 뜻을 이해하지 못하는 사람은 정신적 미성년자라 할 수 있다(23,4 참조).

3. "단식이나 혹독한 매질": 파문을 영적인 최고의 벌 혹은 교정 방법이라 한다면, 단식과 매질은 육체적인 벌 혹은 교정 방법이다(2,28 참조).

31,1-2. 수도원의 당가에게 요구되는 10가지 덕목들(4가지 적극적인 덕목과 6가지

제**30**장

나이 어린 소년을 어떻게 책벌할 것인가

[1]각각의 나이나 지능은 (그에 맞는) 고유한 대우를 받아야 한다. [2]그러므로 소년들이나 청년들이나 혹은 파문이 얼마나 중한 벌인지를 이해하지 못하는 이들이 [3]잘못을 범하거든, 그들에게 심한 단식이나 혹독한 매질로써 벌주어 고치도록 할 것이다.

제**31**장

수도원의 당가는 어떤 사람이어야 하는가

[1]수도원의 당가로 선정될 사람은 공동체에서 지혜롭고, 성품이 완숙하고, 절제있고, 많이 먹지 않고, 자만하지 않고, 부산떨지 않으며, 욕을 하지 않고, 느리지 않으며, 낭비벽이 없고, [2]오히려 하느님을 두려워하는 사람이어야 한다. 그는 전체 공동체를 위하여 아버지처럼 해야 한다.

[3]그는 모든 일들을 돌볼 것이나 [4]아빠스의 명령 없이는 아무것도 하지 말아야 한다. [5]명령받은 바를 지킬 것이며, [6]형제들을 슬프게 하지 말 것이다. [7]만일 어떤 형제가 무엇을 부당하게 청하더라도, 무시함으로써 그를

소극적인 덕목)을 열거하고 있다. "지혜"(sapiens)와 "완숙한 성품"(maturis moribus)은 수도원의 문지기에게도 요구되는 덕목(**66,1** 참조)이며, "절제있고"(sobrius)와 "부산떨지 않으며"(non turbulentus)는 아빠스에게도 요구되는 덕목(**64,9.16**)이다. "하느님을 두려워함": **36,7; 53,21** 참조. "수도원의 아버지"는 원래 아빠스이다(**33,5; 49,9**).

4-5. 수도원의 실생활에서 당가의 역할은 지대하다. 그러나 그는 아빠스의 명령에 따라 처신해야 함이 강조되어 있으며, 같은 내용이 아래의 **12**절과 **15**절에서도 반

eum contristet, sed rationabiliter cum humilitate male petenti deneget.

[8]Animam suam custodiat, memor semper illud apostolicum, quia *qui bene ministraverit, gradum bonum sibi adquirit.* [9]Infirmorum, infantum, hospitum pauperumque cum omni sollicitudine curam gerat, sciens sine dubio, quia pro his omnibus in die judicii rationem redditurus est.

[10]Omnia vasa monasterii cunctamque substantiam ac si altaris vasa sacrata conspiciat. [11]Nihil ducat neglegendum. [12]Neque avaritiae studeat neque prodigus sit et stirpator substantiae monasterii, sed omnia mensurate faciat et secundum jussionem abbatis.

[13]Humilitatem ante omnia habeat, et cui substantia non est quod tribuatur, sermo responsionis porrigatur bonus, [14]ut scriptum est: *Sermo bonus super datum optimum.* [15]Omnia quae ei injunxerit abbas, ipsa habeat sub cura sua; a quibus eum prohibuerit, non praesumat. [16]Fratribus constitutam annonam sine aliquo tyfo vel mora offerat, ut non scandalizentur, memor divini eloquii, quid mereatur *qui scandalizaverit unum de pusillis.*

[17]Si congregatio major fuerit, solacia ei dentur, a quibus adjutus et ipse aequo animo impleat officium sibi commissum. [18]Horis conpetentibus dentur quae danda sunt et petantur quae petenda sunt, [19]ut nemo perturbetur neque contristetur in domo Dei.

---

8 1디모 3,13; 사부들의 제1규칙서(RIVP) 3,26-27 ‖ 10-11 참조: 즈가 14,20; 사부들의 제1규칙서 3,28-30 ‖ 14 집회 18,17 ‖ 16 마태 18,6

복되어 나온다.

9. 병자와 어린이에 대한 배려: 36-37장을 보라. 손님과 가난한 사람들에 대한 배려: 53,15 참조. "온갖 염려를 다하여"(omni sollicitudine curam gerat): 27,1; (27,5 참조). "심판의 날에 헴바침": 2,38을 보라.

10-11. 수도원의 물건을 "제단의 축성된 그릇"처럼 여겨야 한다는 주제는, 바실리우스, 규칙서 103-104; 까시아누스, 제도집 4,19,3(주간 당번); 사부들의 제1규칙서

슬프게 하지 말고, 부당하게 청하는 사람에게 겸손되이 이치에 맞게 거절할 것이다.

[8](당가는) "잘 관리하는 이는 좋은 자리를 얻는다" 하신 사도의 말씀을 항상 기억하여 자기 영혼을 보살필 것이다. [9]온갖 염려를 다하여 병자들과 어린이들과 손님들과 가난한 사람들을 돌보아줄 것이니, 이 모든 일에 대하여 심판의 날에 헴바치게 되리라는 것을 분명히 알아야 한다.

[10]수도원의 모든 그릇과 전 재산을 제단(祭壇)의 축성된 그릇처럼 여겨 [11]아무것도 소홀히 다루지 말 것이다. [12]인색하지도 말고 수도원의 재산을 낭비하거나 허비하지도 말 것이며, 모든 것을 절도있게 그리고 아빠스의 명령에 따라 할 것이다.

[13](당가는) 무엇보다도 겸손을 지니고, 주어야 할 물건이 없을 때는 좋은 말로 대답할 것이니, [14]"좋은 말은 가장 좋은 선물보다 낫다"는 성서의 말씀대로 할 것이다. [15]아빠스가 명령한 모든 것을 돌보아야 하며, 아빠스가 금한 것은 감히 하지 말 것이다. [16]형제들에게 정해진 음식을 어떤 교만이나 지체함이 없이 주어 불만이 없게 할 것이니, "보잘것없는 사람들 가운데 한 사람에게라도 불만을 일으킨 사람"에게 어떤 갚음이 돌아갈 것인지에 대한 하느님의 말씀을 기억해야 한다.

[17]만일 공동체가 크면 그에게 보조원들을 주어 그들의 도움을 받아 평온한 마음으로 자기에게 맡겨진 임무를 다하게 할 것이다. [18]적당한 시간에 주어야 할 것을 주고, 청해야 할 것을 청하게 하여, [19]아무도 하느님의 집 안에서 혼란을 느끼거나 상심하지 않게 할 것이다.

3,28-30(당가) 참조.

12. "낭비하거나"는 1절에, "아빠스의 명령에 따라"는 4절에 이미 언급되었다.

13. 6-7절 참조.

15. 3-5절 참조.

16. "불만이 없게 할 것이다"(non scandalizentur)는 6절의 "슬프게 하지 말 것이다"(non contristet)를 연상케 한다.

17. "보조원": 35,3-5; 53,18-20 참조.

XXXII

De ferramentis vel rebus monasterii

[1]Substantia monasterii in ferramentis vel vestibus seu quibuslibet rebus praevideat abbas fratres de quorum vita et moribus securus sit, [2]et eis singula, ut utile judicaverit, consignet custodienda atque recolligenda. [3]Ex quibus abbas brevem teneat, ut dum sibi in ipsa adsignata fratres vicissim succedunt, sciat quid dat aut quid recipit.

[4]Si quis autem sordide aut neglegenter res monasterii tractaverit, corripiatur; [5]si non emendaverit, disciplinae regulari subjaceat.

32,3 참조: 집회 42,7

---

32. RM 17장과 연관됨.

제32장

수도원의 기구들과 물건들에 대하여

[1]수도원의 재산, 기구들이나 의복들이나 그밖에 다른 물건들을 위해서 아빠스는 생활과 품행이 믿을 만한 형제들을 뽑아, [2]유익하다고 판단하는 대로 그들에게 각 물건들을 맡겨 보관하고 걷어들이게 할 것이다. [3]아빠스는 형제들이 서로 직무를 교대할 때에 무엇을 주고 무엇을 다시 받는지를 알기 위하여 물품의 목록을 가지고 있어야 한다.

[4]만일 누가 수도원 물건을 더럽게 다루고 또 소홀하게 다루거든 책벌할 것이며, [5]그래도 고치지 않거든 규칙에 정한 벌을 줄 것이다.

1-2. "수도원의 재산": **31,12** 참조. 여기서는 수도원의 물건들을 보관 내지 관리하는 책임자들을 말한다.

3. 교대시 확인: **35,11** 참조.

XXXIII

Si quid debeant monachi proprium habere

[1]Praecipue hoc vitium radicitus amputandum est de monasterio, [2]ne quis praesumat aliquid dare aut accipere sine jussione abbatis, [3]neque aliquid habere proprium, nullam omnino rem, neque codicem, neque tabulas, neque grafium, sed nihil omnino, [4]quippe quibus nec corpora sua nec voluntates licet habere in propria voluntate; [5]omnia vero necessaria a patre sperare monasterii, nec quicquam liceat habere quod abbas non dederit aut permiserit.

[6]*Omniaque* omnium *sint communia*, ut scriptum est, *ne quisquam suum aliquid dicat* vel praesumat.

[7]Quod si quisquam huic nequissimo vitio deprehensus fuerit delectari, admoneatur semel et iterum; [8]si non emendaverit, correptioni subjaceat.

33.6 사도 4,32

---

33. RM 16,58-61과 연관됨.

1. "뿌리째 뽑아 버려야 할"(radicitus amputandum): 2,26; 55,18에서 같은 표현이 사용됨. 까시아누스, 제도집 **7,21.27**; 담화집 **16,16** 참조.

2. 54,1; 55,17 참조.

제33장

수도승들이 어떤 것을
개인 소유로 가질 수 있는가

[1]특히 이런 악습은 수도원에서 뿌리째 뽑아 버려야 할 것이니, [2]아빠스의 명령 없이는 누구라도 감히 무엇을 주거나 받지 못한다. [3]또 어떤 것을 개인 소유로 가져서도 안되니 도대체 어떤 물건이라도, 책이거나 서판(書板)이거나 펜이거나 아무것도 전혀 개인의 소유로 가지지 못함은, [4]자기 몸과 뜻도 개인의 마음대로 가져서는 안되기 때문이다. [5]필요한 모든 것은 수도원의 아버지께 바랄 것이며, 또 아빠스가 주지 않은 것이나 허락하지 않은 것은 어떤 것이라도 가지지 말아야 한다.

[6]기록된 바와 같이 "모든 것은 모든 이에게 공동 소유가 되어야 하며", 누구라도 "무엇을 자기 것이라고 말하거나" 생각지도 말 것이다.

[7]만일 누구라도 극히 나쁜 이 악습을 즐기는 일이 있거든 한두 번 훈계할 것이며, [8]그래도 고치지 않거든 책벌할 것이다.

---

3. **55,19**; 까시아누스, 제도집 **4,13** 참조.

4. **58,25**; 바실리우스, 규칙서 **29**와 **106**; RM **81,17**; **82,19.31** 참조.

5. **55,18** 참조.

6. 공동소유는 여기에 인용된 성경 구절대로 예루살렘 초대 공동체를 모범으로 삼고 있다: **34,1** 참조.

7. **55,17** 참조.

XXXIV

Si omnes aequaliter debeant necessaria accipere

[1]Sicut scriptum est: *Dividebatur singulis prout cuique opus erat.* [2]Ubi non dicimus ut personarum — quod absit — acceptio sit, sed infirmitatum consideratio; [3]ubi qui minus indiget agat Deo gratias et non contristetur, [4]qui vero plus indiget humilietur pro infirmitate, non extollatur pro misericordia; [5]et ita omnia membra erunt in pace.

[6]Ante omnia, ne murmurationis malum pro qualicumque causa in aliquo qualicumque verbo vel significatione appareat. [7]Quod si deprehensus fuerit, districtiori disciplinae subdatur.

34.1 사도 4,35 ‖ 1-5 참조: 아우구스띠누스, 규칙서 I,3 ‖ 2 참조: 로마 2,11 ‖ 5 참조: 1고린 12,12.26

---

34. 이 장은 RM과는 연관이 없고 〈아우구스띠누스 규칙서〉에서부터 주로 영감을 받았다.

제**34**장

모든 이들이 필요한 것들을
똑같이 받아야 하는가

[1](성서에) 기록된 바와 같이 "각자에게 필요한 대로 나누어 줄 것이다." [2]이렇게 말함은 — 이런 일은 없어야 하겠는데 —, 사람의 차별을 두라는 뜻이 아니고 오히려 연약한 사람들을 고려하라는 말이다. [3]적게 필요한 사람은 하느님께 감사드리고 애석하게 생각하지 말 것이며, [4]많이 필요한 사람은 연약함에 대해 겸손하고 자비를 받은 데 대해 교만하지 말아야 한다. [5]이렇게 하면 모든 지체들이 평화중에 지내게 될 것이다.

[6]무엇보다도 먼저, 어떠한 이유로든지, 어떤 말이나 혹은 표시로라도 불평의 악을 드러내지 말 것이며, [7]만일 이런 자가 있거든 더욱 엄한 벌을 내릴 것이다.

---

1. 같은 성서 인용이 **RB 55,20**에도 나온다. 여기에 인용된 사도 **4,35**와 **RB 33,6**에 인용된 사도 **4,32**는 〈아우구스띠누스 규칙서〉 이후부터 수도 공동체의 공동소유의 두 가지 중요한 특징이 된다.

2. 사람 차별 금지: **2,20**(= **RM 2,19**)를 보라. 연약한 사람들을 위한 고려: **55,21**; **37,2-3** 참조.

3-4. 아우구스띠누스는 규칙서 **III,3-4**에서 음식 문제와 연관시켜 많이 필요한 사람과 적게 필요한 사람과의 관계를 잘 발전시키고 있다.

6. 무엇보다도 먼저 불평하지 말라: **40,9**를 보라.

XXXV

De septimanariis coquinae

[1]Fratres sibi invicem serviant, ut nullus excusetur a coquinae officio, nisi aut aegritudo, aut in causa gravis utilitatis quis occupatus fuerit, [2]quia exinde major mercis et caritas adquiritur. [3]Inbecillibus autem procurentur solacia, ut non cum tristitia hoc faciant; [4]sed habeant omnes solacia secundum modum congregationis aut positionem loci. [5]Si major congregatio fuerit, cellararius excusetur a coquina, vel si qui, ut diximus, majoribus utilitatibus occupantur. [6]Ceteri sibi sub caritate invicem serviant.

[7]Egressurus de septimana, sabbato munditias faciat. [8]Lintea cum quibus sibi fratres manus aut pedes tergunt, lavent. [9]Pedes vero tam ipse qui egreditur quam ille qui intraturus est omnibus lavent. [10]Vasa ministerii sui munda et sana cellarario reconsignet; [11]qui cellararius item intranti consignet, ut sciat quod dat aut quod recipit.

[12]Septimanarii autem ante unam horam refectionis accipiant

---

35. RM 18장과 연관됨.

1. "serviant": 이 동사는 "종"(servus)과 같은 어원을 갖고 있으며, 종이 주인을 "섬긴다"는 뜻이다. 따라서 단순한 봉사가 아니라 종이 주인을 섬기는 것과 같은 마음에서 나온 봉사를 말한다.

2. 36,5 참조.

3-4. "보조원"(solacia): 31,17; 53,18-20 참조.

5. 35,1의 원칙을 "당가"에게 적용시킨 것이다.

6. "섬김"은 1절에서, "사랑"은 2절에서 이미 언급된 내용의 반복이다.

7-8. RM 19,22-25에서도 이 일을 토요일에 한다.

9. RM 30,3-7에 따르면, 두 명의 주간 당번이 매일 저녁에 형제들의 발을 씻긴다.

제**35**장
주방의 주간 봉사자들에 대하여

[1]형제들은 서로 섬길 것이며, 병 때문이나 혹은 중요한 직책을 맡은 경우가 아니면 아무도 주방 업무에서 면제받지 못할 것이니, [2]이렇게 함으로써 더 큰 공로와 애덕을 닦게 되기 때문이다. [3]허약한 사람들에게는 보조원들을 주어 근심중에 이것을 행하지 않게 할 것이다. [4]그러나 공동체의 규모나 지역의 여건에 따라 모든 이들이 보조원을 가질 것이다. [5]만일 공동체가 크거든 당가나 또는 위에서 말한 바와 같이, 더욱 중요한 직무를 맡은 사람들은 주방 당번에서 면제받을 것이나, [6]다른 사람들은 사랑으로써 서로 섬길 것이다.

[7]한 주간의 봉사에서 물러가는 사람은 토요일에 청소를 할 것이다. [8]이들은 형제들이 손과 발을 닦는 데 사용했던 수건들을 세탁해야 한다. [9]그러나 당번에서 물러가는 사람과 당번에 들어올 사람은 다 같이 모든 이들의 발을 씻겨 줄 것이다. [10]자기가 관리하던 그릇들을 깨끗하고 온전한 그대로 당가에게 돌려줄 것이며, [11]당가는 그것을 (주방 봉사에) 들어오는 사람에게 다시 맡겨, 무엇을 주고 또 무엇을 다시 받는지를 알도록 할 것이다.

[12](하루에) 한 번만 식사할 때에는, 주간 봉사자들은 정해진 분량의 음

주간 당번을 끝내는 예식은, 까시아누스, 제도집 **4,19,2**(주일 저녁에 함)에도 나온다.

10-11. **32,3** 참조. 같은 절차가 **RM 16,39-40**과 까시아누스, 제도집 **4,10,3**(월요일 아침에 함)에도 나온다.

12. B. Steidle, "Ante unam horam refectionis", Studia Anselmiana 42, 73-104쪽 참조. B. Steidle은 "ante unam horam refectionis"가 "식사시간 한 시간 전"이 아니라 "하루에 한 번만 식사할 때 … 미리"라고 해설한다. 우리는 이 해설을 따른다. 식사시간은 요일과 절기에 따라 다르다: **41**장 참조. 정해진 식

super statutam annonam singulas biberes et panem, [13]ut hora refectionis sine murmuratione et gravi labore serviant fratribus suis. [14]In diebus tamen sollemnibus usque ad missas sustineant.

[15]Intrantes et exeuntes ebdomadarii in oratorio mox Matutinis finitis Dominica omnibus genibus provolvantur postulantes pro se orari. [16]Egrediens autem de septimana dicat hunc versum: *Benedictus es, Domine Deus, qui adjuvasti me et consolatus es me.* [17]Quo dicto tertio accepta benedictione egrediens, subsequatur ingrediens et dicat: Deus, in adjutorium meum intende, Domine, ad adjuvandum me festina, [18]et hoc idem tertio repetatur ab omnibus et accepta benedictione ingrediatur.

35,16 다니 3,52; 시편 85,17 ‖ 17 시편 69,2

사량 외의 추가분: **RM 21,8-10**에서는 이를 금하고 있으나, 체사리우스의 〈수녀들을 위한 규칙서〉(**RCV**) 14에서는 "한 잔의 음료"를 허용한다(**Quae coquent, singuli illis meri pro labore addantur**). 베네딕도는 여기에 "빵"을 추가한다.

13. 불평 없는 봉사: **41,5; 53,18** 참조. 아우구스띠누스, 규칙서 **V, 9**(**sine murmure**

식 이외에 한 잔의 음료와 빵을 미리 받아 (먹어서), [13]식사시간 동안 불평이나 지나친 노고 없이 자기 형제들을 섬기게 할 것이다. [14]그러나 주님의 축일들에는 (식사의) 마침기도까지 견디어야 한다.

[15]주간 봉사에 들어오는 사람들과 나가는 사람들은, 성당에서 주일 〈아침기도〉가 끝나면 즉시 모든 이들 앞에 꿇어앉아 자기들을 위해 기도해 주기를 청할 것이다. [16]주간 당번에서 물러가는 사람은 "나를 도우시고 위로하신 주 하느님, 찬미받으소서" 하는 구절을 외울 것이다. [17]이것을 세 번 외우고 나면 (봉사에서) 물러가는 사람들은 강복을 받으며, 이어서 들어오는 사람은 "하느님 나를 도와 주소서. 주여, 어서 오시어 나를 도와 주소서" 하고 외울 것이며, [18]모든 이들이 이것을 세 번 반복한 다음, 강복을 받고 들어갈 것이다.

---

serviant fratribus suis). 베네딕도는 "불평"에 "노고"(labore)를 덧붙였는데, 이것은 위의 **12**절 주에 인용되어 있는 체사리우스 규칙서의 **"pro labore"**를 연상케 한다.

14. 학계에서 논란이 많은 구절이다. "missas"가 성찬전례를 뜻하는 미사인가 (Lentini와 "RB 1980"의 설) 혹은 그냥 식사의 "마침기도"인가(de Vogüé, Steidle의 설) 하는 문제이다. 아무도 이에 대한 확증을 제시하지 못하며, "RB 1980" 410-412쪽에서는 이에 대한 문제점과 그 당시의 관습을 설명하고 있다. 문맥상 우선 **14**절은 **12-13**절의 규정에 대한 대칭되는(sed) 규정이다: "축일들"(in diebus sollemnibus)은 재를 지키지 않고 하루에 두번 식사하는 날들(**41,1** 참조)이며, 따라서 "불평이나 지나친 노고"의 소지가 크게 없기 때문이다. 우리는 여기서 "missas"를 "마침기도"로 번역한다. **17,4**와 주 참조.

15. 까시아누스, 제도집 **4,19,3**에서는 이 교대 예식을 월요일에 하며, **RM 24,7**에서는 주일에 한다.

XXXVI

De infirmis fratribus

[1]Infirmorum cura ante omnia et super omnia adhibenda est, ut sicut revera Christo ita eis serviatur, [2]quia ipse dixit: *Infirmus fui, et visitastis me,* [3]et: *Quod fecistis uni de his minimis, mihi fecistis.* [4]Sed et ipsi infirmi considerent in honorem Dei sibi serviri, et non superfluitate sua contristent fratres suos servientes sibi; [5]qui tamen patienter portandi sunt, quia de talibus copiosior mercis adquiritur. [6]Ergo cura maxima sit abbati, ne aliquam neglegentiam patiantur.

[7]Quibus fratribus infirmis sit cella super se deputata et servitor timens Deum et diligens ac sollicitus. [8]Balnearum usus infirmis quotiens expedit offeratur, sanis autem et maxime juvenibus tardius concedatur. [9]Sed et carnium esus infirmis omnino debilibus pro reparatione concedatur; at, ubi meliorati fuerint, a carnibus more solito omnes abstineant.

[10]Curam autem maximam habeat abbas ne a cellarariis aut a servitoribus neglegantur infirmi; et ipsum respicit quidquid a discipulis delinquitur.

36,2 마태 25,36 ‖ 3 마태 25,40

36,1-3. 53,1 참조(병자들을 우대하는 이유는 손님 접대에 대한 이유와 같다). 병자를 그리스도처럼 대접: 바실리우스, 규칙서 **36** 참조.

4. 병자 편에서의 태도: 바실리우스, 규칙서 **36–37** 참조. 이와 비슷한 표현은 아빠스에 관한 부분(**63,13-14**)에서도 나온다.

5. 형제의 연약함에 대한 인내: **72,5** 참조. 봉사에 대한 상급: **35,2** 참조.

6. 1절의 내용의 반복인데, 여기서는 구체적으로 아빠스에 대해 언급한다.

7. RM에는 병실과 병실 담당자에 관한 규정이 없다.

8. 병자들의 목욕 문제: 아우구스띠누스, 규칙서 **V, 5** 참조.

9. 같은 규정이 **39,11**에도 나옴: 수도승들은 평상시에 네발 달린 짐승의 고기를 먹

제**36**장

병든 형제들에 대하여

[1]모든 것에 앞서 모든 것 위에 병든 형제들을 돌보아야 한다. 참으로 그리스도께 하듯이 그들을 섬길 것이니 [2]이는 그분이 친히 말씀하시기를 "내가 병들었을 때 너희는 나를 찾아주었다" 하시고 [3]또 "너희가 이 적은 사람들 가운데 한 사람에게 해준 것은 내게 해준 것이다"라고 하셨기 때문이다. [4]그러나 병자 자신들도 하느님의 영광 안에서 섬김을 받고 있음을 생각하며, 자기를 섬기는 형제들을 지나친 요구로 근심시키지 말 것이다. [5]그러나 이런 (봉사를 하는) 사람들에게 더욱 풍부한 상급이 마련될 것이므로 인내로이 참아야 한다. [6]그러므로 아빠스는 병든 형제들이 조금이라도 소홀한 취급을 받지 않도록 각별한 주의를 기울일 것이다.

[7]이러한 병든 형제들에게는 따로 병실을 마련해 주어 하느님을 두려워하고 부지런하며 주의깊은 봉사자에게 맡길 것이다. [8]병든 사람들에게는 편의에 따라 목욕탕을 사용하게 할 것이나, 건강한 사람들과 특히 젊은이들에게는 드물게 허락할 것이다. [9]고기 음식은 극히 허약한 병자에게만 회복을 위해서 허락할 것이며, 회복되었거든 관례대로 고기 (음식)을 금할 것이다.

[10]아빠스는 당가들이나 봉사자들이 병자들을 소홀히 취급하지 않도록 각별히 주의를 기울일 것이니, 제자들이 잘못한 것은 무엇이거나 자신의 (탓으로) 여길 것이다.

어서는 안된다. 고기에 대한 이 규정은 체사리우스의 규칙서(**RCM 24; RCV 71**)에서 영향을 받은 듯하다.

10. 앞의 1절과 6절에 언급된 내용의 반복이다. 6절에서는 아빠스만 거명하였는데, 여기서는 직접적인 담당자인 당가와 봉사자를 거명한다. **"Cellarariis"**: 각 수도원의 당가는 한 사람인데(31장 참조), 여기서 복수로 쓴 이유는 그의 보조원(**31,17**)을 합쳐 말한 듯하다.

XXXVII

De senibus vel infantibus

[1]Licet ipsa natura humana trahatur ad misericordiam in his aetatibus, senum videlicet et infantum, tamen et Regulae auctoritas eis prospiciat. [2]Consideretur semper in eis inbecillitas et ullatenus eis districtio Regulae teneatur in alimentis; [3]sed sit in eis pia consideratio et praeveniant horas canonicas.

XXXVIII

De ebdomadario lectore

[1]Mensis fratrum lectio deesse non debet, nec fortuito casu qui arripuerit codicem legere ibi, sed lecturus tota ebdomada Dominica ingrediatur. [2]Qui ingrediens post missas et Communionem petat ab omnibus pro se orari, ut avertat ab ipso Deus spiritum elationis. [3]Et dicatur hic versus in oratorio tertio ab omnibus, ipso tamen incipiente: *Domine, labia mea aperies, et os meum adnuntiabit laudem tuam.* [4]Et sic accepta benedictione ingre-

---

38,3 시편 50,17

---

37. RM 28,19-26과 연관됨.

2-3. "허약함을 늘 고려하여": 48,25; (40,3) 참조. "규정된 시간"(horas canonicas): 67,3에서는 법적 시간경 기도를 말하며, 한편 까시아누스는 제도집 **5,23,1**에서 식사시간(canonicam refectionis horam)에 대해서도 **"canonica"**란 단어를 사용한다. 일반 식사시간에 대해서는 **41**장을 보라.

38. RM 24장과 연관됨.

제**37**장

노인들과 어린이들에 대하여

¹인간의 본성 자체는 이 두 연령층, 즉 노인들과 어린이들에게 대하여 동정심을 가지게 마련이지만, 그렇더라도 규칙의 권위로써 그들을 뒷받침해야 한다. ²그들의 허약함을 늘 고려하여 음식에 대한 엄격한 규율을 그들에게는 적용하지 말고, ³너그러운 배려를 하고 규정된 시간 전에 (식사를 하도록) 할 것이다.

제**38**장

주간 독서자에 대하여

¹형제들의 식사 동안에 독서를 생략해서는 안되며, 우연히 책을 잡게 되는 사람이 책을 읽어서도 안된다. 한 주간 동안 (계속해서) 독서할 사람은 주일에 들어올 것이다. ²들어오는 사람은 하느님께서 거만한 정신을 자기에게서 물리쳐 주시도록 미사와 영성체 후에 모든 이들에게 기도를 청할 것이다. ³그가 성당에서 "주여, 내 입술을 열어 주소서, 그러면 내 입이 당신 찬미를 전하리이다" 하는 구절을 시작하거든 모든 이들이 세 번 외우고, ⁴그 다음 강복을 받고 독서(당번)에 들어갈 것이다.

---

1. RM 24,4.6-7.9 참조.

2. RM 24,8 참조. "missas et communionem": 문맥상 "missas"는 거의 확실히 성찬전례를 나타내는 미사를 뜻한다. **17,4**와 주 참조.

3. 같은 계응송을 〈야간기도〉의 시작(**9,1**)에 바친다.

4. **35,17-18** 참조. 식당 봉사의 경우에도 봉사자들은 강복을 받고 임무에 들어오고 나감.

diatur ad legendum.

[5]Et summum fiat silentium, ut nullius musitatio vel vox nisi solius legentis ibi audiatur. [6]Quae vero necessaria sunt comedentibus et bibentibus sic sibi vicissim ministrent fratres, ut nullus indigeat petere aliquid. [7]Si quid tamen opus fuerit, sonitu cujuscumque signi potius petatur quam voce. [8]Nec praesumat ibi aliquis de ipsa lectione aut aliunde quicquam requirere, ne detur occasio; [9]nisi forte prior pro aedificatione voluerit aliquid breviter dicere.

[10]Frater autem lector ebdomadarius accipiat mixtum, priusquam incipiat legere, propter Communionem sanctam, et ne forte grave sit ei jejunium sustinere. [11]Postea autem cum coquinae ebdomadariis et servitoribus reficiat.

[12]Fratres autem non per ordinem legant aut cantent, sed qui aedificant audientes.

XXXIX

De mensura cibus

[1]Sufficere credimus ad refectionem cotidianam tam sextae quam nonae, omnibus mensis, cocta duo pulmentaria propter

---

8 참조: 에페 4,27; 1디모 5,14

---

5. "완전한 침묵"(summum silentium): 성당에서도 마찬가지로 "완전한 침묵"을 지킨다(52,2).

6-7. 봉사자들의 태도를 말한다: 필요한 것을 청하기 전에 그 필요한 것을 알아채서 갖다주는 자세, 섬기려고 항상 대기하고 있는 자세를 강조한다. 7절의 "sonitu cujuscumque signi potius … quam voce"는 까시아누스, 제도집 4,17("sonitu potius quam voce")에서 영향받은 듯하다.

8. RM 24,19에서는 형제들이 독서중에 아빠스에게 무엇을 물어보기에 앞서 허락

[5]완전한 침묵을 지켜 단지 독서자의 소리 외에는 그 어떤 수군거림이나 목소리도 들리지 않게 할 것이다. [6]먹고 마시는 데 필요한 것들을 형제들이 서로 돌아가며 봉사하여 아무도 무엇을 청할 필요가 없도록 할 것이다. [7]그러나 만일 어떤 필요한 것이 있거든 말로써 하지 말고 어떤 신호 소리를 내어 청할 것이다. [8]또한 아무도 독서 그 자체에 대해서나 또는 다른 어떤 일에 대해서도 감히 물어보지 말 것이니, 이는 (말할) 기회를 주지 않기 위해서이다. [9]그러나 장상은 훈화를 위하여 짧게 무엇을 말할 수 있다.

[10]주간 독서를 맡은 형제는 영성체 때문에 또 금식함이 너무 힘들지 않도록 하기 위하여 독서를 시작하기 전에 물을 탄 포도주를 마시고, [11]그후에 주방의 주간 당번들과 봉사자들과 함께 식사할 것이다.

[12]형제들이 순서대로 읽거나 노래하지 말고, 듣는 사람들을 감동시킬 수 있는 형제들이 하도록 할 것이다.

제39장
음식의 분량에 대하여

[1]매일 제6시와 제9시의 식사에 모든 식탁에는 요리된 두 가지 음식이 넉넉한 줄로 믿는다. 이는 각자의 연약함 때문이니, [2]한 가지 음식을 먹을 수

을 청하지만, 베네딕도는 이를 모두 금한다.

9. 장상의 훈화: 사부들의 제1규칙서(**RIVP**) 2,42; 사부들의 제2규칙서(**2RP**) 46; 마카리우스 규칙서(**RMac**) 18 참조.

10. 35,12-13 참조. "**mixtum**"은 물을 탄 포도주를 뜻한다.

11. 각종 봉사자들: 36,7.10 참조.

12. 47,3의 규정과 같다. **RM** 24,3에서는 문맹자가 아니면 모두 독서자가 될 수 있다.

39. RM 26장과 연관됨.

1-2. 예로니무스의 빠꼬미우스 규칙서 서언 5에 의하면, 에집트 수도승들은 한 가지

diversorum infirmitatibus, ²ut forte qui ex illo non potuerit edere ex alio reficiatur. ³Ergo duo pulmentaria cocta fratribus omnibus sufficiant et, si fuerit unde poma aut nascentia leguminum, addatur et tertium.

⁴Panis libra una propensa sufficiat in die, sive una sit refectio sive prandii et cenae. ⁵Quod si cenaturi sunt, de eadem libra tertia pars a cellarario servetur reddenda cenandis.

⁶Quod si labor forte factus fuerit major, in arbitrio et potestate abbatis erit, si expediat, aliquid augere, ⁷remota prae omnibus crapula et ut numquam subripiat monacho indigeries; ⁸quia nihil sic contrarium est omni christiano quomodo crapula, ⁹sicut ait Dominus noster: *Videte ne graventur corda vestra crapula.*

¹⁰Pueris vero minori aetate non eadem servetur quantitas, sed minor quam majoribus, servata in omnibus parcitate.

¹¹Carnium vero quadrupedum omnimodo ab omnibus abstineatur comestio, praeter omnino debiles aegrotos.

39,9 루가 21,34

음식만 먹었다. 베네딕도는 2가지 음식의 이유를 "각자의 연약함 때문"이라고 설명한다.

3. RM 26,1에서는 세번째 음식으로 과일이 나온다("et tertium quodcumque fuerit crudum cum pomis").

4. 하루의 식사시간과 번수는 41장을 보라. "넉넉한 한 '리브라'의 빵": "libra"는 1/3kg이 좀 못되는 무게 약 300g을 말한다. 하루에 1"리브라"의 빵은 수도승들에게 일반적으로 통용되던 양이었다(까시아누스, 담화집 2,19; RM 26,2.14 참조). 베네딕도는 1"리브라"가 넘는 "넉넉한"(propensa) 1"리브라"라고 하여 빵의 양을 늘였다. 한편 〈스승의 규칙서〉의 수도승들은 힘든 노동을 거의 하지 않았던 반면 〈베네딕도 규칙서〉의 수도승들은 심한 노동을 하였다(노동시간에 관해서는 48장 참조).

없는 사람은 다른 음식을 먹을 수 있게 하기 위함이다. [3]그러므로 요리된 두 가지 음식이 모든 형제들에게 충분할 것이며, 만일 과일이나 연한 채소가 있다면 세번째로 더 줄 것이다.

[4]하루에 한 번 식사하든지 (아니면) 점심과 저녁에 두 번 식사하든지간에, 하루에 넉넉한 한 "리브라"의 빵으로 충분할 것이다. [5]만일 저녁에 식사한다면 그 빵 가운데서 3분의 1을 당가에게 보관시켰다가 저녁식사에 돌려받을 것이다.

[6]만일 노동이 심하였거든 아빠스는 자기 재량과 권한으로 유익하다면 무엇을 더 늘릴 수 있으나, [7]무엇보다도 과식(過食)을 피하여 수도승이 결코 소화불량에 걸리는 일이 없게 할 것이다. [8]모든 그리스도 신자에게 과식함보다 더 맞지 않는 일이 없기 때문이니, [9](이에 대해) 우리 주님께서는 "과식함으로 너희 마음이 둔해지지 않도록 조심하라" 하셨다.

[10]나이 어린 소년들에게는 어른들에게와 같은 분량을 주지 말고, 그보다 적게 주어 모든 일에 있어 절제하도록 할 것이다.

[11]그리고 극히 허약한 병자들 외에는 모든 이들에게 네 발 가진 짐승의 고기를 절대로 금할 것이다.

---

5. **RM 26,3** 참조.

6. **RM 26,11**에 따르면, 축일에 식사량을 늘리지만, 과다한 노동을 한 날의 경우에 대한 언급이 없다.

10. **RM 26,14**에서는 "12세 이하"라고 나이를 분명히 지정한다(minoribus vero duodecim annis minus). 음식의 분량에 있어서 소년들과 어른들 사이에 차이를 두는 것은, "각자에게 필요한 대로 나누어 주라"는 사도 **4,35**의 원칙에 기초를 두고 있으며(**34,1**), 이 원칙하에서 "절제"의 이유가 성립된다.

11. **36,9** 참조.

XL

De mensura potus

¹*Unusquisque proprium habet donum ex Deo, alius sic, alius vero sic;* ²et ideo cum aliqua scrupulositate a nobis mensura victus aliorum constituitur. ³Tamen infirmorum contuentes inbecillitatem, credimus eminam vini per singulos sufficere per diem. ⁴Quibus autem donat Deus tolerantiam abstinentiae, propriam se habituros mercedem sciant.

⁵Quod si aut loci necessitas vel labor aut ardor aestatis amplius poposcerit, in arbitrio prioris consistat, considerans in omnibus ne subrepat satietas aut ebrietas. ⁶Licet legamus *vinum omnino monachorum non esse,* sed quia nostris temporibus id monachis persuaderi non potest, saltim vel hoc consentiamus ut non usque ad satietatem bibamus, sed parcius, ⁷quia *vinum apostatare facit etiam sapientes.*

⁸Ubi autem necessitas loci exposcit, ut nec suprascripta mensura inveniri possit, sed multo minus aut ex toto nihil, benedicant Deum qui ibi habitant et non murmurent. ⁹Hoc ante omnia admonentes ut absque murmurationibus sint.

40,1 1고린 7,7 ‖ 4 참조: 1고린 3,8; 까시아누스, 담화집 24,2 ‖ 6 Vitae Patrum 5,4,31; 참조: 바실리우스, 규칙서 9 ‖ 7 집회 19,2

---

40. RM 27장과 연관됨.

1-2. "주저"(scrupulositate)라는 양해사항이 RM에는 없다. 라틴어에서, 39장의 "cibus"는 음료수 아닌 음식을, 40장의 "potus"는 음료 특히 포도주를 말하며, 2절의 "victus"는 "cibus"와 "potus"를 포함한 식사 전체를 말하는데, 여기서는 음료, 즉 포도주를 염두에 두고 있으므로 "약간 주저하면서"라는 단서를 달고 있다.

3. 연약함의 고려: 34,2; 37,2-3; 39,1 등 참조. "헤미나": 희랍어에 어원을 두고 있으며 "반 병"이라는 뜻이다. 이 용량에 대해 학계에서는 0.25리터와 0.75리터 두 가지 설이 있다.

제**40**장

음료의 분량에 대하여

¹"각 사람은 하느님께로부터 고유한 선물을 받아 하나는 이러하고, 하나는 저러하다." ²그러므로 우리는 약간 주저하면서 다른 사람의 음식의 분량을 정하는 바이다. ³연약한 사람들의 약함을 고려하더라도, 각 사람에게 하루에 한 "헤미나"의 포도주가 충분하리라 믿는다. ⁴그러나 누가 하느님께로부터 금주할 힘을 받았다면, 특별한 보상이 있을 줄로 알 것이다.

⁵만일 그 지역의 필요성이나 노동이나 혹은 여름철의 더위로 말미암아 더 요구되는 경우에는 장상의 판단대로 정할 것이지만, 무엇보다도 과음이나 술취함이 없도록 유의할 것이다. ⁶"술이 수도승들에게는 결코 합당하지 않은 것으로" 우리는 (책에서) 읽고 있지만 우리 시대의 수도승들에게는 그것을 설득시킬 수 없으므로, 적어도 과음하지 않고 약간씩 마시는 정도로 합의하도록 하자. ⁷왜냐하면 "술이란 지혜로운 사람들까지도 탈선하게 만들기" 때문이다.

⁸만일 지방의 형편에 따라, 위에 기록한 분량을 구할 수 없고 훨씬 적게나 혹은 전혀 구할 수 없는 경우에라도, 이런 지방에 거주하는 사람들은 하느님을 찬양할 것이며, 불평하지 말 것이다. ⁹무엇보다도 이 점을 권하는 바이니, 불평이 없도록 할 것이다.

---

4. **RM 27,47-51** 참조.

5. **39,6-9**의 관점과 비슷하다; **RM 27,43-45** 참조. 술취함의 금지: **RM 27,46** 참조.

6. "우리는 읽고 있다"(legamus)로 시작된 인용구는 **18,25**의 경우에서처럼 *Vitae patrum* **5,4,31**에 나오는 이야기이다. 고대 수도승들의 관습을 예로 들면서, 베네딕도는 동시대의 수도승들의 느슨함을 비평하고 이에 대한 타협점을 찾으려 한다("합의하도록 하자": **consentiamus**).

8. 지방 형편: 위의 **5**절에도 나옴. 하느님께 찬양: **34,2** 참조.
   여러 지역의 가능성: **55,1** 참조.

XLI

Quibus horis oportet reficere fratres

[1]A sancto Pascha usque Pentecosten, ad sextam reficiant fratres et sera cenent.

[2]A Pentecosten autem, tota aestate, si labores agrorum non habent monachi aut nimietas aestatis non perturbat, quarta et sexta feria jejunent usque ad nonam; [3]reliquis diebus ad sextam prandeant. [4]Quam prandii sextam, si operis in agris habuerint aut aestatis fervor nimius fuerit, continuanda erit et in abbatis sit providentia. [5]Et sic omnia temperet atque disponat, qualiter et animae salventur et quod faciunt fratres absque justa murmuratione faciant.

[6]Ab Idus autem Septembres usque caput Quadragesimae ad nonam semper reficiant.

[7]In Quadragesima vero usque in Pascha ad vesperam reficiant. [8]Ipsa tamen Vespera sic agatur, ut lucernae lumen non indigeant reficientes, sed luce adhuc diei omnia consummentur. [9]Sed et omni tempore, sive cena sive refectionis hora sic temperetur, ut luce fiant omnia.

---

41. RM 28장과 연관됨.

1. 수도승들은 일반적으로 하루에 한 번 식사하며, 부활 ~ 성신강림절 기간과 여름철에 일이 많은 경우에 두 번, 즉 점심(제6시 = 요즘의 낮 12시)과 저녁식사를 하였다. 따라서 제6시에 식사를 한다는 것은 저녁식사도 있다는 뜻이다. 하루에 한 번 식사하는 경우에는 일반적으로 제9시(요즘의 오후 3시)에 하지만, 사순절 기간에는 해지는 저녁에야 식사한다. 〈스승의 규칙서〉에서는 부활 ~ 성신강림절 기간에도 목요일과 주일에만 점심과 저녁식사를 하는 것으로 되어 있다(**RM** 28,38-40).

제**41**장
형제들이 어느 시간에 식사해야 하는가

[1]거룩한 부활절부터 성신강림절까지 형제들은 제6시에 식사를 하고, 저녁에도 식사를 할 것이다.

[2]그러나 성신강림절부터 온 여름철 동안은, 만일 수도승들이 밭의 일을 하지 않았거나 혹은 심한 여름 더위로 괴로울 정도가 아니면 수요일과 금요일에는 제9시까지 금식하고, [3]나머지 날들에는 제6시에 점심식사를 할 것이다. [4]만일 밭에 일이 있거나 혹은 여름 더위가 지나치게 (심하거든) 제6시에 점심식사하기를 계속할 것이며, 이것은 아빠스가 배려할 일이다. [5]이처럼 모든 일을 조절하고 배치하여, 영혼들이 구원받게 하고 형제들이 정당한 불평 없이 일하도록 할 것이다.

[6]9월 13일부터 사순절 시작까지는 항상 제9시에 식사할 것이다.

[7]부활절까지 사순절 동안에는 저녁 때 식사할 것이다. [8]그러나 식사 때 등불이 필요하지 않도록 〈저녁기도〉를 바쳐, 모든 일을 햇빛이 있는 동안에 마치도록 할 것이다. [9]그러나 모든 계절에도, 저녁식사이든 (한 끼) 식사이든 이렇게 조절하여 모든 일을 햇빛이 있을 때 이루어지도록 할 것이다.

---

2. "jejunent": 원래 "금식한다"는 뜻이며, 여기서는 제9시까지 식사하지 않는다는, 즉 제6시의 점심식사를 하지 않는다는 뜻이다. 수요일과 금요일의 단식은 초대 교회부터 전해오는 관습이었다. 일과 더위: **40,5; (39,6)** 참조.

3. 제6시 점심식사: 저녁식사가 있다는 뜻이다.

4. 아빠스의 재량: **39,6; 40,5** 참조.

7. 사순절 동안에는 저녁에 한 번 식사한다는 뜻이다. **RM 28,8**에도 같은 규정이 있다.

9. "저녁식사이든 한 끼 식사이든"(sive cena sive refectionis): 여기서 "cena"는 점심식사가 있었던 날(예: 3절)의 저녁식사를 말하며, "refectio"는 하루의 한 끼 식사로 저녁식사만을 하는 경우를 말한다(예: 7절).

XLII

Ut post Conpletorium nemo loquatur

[1]Omni tempore silentium debent studere monachi, maxime tamen nocturnis horis. [2]Et ideo omni tempore, sive jejunii sive prandii: [3]si tempus fuerit prandii, mox surrexerint a cena, sedeant omnes in unum, et legat unus Collationes vel Vitas Patrum aut certe aliud quod aedificet audientes, [4]non autem Eptaticum aut Regum, quia infirmis intellectibus non erit utile illa hora hanc Scripturam audire, aliis vero horis legantur.

[5]Si autem jejunii dies fuerit, dicta Vespera, parvo intervallo mox accedant ad lectionem Collationum, ut diximus. [6]Et lectis quattuor aut quinque foliis vel quantum hora permittit, [7]omnibus in unum occurrentibus per hanc moram lectionis, si qui forte in adsignato sibi commisso fuit occupatus, [8]omnes ergo in unum positi conpleant et, exeuntes a Conpletoriis, nulla sit licentia denuo cuiquam loqui aliquid.

[9]Quod si inventus fuerit quisquam praevaricare hanc taciturnitatis regulam, gravi vindictae subjaceat, [10]excepto si necessitas hospitum supervenerit aut forte abbas alicui aliquid jusserit. [11]Quod tamen et ipsud cum summa gravitate et moderatione honestissima fiat.

42,3-8 참조: 수도원 규정서(Ordo Monasterii) 2

---

42. RM 30장과 연관됨.

2. 밤시간의 침묵은 해진 뒤부터 해뜨기까지의 침묵을, "금식할 때"란 사순절에처럼 저녁에 한 번 식사할 때를(41,7 참조), "점심식사를 할 때"란 두번째로 저녁식사를 하는 날을 말한다(41,2-4 참조); 따라서 양쪽 모두 저녁식사가 있을 때이다.

3. 감화시키는 독서: **53,9**. 듣는 이들을 감화시킴: **38,12; 47,3** 참조.

4. **"Eptaticum"**: 모세 5경에다가 여호수아기와 판관기를 합한 7편을 뜻한다.

5. 저녁기도, 식사, 독서의 순서에 관한 문제인데, 하루에 두 번 식사하는 날에는 저녁기도 – 식사 – 독서의 순이고(3절), "금식의 날", 즉 저녁에만 식사하는 날에

제42장

〈끝기도〉 후에는 아무도 말하지 말 것이다

[1]수도승들은 언제나 침묵을 (지키기에) 힘써야 하겠지만, 특히 밤 시간에 그러하다. [2]그러므로 금식할 때나, 점심식사를 할 때는 언제나 (다음과 같이 할 것이다). [3]만일 점심식사가 있었을 경우에는, 저녁식사를 마치고 나서 즉시 모든 이들이 한 곳에 모여 앉고 한 사람이 교부(敎父)들의 담화집(談話集)이나 전기(傳記)를 읽든지, 혹은 듣는 이들을 감화시키는 다른 어떤 것을 읽을 것이다. [4]〈구약의 7편〉이나 〈열왕기〉는 (읽지) 말 것이니, 이해력이 약한 사람들에게는 이 시간에 이런 성서를 듣는 것이 아무런 유익이 되지 않기 때문에 다른 시간에 읽게 할 것이다.

[5]만일 금식의 날이거든 〈저녁기도〉를 바치고 잠시 여유를 두었다가, 곧 위에서 말한 바와 같이 담화집을 읽을 것이다. [6]네 쪽이나 다섯 쪽 혹은 시간이 되는 대로 읽을 것이며, [7]이 독서를 하는 동안에는 맡겨진 임무에 종사하던 사람들이라도 모두 함께 모여야 한다. [8]그러므로 모든 이들은 한 곳에 모여 〈끝기도〉를 바칠 것이며, 〈끝기도〉를 (바친 후) 나가면서 다른 이와 무엇을 이야기할 수 있는 어떠한 허락도 절대로 (주지) 말 것이다.

[9]만일 누가 이 침묵의 규율을 어기는 것이 발견되거든 엄한 벌에 처할 것이다. [10]손님을 접대할 필요가 있거나 아빠스가 누구에게 무엇을 명령했을 경우에는 예외이지만, [11]그럴 경우에도 최대한의 신중함과 가장 적당한 절제로 이를 행할 것이다.

는 식사 – 저녁기도 – 독서의 순으로 하는 듯하다.

7-8. 이 독서시간에는 모든 이가 빠짐없이 참석해야 하며(3절 참조), 이어서 〈끝기도〉를 바친 것으로 보아 성당에서 한 듯하다. 〈끝기도〉 후에는 취침을 하며 〈야간기도〉 때 "주여, 내 입술을 열어 주소서"라는 계응송을 외울 때까지(9,1) 입이 일체 봉해져 있어야 한다는 뜻이다. 〈끝기도〉 후 침묵: **RM 30,8.13**을 보라.

10. 손님 접대의 필요성: **RM 30,17.20.** 손님 도착: **RM 30,24-27**을 보라.

XLIII

De his qui ad Opus Dei vel ad mensam tarde occurrunt

[1]Ad horam divini Officii, mox auditus fuerit signus, relictis omnibus quaelibet fuerint in manibus, summa cum festinatione curratur, [2]cum gravitate tamen, ut non scurrilitas inveniat fomitem. [3]Ergo nihil Operi Dei praeponatur.

[4]Quod si quis in nocturnis Vigiliis post Gloriam psalmi nonagesimi quarti, quem propter hoc omnino subtrahendo et morose volumus dici, occurrerit, non stet in ordine suo in choro, [5]sed ultimus omnium stet aut in loco, quem talibus neglegentibus seorsum constituerit abbas, ut videantur ab ipso vel ab omnibus, [6]usque dum conpleto Opere Dei publica satisfactione paeniteat. [7]Ideo autem eos in ultimo aut seorsum judicavimus debere stare ut, visi ab omnibus, vel pro ipsa verecundia sua emendent; [8]nam si foris oratorium remaneant, erit forte talis qui se aut recollocet et dormit, aut certe sedit sibi foris vel

---

43,1-3 사부들의 제2규칙서(2RP), 31: 참조: 마카리우스 규칙서(RMac) 14 ‖ 8 참조: 에페 4,27: 1디모 5,14

---

43. RM 73과 연관됨.

1-2. 이 짤막한 서두는 RM 54,1-2와 연관됨. 기도시간을 알리는 신호: 2RP 31(= RMac 14) 참조. "신중하게"(cum gravitate): 22,6 참조.

3. 이와 연관된 표현: "아무것도 그리스도께 대한 사랑보다 더 낮게 여기지 말라" (4,21); "그리스도보다 아무것도 더 낮게 여기지 말라"(72,11). 2RP(= RMac 14): "quia nihil orationi praeponendum est" 참조.

4. 〈스승의 규칙서〉에서는 RM 73,1-5와 32,9-15 두 곳에서 공동기도에 늦게 오는 사람에 대한 벌 규정을 다루고 있다. RB 9,2-3에 따르면, 시편 제3편을 한 다음 두번째 시편으로 제94편을 하게 되어 있는데, 이것은 까시아누스, 제도집 3,7,2 에서도 마찬가지이다. 한편 RB 13,2를 보면, 아침기도에서는 첫째 시편을 "느리게"(subtrahendo) 외워 모든 이가 둘째 시편에는 다 참석할 수 있도록 하라고 한

제43장

하느님의 일이나 식사에
늦게 오는 사람들에 대하여

[1]성무일도(聖務日禱)의 시간을 (알리는) 신호를 듣거든 즉시 손에 있던 모든 것들을 (그대로) 두고 가장 빠르게 달려올 것이나, [2]신중하게 하여 웃음거리가 되지 않도록 할 것이다. [3]그러므로 아무것도 하느님의 일보다 낮게 여기지 말아야 한다.

[4]만일 누가 〈야간기도〉의 시편 제94편의 〈영광송〉을 (외운) 후에 오거든 — 이때문에 우리는 이 시편을 길게 끌면서 아주 천천히 외우기를 원하는 바이지만 — 공동 기도석에 있는 자기 자리에 서지 말고, [5]맨 마지막 자리에 서거나 혹은 이런 게으른 사람들을 위해 아빠스가 자기와 모든 이들이 볼 수 있게 별도로 마련한 자리에 서 있게 하였다가, [6]하느님의 일이 끝난 후에 공적(公的)으로 보속하도록 할 것이다. [7]그들이 끝자리나 따로 정한 자리에 서 있어야 한다고 규정하는 이유는, 모든 이들이 보게 하여 자기의 수치심 때문에 고치게 하기 위함이다. [8]만일 그들을 성당 밖에 머물게 하면 누워 자거나, 밖에 앉아 잡담을 일삼거나 사악한 (악마)에게 기회를 주

다. 공동기도석의 자기 자리: **63,4** 참조.

5. **44,5**(파문받은 자의 속죄 과정): **29,2** 참조. 아빠스가 별도로 마련한 자리는 공동 기도석(chorus)이 아닌 별도의 다른 자리이다.

6. "satisfactione paeniteat": "satisfactio"는 원래 만족하게(satis) 하다(factio)의 합성어이며, 어떤 손해에 대해 보상하는 행위를 뜻하는데, 여기서는 보속 행위로써 속죄한다는 뜻이다. 이 용어는 특히 벌 규정에 자주 나오는 표현으로서 잘못한 형제가 하느님과 공동체에 누를 끼친 것을 기워 갚는다는 공동체적인 의미를 내포하고 있다. 까시아누스, 제도집 **3,7,1-2** 참조.

7. 수치심: RM **24,37**; **53,9.53** 등 참조.

8-9. RM **73,3**과 까시아누스, 제도집 **3,7**에 의하면, 기도에 늦게 온 형제는 성당 밖으로 내쫓기어 기도에 참석하지 못한다. "사악한 악마에게 기회를 주다"(datur

fabulis vacat, et datur occasio maligno; [9]sed ingrediantur intus,
ut nec totum perdant et de reliquo emendent.

[10]Diurnis autem Horis, qui ad Opus Dei post versum et
Gloriam primi psalmi qui post versum dicitur non occurrerit,
lege qua supra diximus, in ultimo stent, [11]nec praesumant
sociari choro psallentium usque ad satisfactionem, nisi forte
abbas licentiam dederit remissione sua, [12]ita tamen ut satisfaci-
at reus ex hoc.

[13]Ad mensam autem qui ante versu non occurrerit, ut simul
omnes dicant versu et orent et sub uno omnes accedant ad men-
sam, [14]qui per neglegentiam suam aut vitio non occurrerit,
usque secunda vice pro hoc corripiatur; [15]si denuo non emenda-
verit, non permittatur ad mensae communis participationem,
[16]sed sequestratus a consortio omnium reficiat solus, sublata ei
portione sua vinum, usque ad satisfactionem et emendationem.

[17]Similiter autem patiatur, qui et ad illum versum non fuerit
praesens, qui post cibum dicitur.

[18]Et ne quis praesumat ante statutam horam vel postea
quicquam cibi aut potus praesumere; [19]sed et cui offertur ali-
quid a priore et accipere rennuit, hora qua desideraverit hoc
quod prius recusavit aut aliud, omnino nihil percipiat usque ad
emendationem congruam.

---

occasio maligno): 54,4("악마에게 기회를 주다": detur occasio diabolo) 참조.

10. "첫째 시편의 영광송까지": 〈영광송〉은 시편 끝에 하게 되어 있다. 따라서 엄격
하게 말하면, 기도에 늦게 와서 벌받게 되는 것은 둘째 시편 시작부터이다.

13. 1-12절은 공동기도에 늦게 온 사람에 관한 규정이고, 13-17절은 공동식사에 늦
게 온 사람에 관한 규정이다. RM 73,8; (23,46) 참조.

14-15. 두번까지 책벌, 그 다음 벌: 여기서 "corripiatur"은 견책이나 훈계일 것 같으
며, 이러한 교정 과정은 23,2-3에 나오는 일반 교정 과정에 준하는 것이다.

16. RM 73,8-9 참조. 공동 식탁에서 격리시켜 혼자서 식사하게 하는 것은, 공동기도
에 늦게 온 사람을 공동기도석에서 격리시키는 것과 같은 원칙 때문이다(7절).

게 될 것이기 때문에, [9]안으로 들어오게 하여 (기도) 전체를 잃지 않게 하고 앞으로 고치게 할 것이다.

[10]낮시간 시간경들에 있어서는, 계응송과 그후에 외우는 첫째 시편의 〈영광송〉까지 하느님의 일에 오지 못하는 사람은, 위에 말한 규정대로, 끝자리에 서게 할 것이며, [11]아빠스가 용서하여 허락하는 경우가 아니면, 보속을 다할 때까지 시편을 외우는 (형제들의) 공동 기도석에 감히 함께하지 못하며, [12]이런 경우에도 잘못한 자는 이에 대해 보속을 해야 한다.

[13]식사시간에는 모든 이들이 다 같이 계응송을 외우며, 기도하고 다 함께 식탁에 앉아야 한다. 누가 만일 계응송 전까지 오지 못하면, [14]자기의 게으름 때문이나 악습으로 인해 대오지 못한 사람을 두 번까지는 책벌할 것이다. [15]만일 그 다음에도 고치지 않거든 공동 식탁에 참여하기를 허락하지 말고, [16]모든 이의 공동 (식탁)에서 격리시켜 혼자 식사하게 할 것이며, 보속하고 고칠 때까지 자기 몫의 술도 주지 말 것이다.

[17]식사 후에 외우는 계응송에 참석하지 않는 사람에게도 이와 같은 벌을 줄 것이다.

[18]아무도 규정된 시간 전이나 후에 무엇을 감히 먹거나 마시지 말 것이다. [19]또한 장상이 무엇을 주는데도 받기를 거절한 사람은, 합당한 고침이 있을 때까지 앞서 거절했던 것이나 또는 다른 것을 원할 때에 아무것도 받지 못하게 될 것이다.

---

17. RM 23,49; 73,11 참조. 식사의 시작기도와 마침기도를 공동으로 함께 하는 것을 원칙으로 한다.

18. 규정된 시간 외에 식사 금지에 대해, 〈스승의 규칙서〉는 세부적인 사항을 규정하는데(RM 21,8: 주간 당번; 30,23-28: 끝기도 후), 베네딕도는 여기서 일반적인 원칙만을 말하고 있으며, 이것은 까시아누스, 제도집 4,18; 5,20에 더 가깝다.

19. "장상이 무엇을 주는데도": 여기서는 39,6; (41,4-5 참조)의 경우처럼, 장상이 상황에 따라 정해진 분량 외에 추가로 주는 경우를 말한다. 거절과 이에 대한 추후 조치: RM 22,7-8; (74,1-2 참조); 바실리우스, 규칙서 96에도 이와 비슷한 내용이 나온다.

XLIV

De his qui excommunicantur, quomodo satisfaciant

[1]Qui pro gravibus culpis ab oratorio et a mensa excommunicantur, hora qua Opus Dei in oratorio percelebratur, ante fores oratorii prostratus jaceat nihil dicens, [2]nisi tantum posito in terra capite, stratus pronus omnium de oratorio exeuntium pedibus. [3]Et hoc tamdiu faciat, usque dum abbas judicaverit satisfactum esse.

[4]Qui dum jussus ab abbate venerit, volvat se ipsius abbatis, deinde omnium vestigiis ut orent pro ipso. [5]Et tunc, si jusserit abbas, recipiatur in choro, vel in ordine quo abbas decreverit, [6]ita sane, ut psalmum aut lectionem vel aliud quid non praesumat in oratorio inponere, nisi iterum abbas jubeat. [7]Et omnibus Horis, dum perconpletur Opus Dei, proiciat se in terra in loco quo stat. [8]Et sic satisfaciat, usque dum ei jubeat iterum abbas, ut quiescat jam ab hac satisfactione.

---

44. RM 14장과 연관됨. 파문받은 자의 속죄에 대해: 이형우, 성 베네딕도 규칙서에 나타난 교정 문제, 코이노니아 10집 (1985년 겨울) 81-85 참조.

1-3. 제1단계 속죄 행위.

1. 25장의 경우에 대한 속죄 절차. "percelebratur": 성무일도가 "끝난다"는 뜻이다. 성당 문 앞에 엎드려: RM 14,1-2; 까시아누스, 제도집 **2,16; 4,16,1** 참조. "아무 말 없이 다만"(nihil dicens, nisi tantum): 〈스승의 규칙서〉에서는 속죄자가 성당 문 앞에 엎드려 매 시간경의 매 시편 끝마다 성당 안에 있는 형제들에게 눈물 섞인 목소리로(RM 14,2.20) 용서를 청하는 긴 탄원(14,3-19)을 해야 하는데, 베네딕도는 속죄자의 심리적인 부담과 인간적인 모욕을 고려하여 이를 금지시킨 듯하다.

3. "충분하다고 판단할 때까지": 제1단계의 속죄 기간을 뜻한다.

4-6. 제2단계 속죄 행위.

4. 35,15에 묘사된 주방의 주간 봉사자들의 교대 의식과 비슷하다. 35,15의 주간 봉사자들은 친히 기도를 청하지만, 여기서는 엎드려 있는 행위 자체로 기도 요청을

제44장

파문당한 형제들이 어떻게
보속할 것인지에 대하여

[1]중대한 잘못으로 성당과 식당에서 파문당한 사람들은, 성당에서 하느님의 일이 끝나는 시간에 성당 문 앞에 엎드려 아무 말 없이, [2]다만 머리를 땅바닥에 대고 성당에서 나오는 사람들의 발 아래 엎드려 있을 것이며, [3]아빠스가 충분하다고 판단할 때까지 이것을 계속할 것이다.

[4]그 다음 그는 아빠스로부터 명령을 받고 와서는 자기를 위해 기도해 주도록 아빠스 자신과 그리고 모든 이들의 발 아래 엎드릴 것이다. [5]그때 만일 아빠스의 명령이 있으면 공동 기도석이나 혹은 아빠스가 지정한 자리에 들어갈 것이나, [6]성당에서 시편이나 독서나 다른 것을 선창하기 위해서는 아빠스의 명령이 또다시 있어야 한다. [7]그리고 모든 시간경들에 있어 하느님의 일이 끝날 때에 서 있던 자리에서 땅에 엎드릴 것이다. [8]아빠스가 이 보속 (행위)를 그치라고 다시 그에게 명령할 때까지 그렇게 보속할 것이다.

표시하며, 이것은 1절의 "아무 말 없이"와 상통한다. 아빠스의 명령: RM 14,23; 까시아누스, 제도집 **4,16,1** 참조.

5. 자리 문제: **43,4-5; 29,2** 참조.

6. **24,4** 참조.

7. 제3단계 속죄 행위: 6절의 아빠스의 명령은 제3단계를 암시한다. 이 단계에서 속죄자는 성무일도에 능동적으로 참여할 수 있으나 모든 시간경 끝에 땅에 엎드려야 한다.

8. 속죄 완료 선언: 〈스승의 규칙서〉나 까시아누스의 〈제도집〉에서는 이러한 선언이 없다. 그러나 초대교회에서는 파문받은 자의 보속 행위가 끝났을 때 주교로부터 화해(reconciliatio)의 공식 선언이 있었다: 기적의 그레고리우스, 사목서한, MG **10,1019-1048**; 바실리우스, 서한 **217**, MG **32,804** 참조. 파문당한 형제가 4단계의 속죄 절차를 거쳐 공동체에 복귀하는 과정은 RB 58장에 지원자가 수련 과정을 거쳐 허원을 통해 수도 공동체의 일원이 되는 과정과 비슷한 점이 많다: 이형우, 상게서 **85-86** 참조.

[9]Qui vero pro levibus culpis excommunicantur tantum a mensa, in oratorio satisfaciant usque ad jussionem abbatis. [10]Hoc perficiant usque dum benedicat et dicat: »Sufficit«.

XLV

De his qui falluntur in oratorio

[1]Si quis dum pronuntiat psalmum, responsorium, antefanam vel lectionem fallitus fuerit, nisi satisfactione ibi coram omnibus humiliatus fuerit, majori vindictae subjaceat, [2]quippe qui noluit humilitate corrigere quod neglegentia deliquit. [3]Infantes autem pro tali culpa vapulent.

9-10. 24장의 경우(소 파문)에 대한 속죄 행위: 구체적인 속죄 행위가 언급되어 있지 않고 다만 "성당에서"란 암시만 있는데, 앞의 경우의 둘째 단계(5절)부터 시작하였을 가능성이 높다. 사실 **24,4**와 **44,5-6**의 묘사가 매우 비슷하다.
　　"충분하다"(**sufficit**)의 말은 속죄 완료 선언에 해당한다.

[9]그러나 가벼운 잘못으로 식탁에서만 파문당한 사람들은 아빠스의 명령이 있을 때까지 성당에서 보속할 것이다. [10](아빠스가) 강복하고 "충분하다"고 말할 때까지 이것을 계속할 것이다.

제45장
성당에서 잘못한 사람들에 대하여

[1]만일 누가 시편이나 응송이나 후렴이나 독서를 할 때 잘못하고서도, 당장 모든 이들 앞에서 겸손되이 보속하지 않거든 더 큰 벌에 처할 것이다. [2]이는 그가 소홀함으로 잘못한 것을 겸손으로써 고치려 하지 않았기 때문이다. [3]어린이들이 이러한 잘못을 저지른 경우에는 매를 맞아야 한다.

---

45. RM에는 이에 상응하는 내용이 전혀 없다.

1. 공동기도에서 부주의나 분심에 의한 잘못을 말한다. 빠꼬미우스, 규칙서 계명집 **14**; 까시아누스, 제도집 **4,16,1**에서도 이와 비슷한 잘못에 대한 벌이 규정되어 있다.

3. 잘못한 어린이에게 주는 체벌: **30,3** 참조.

XLVI

De his qui in aliis quibuslibet rebus delinquunt

[1]Si quis dum in labore quovis, in coquina, in cellario, in ministerio, in pistrino, in horto, in arte aliqua dum laborat, vel in quocumque loco, aliquid deliquerit, [2]aut fregerit quippiam aut perdiderit, vel aliud quid excesserit ubiubi, [3]et non veniens continuo ante abbatem vel congregationem ipse ultro satisfecerit et prodiderit delictum suum, [4]dum per alium cognitum fuerit, majori subjaceat emendationi.

[5]Si animae vero peccati causa fuerit latens, tantum abbati aut spiritalibus senioribus patefaciat, [6]qui sciat curare et sua et aliena vulnera, non detegere et publicare.

46,3-4 참조: 아우구스띠누스, 규칙서 IV, 9 ‖ 5-6 참조: 까시아누스, 제도집 4,9; 담화집 2,12-13

---

46. RM과 전혀 연관 없는 완전히 새로운 장이다.

1-2. 물질적인 손실을 입힌 잘못을 말한다. 수도원의 각종 작업장: 7,63(= RM 10,83); 66,6 참조.

제**46**장

그밖의 다른 일에 잘못한 사람들에 대하여

[1]만일 누가 어떤 노동중에, 주방에서나, 창고에서나, 봉사중에나, 빵 만드는 곳에서나, 정원에서나, 어떤 기술에 종사하는 중에나 혹은 어떤 장소에서든지 무엇을 그르쳤거나, [2]무엇을 파손했거나, 잃었거나 혹은 어디서든지 무슨 잘못을 저질러 놓고서도, [3]즉시 아빠스나 공동체 앞에 와서 스스로 보속하고 자기의 잘못을 고백하지 않고 있다가 [4]다른 사람으로 말미암아 알려지게 되었거든 더욱 큰 벌에 처할 것이다.

[5]만일 영혼의 은밀한 죄이거든 아빠스나 영신적 장로들에게만 밝힐 것이다. [6]그들은 자기나 남의 상처들을 고칠 줄 알고, 또 (그 비밀을) 폭로하거나 공개하지 않을 줄 안다.

3-4. 아우구스띠누스, 규칙서 **IV, 11**에서는 이성(異性)으로부터 편지나 작은 선물을 받은 구체적인 경우를 말하는데, 이것은 여기에보다 **54,1-2**에 더 연관되어 있다. 여기서는 단지 저지른 잘못에 대한 자발적인 고백을 일반화하고 있다.

5-6. 여기서 말하는 은밀한 영적 죄의 고백은 요즈음의 고백성사와는 다르다. **4,50**에서 마음의 나쁜 생각을 영적 장로에게 고백하라고 되어 있는데, 여기에는 고백 상대자로서 아빠스를 구체적으로 지적해 놓았다. 아빠스에게 고백: **7,44**(= **RM 10,61**) 참조. 아빠스: 영적 아버지(**49,9**). 영적 고백에 대해서는, 바실리우스, 규칙서 **200**; 까시아누스, 제도집 **4,9**; 담화집 **2,13**을 참조하라.

XLVII

De significanda hora Operis Dei

[1]Nuntianda hora Operis Dei dies noctisque sit cura abbatis: aut ipse nuntiare aut tali sollicito fratri injungat hanc curam, ut omnia horis conpetentibus conpleantur.

[2]Psalmos autem vel antefanas post abbatem ordine suo quibus jussum fuerit inponant. [3]Cantare autem et legere non praesumat, nisi qui potest ipsud officium implere ut aedificentur audientes; [4]quod cum humilitate et gravitate et tremore fiat, et cui jusserit abbas.

47, 1. 〈스승의 규칙서〉에서는 2명의 주간 당번이 아빠스에게 시간을 알리면(RM 31,9), 아빠스가 친히 종을 치게 되어 있다(RM 32,8; 55,1); 이들은 제시간에 아빠스에게 알리기 위해 "밤낮으로 유의해야"(in nocte et in die solliciti: RM 31,7) 한다.

제**47**장

하느님의 일의 시간을 알림에 대하여

¹낮과 밤에 하느님의 일을 위한 시간을 알리는 일은 아빠스가 돌볼 것이니, 자기가 친히 알리거나 아니면 주의깊은 형제에게 이 일을 맡겨 모든 것을 제시간에 완수하게 할 것이다.

²시편이나 후렴의 선창은 명령을 받은 사람들이 아빠스 다음에 자기 순서대로 할 것이다. ³만일 듣는 사람들에게 감동을 줄 만큼 이 직무를 잘 할 수 있는 사람이 아니면 감히 노래하거나 독서하지 말 것이며, ⁴아빠스의 명령을 받은 사람이 겸손과 신중함과 두려움을 가지고 이를 행할 것이다.

---

2. 이 내용은 **RM 22,13-14; 46,1-2**의 것과 거의 비슷하나, 다만 "자기 순서대로"(ordine suo)는 베네딕도의 고유 부분인데 이 순서는 **RB 63,4**에 따라 입회한 순서를 말한다.

3. **38,12** 참조.

4. 겸손: **38,2** 참조.

XLVIII

De opera manuum cotidiana

[1]Otiositas inimica est animae, et ideo certis temporibus occupari debent fratres in labore manuum, certis iterum horis in lectione divina.

[2]Ideoque hac dispositione credimus utraque tempore ordinari: [3]id est: ut a Pascha usque Kalendas Octobres a mane exeuntes a prima usque hora pene quarta laborent quod necessarium fuerit. [4]Ab hora autem quarta usque hora qua Sextam agent, lectioni vacent. [5]Post Sextam autem surgentes a mensa pausent in lecta sua cum omni silentio, aut forte qui voluerit legere sibi sic legat, ut alium non inquietet. [6]Et agatur Nona temperius mediante octava hora, et iterum quod faciendum est operentur usque ad Vesperam.

[7]Si autem necessitas loci aut paupertas exegerit, ut ad fruges recollegendas per se occupentur, non contristentur, [8]quia tunc

---

48,8 참조: 시편 127,2; 1고린 4,12

---

48. RM 50장과 연관됨.

1. "한가함은 영혼의 원수이다": RM 50,1-7의 요약으로 볼 수 있다. 바실리우스, 규칙서 **192,5**에서는 이 표현을 솔로몬의 말이라고 하는데, 아마 집회 **33,28-29**의 내용을 요약해 말한 듯하다.

   "Lectio divina": 규칙서에서 성무일도중에 하는 독서나 개인 독서시간을 지칭하기 위해 그냥 "독서"(lectio) 단어만 쓰는데, 유독 여기서만 **"divina"**(신적; 神的)이란 형용사를 첨부하여 사용하고 있다. **"lectio divina"**는 성경 독서를 뜻하는데, 요즘의 영적 독서와는 다르다. 이에 적절한 우리말 용어가 없어, "성독"(聖讀)이라 해보았다.

   참고문헌: G. MacGinty, 영성생활의 샘이며 길잡이인 Lectio divina, 코이노니아 11집 (1986년 겨울) 17-27; A. Wathen, 수도적 독서: 전문 용어로 본 몇가지 실마리들, 코이노니아 11집, 28-38; A. de Vogüé, 일, 독서, 되새김 (성규 제48장), 코이노니아 11집, 39-54.

3. 노동과 성독을 위해서는 세 가지 절기(부활절～10월 1일; 10월 1일～사순절 시

제**48**장

매일의 육체노동에 대하여

[1]한가함은 영혼의 원수이다. 그러므로 형제들은 정해진 시간에 육체노동을 하고 또 정해진 시간에 성독(聖讀)을 할 것이다.

[2]따라서 우리는 이 두 가지 일들을 위한 시간은 이렇게 배정되어야 한다고 생각한다. [3]즉, 부활절부터 10월 1일까지는 아침에 〈제1시기도〉를 끝낸 다음 제4시까지 필요한 노동을 하고, [4]제4시부터 〈제6시기도〉를 바칠 때까지 독서에 전념할 것이다. [5]〈제6시기도〉 후에 식사를 마치면 자기 침대에서 완전한 침묵중에 쉴 것이지만, 만일 누가 혼자 독서를 하고자 한다면 다른 사람들에게 방해가 되지 않도록 할 것이다. [6]〈제9시기도〉는 좀 당겨서 제8시 반에 하고, 다시 〈저녁기도〉까지 해야 할 일을 할 것이다.

[7]그러나 만일 지역의 필요성이나 가난함 때문에 직접 곡식을 추수해야 할 경우에라도 불만스러워하지 말 것이니, [8]우리의 교부들과 사도들처럼

작; 사순절)로 나누고, 주일은 절기에 관계없이 따로 정해져 있다(22절). 이러한 절기 구분은, 성무일도를 위한 절기 구분(8장)과 식사시간을 위한 절기 구분(41장)과 차이가 있다.

3-6. 부활절부터 10월 1일까지는 농사철이며, 여름의 더위철(40,5; 41,2.4 참조)이라는 점이 시간 배정에 고려되어 있다. 노동은 아침나절(〈제1시기도〉 후~4시: 지금의 오전 10시경까지)과 저녁나절(6절)에 하며, 대신 독서는 더워서 일하기 어려운 시간에 하고, 또한 노동을 위해 시간경들의 시간까지 조절하게 되어 있다.

5. 여기에는 제9시에 식사하게 되는 수요일과 금요일의 경우가 언급되어 있지 않다(41,2-4 참조). 그리고 41,6에 의하면, 9월 13일부터 사순절 시작까지는 항상 제9시에 식사한다고 되어 있는데, 여기서는 부활절부터 10월 1일까지 〈제6시기도〉 후 식사한다고 되어 있어 9월 13일부터 10월 1일까지에 문제가 있으며, 이에 대한 설명이 없다. **RM 50,56-60**에서는 낮잠에 대해 보다 자세히 언급되어 있다.

7. "지역의 필요성": 40,5.8 참조. 〈스승의 규칙서〉에서는 들에서의 노동을 금하고 있다(**RM 86**장).
"불만스러워하지 말라"(**non contristentur**): 31,19; 34,3 참조.

8. (수도) 교부들의 모범: **Vita Patr. Jur. 1,2**; 까시아누스, 담화집 **24,12,2**; **RM**

vere monachi sunt, si labore manuum suarum vivunt, sicut et Patres nostri et Apostoli. [9]Omnia tamen mensurate fiant propter pusillanimes.

[10]A Kalendas autem Octobres usque caput Quadragesimae, usque in hora secunda plena lectioni vacent; [11]hora secunda agatur Tertia; et usque nona omnes in opus suum laborent quod eis injungitur. [12]Facto autem primo signo nonae horae, dejungant ab opera sua singuli et sint parati, dum secundum signum pulsaverit. [13]Post refectionem autem vacent lectionibus suis aut psalmis.

[14]In Quadragesimae vero diebus, a mane usque tertia plena vacent lectionibus suis, et usque decima hora plena operentur quod eis injungitur. [15]In quibus diebus Quadragesimae accipiant omnes singulos codices de bibliotheca, quos per ordinem ex integro legant; [16]qui codices in caput Quadragesimae dandi sunt.

[17]Ante omnia sane deputentur unus aut duo seniores qui circumeant monasterium horis quibus vacant fratres lectioni, [18]et videant ne forte inveniatur frater acediosus qui vacat otio aut fabulis et non est intentus lectioni, et non solum sibi inutilis est, sed etiam alios distollit. [19]Hic talis si — quod absit — repertus fuerit, corripiatur semel et secundo; [20]si non emendaverit, correptioni regulari subjaceat taliter ut ceteri timeant. [21]Neque frater ad fratrem jungatur horis inconpetentibus.

---

20 참조: 1디모 5,20

3,49; 83,17 참조. 사도들의 모범: 2데살 3,7-9 참조.

10-13. 10월 1일부터 사순절 시작까지: 해가 짧고 추운 겨울철에 해당된다. 따라서 아침과 오후 늦게 독서를 하고 한낮에 일을 한다. **RM** 50,9-10 참조.

10. 〈제1시기도〉에 대한 언급이 없다(48,3 참조).

11. 〈제6시기도〉에 대한 언급이 없다.

자신의 손으로 노동함으로써 생활할 때 비로소 참다운 수도승들이 되기 때문이다. [9]그러나 소심한 사람들 때문에 모든 일을 적절하게 행할 것이다.

[10]10월 1일부터 사순절 시작까지는 제2시 끝까지 독서에 전념하고, [11]제2시에 〈제3시기도〉를 바칠 것이다. 그리고 제9시까지 모든 이들은 자신에게 맡겨진 일을 할 것이다. [12]제9시를 (알리는) 첫번 신호가 울리면, 각자는 하던 일을 그치고 두번째 신호가 울릴 때까지 준비를 갖추고 있어야 한다. [13]식사 후에는 개인의 독서나 시편 (공부에) 전념할 것이다.

[14]사순절 동안에는 아침부터 제3시 끝까지 각자 독서에 전념하고, 제10시 끝까지 각자에게 맡겨진 일을 할 것이다. [15]사순절 동안 모든 이들은 각자 도서실에서 책들을 받아 차례대로 다 읽을 것인데 [16]이 책들은 사순절 첫날에 (나누어) 줄 것이다.

[17]특별히, 형제들이 독서에 전념하고 있는 시간에 한두 사람의 장로들에게 책임을 맡겨 수도원을 돌아다니게 하여, [18]혹시라도 한가함이나 잡담에 빠져 독서에 힘쓰지 않음으로써 자기 자신에게 무익할 뿐만 아니라 다른 사람들에게도 방해가 되는 게으른 형제가 있는지 살피게 할 것이다. [19]이런 자가 없어야 하겠지만, 만일 있거든 한두 번 책망하고, [20]그래도 고치지 않거든 규정된 벌에 처하여 다른 이들이 두려워하게 할 것이다. [21]그리고 형제들은 정해진 시간 외에 서로 교제하지 말 것이다.

---

12. "두번째 신호": 이곳에만 언급되어 있는데, 첫째 신호는 예비 신호의 성격을 갖고 있는 듯하다.

13. 독서: RM 50,10 참조. 시편(공부): RM 50,14-15 참조.

14-16. 사순절: 49장에서 사순절에 대해 따로 다루고 있다.

17-21. 이 규정은 사순절에만 해당되는 규정이 아니라 모든 시기에 적용된다.

17. 한두 사람의 장로: 56,3 참조.

18. "한가함이나 잡담에 빠져"(vacat otio aut fabulis): "vacare" 동사는, 어떤 일을 하기 위해 시간을 비워두다 또는 어떤 일에 몰두하다의 뜻을 갖고 있으며, 베네딕도는 독서와 연관시켜 이 동사를 자주 사용하는데(vacare lectioni: 48,4.10.13.14.17.22), 이에 반대되는 한가함과 잡담에 이 동사를 사용함으로써 그 부당한 행위를 부각시킨다(43,8 참조).

[22]Dominico item die lectioni vacent omnes, excepto his qui variis officiis deputati sunt.

[23]Si quis vero ita neglegens et desidiosus fuerit, ut non vellit aut non possit meditare aut legere, injungatur ei opus quod faciat, ut non vacet.

[24]Fratribus infirmis aut delicatis talis opera aut ars injungatur, ut nec otiosi sint nec violentia laboris opprimantur aut effugentur. [25]Quorum inbecillitas ab abbate consideranda est.

XLIX

De Quadragesimae observatione

[1]*Licet omni tempore* vita monachi Quadragesimae debet observationem habere, [2]tamen *quia paucorum est* ista virtus, ideo suademus istis diebus Quadragesimae omni puritate vitam suam custodire, [3]*omnes* pariter et *neglegentias aliorum temporum* his diebus sanctis *diluere*. [4]Quod tunc digne fit, si ab omnibus vitiis temperamus, orationi cum fletibus, lectioni et conpunctioni cordis atque abstinentiae operam damus.

49,1 레오, 사순절 강론 1,2 ‖ 2 레오, 사순절 강론 4,1; 5,2 ‖ 3 레오, 사순절 강론 1,2; 4,1 ‖ 4 레오, 사순절 강론 4,6

---

22. "여러 가지 직무": 주일에는 노동이 없으나, 공동체 생활을 위해 필수적인 일들, 예를 들면 주방, 병실, 문간, 손님 접대 등의 직무를 염두에 두고 있다.

23. RM 50,76 참조.

24. RM 50,75.77 참조. "도망치지 않을 정도": 머리말 **48**절 참조.

25. 37,2 참조.

[22]주일에도 여러 가지 직무를 맡은 사람들을 제외하고 모든 이들은 독서에 전념할 것이다.

[23]만일 누가 너무나 무관심하고 게을러서 공부나 독서를 하려고 하지 않거나 할 수 없거든, 그런 사람에게는 할 일을 맡겨 놀지 못하게 할 것이다.

[24]병들거나 허약한 형제들에게는 한가하지도 않고 과도한 일에 짓눌려 도망치지 않을 정도의 일이나 기술을 맡길 것이다. [25]그들의 연약함을 고려하는 것은 아빠스가 할 일이다.

제**49**장
사순절을 지킴에 대하여

[1]수도승의 생활은 언제나 사순절을 지키는 것과 같아야 하겠지만 [2]이러한 덕을 가진 사람이 적기 때문에, 이 사순절 동안에 모든 이들은 자신의 생활을 온전히 순결하게 보존하며, [3]다른 때에 소홀히 한 것을 이 거룩한 시기에 씻어내기를 권하는 바이다. [4]이것은, 우리가 모든 악습들을 멀리하고, 눈물과 함께 (바치는) 기도와, 독서와, 마음으로부터 (우러나는) 통회와 절제에 힘쓸 때, 합당하게 이루어지는 것이다.

---

49. 〈스승의 규칙서〉에서는 사순절을 세 개의 장(RM 51–53장)에 걸쳐 길게 다루고 있으며, 시작(incipit Regula quadreagesimalis)과 끝(explicit Regula quadragesimalis)을 분명히 하여 하나의 독립된 성격을 갖고 있다. 베네딕도는 49,8-9에서만 RM 53,11-15로부터 영향을 받은 듯하며, 그밖에는 주로 레오 대종의 사순절 강론들에서 영향을 받았으나 간결하게 재구성하였다.

1-4. 사순절의 영성: 레오 대종의 사순절 강론들로부터 영향받음.

 3. "씻어내다"(diluere)는 2절의 "순결하게"(puritate)와 연관된다.

 4. 사순절의 독서: **48,14-16** 참조.

　눈물과 마음의 통회: **20,3; 52,4** 참조.

[5]Ergo his diebus *augeamus* nobis aliquid solito pensu servitutis nostrae, orationes peculiares, ciborum et potus abstinentiam, [6]ut unusquisque super mensuram sibi indictam aliquid propria voluntate *cum gaudio Sancti Spiritus* offerat Deo, [7]id est: subtrahat corpori suo de cibo, de potu, de somno, de loquacitate, de scurrilitate, et cum spiritalis desiderii gaudio sanctum Pascha expectet.

[8]Hoc ipsud tamen quod unusquisque offerit, abbati suo suggerat, et cum ejus fiat oratione et voluntate; [9]quia quod sine permissione patris spiritalis fit, praesumptioni deputabitur et vanae gloriae, non mercedi. [10]Ergo cum voluntate abbatis omnia agenda sunt.

5 레오, 사순절 강론 2,1 ‖ 6 1데살 1,6 ‖ 7 참조: 레오, 사순절 강론 4,2

5. "평소의 섬김의 분량"(solito pensu servitutis): 수도생활 자체가 자신을 버리고 하느님을 섬기는 생활(머리말 45; 2,20; 19,3; 61,10)인데, 사순절에는 평소보다 더 많은 기도와 극기의 생활로 수도생활에 정진할 것을 권고하고 있다.

[5] 그러므로 우리는 평소의 섬김의 분량에 어떤 것을 이 시기에 더 늘일 것이니, (곧) 특별한 기도와 먹고 마시는 것에 대한 절제이다. [6] 그리하여 각자는 성신의 즐거움을 가지고 자기에게 정해진 분량 이상의 어떤 것을 하느님께 자발적으로 바칠 것이다. [7] 즉, 자기 육체에 음식과 음료와 잠과 말과 농담을 줄이고 영적(靈的) 갈망의 즐거움으로 거룩한 부활 축일을 기다릴 것이다.

[8] 그러나 각자는 자신이 바치고자 하는 것을 자기 아빠스에게 알려서 그의 기도와 동의를 얻어 실행할 것이니, [9] 영적 아버지의 허락 없이 하는 일은 주제넘은 짓이고 헛된 영광이라고 여겨지며 아무런 공(功)도 되지 못하기 때문이다. [10] 그러므로 모든 것은 아빠스의 동의를 (얻고) 행해져야 한다.

"특별한 기도와 먹고 마시는 것에 대한 절제": 4절의 기도와 절제의 실천적 내용을 구체화하고 있다.

7. 육체적 절제: 5절의 음식과 음료에 대한 절제에 잠, 말, 농담을 첨부하였다.

   즐거움: 6절의 "성신의 즐거움" 참조.

   영적 갈망: **4,46** 참조.

9. 장상의 허락 없는 극기 금지: **RM 74** 참조.

L

De fratribus qui longe ab oratorio laborant aut in via sunt

[1]Fratres qui omnino longe sunt in labore et non possunt occurrere hora conpetenti ad oratorium — [2]et abbas hoc perpendet, quia ita est — [3]agant ibidem Opus Dei, ubi operantur, cum tremore divino flectentes genua.

[4]Similiter qui in itinere directi sunt, non eos praetereant Horae constitutae, sed, ut possunt, agant sibi et servitutis pensum non neglegant reddere.

LI

De fratribus qui non longe satis proficiscuntur

[1]Frater qui pro quovis responso dirigitur et ea die speratur reverti ad monasterium, non praesumat foris manducare, etiam

---

50. RM 55–56장과 연관됨.

1-2. "매우 먼"(omnino longe): RM 55,2에서는, "수도원 문에서 **50**보 떨어진 곳"이라고 한정시키고 있는데, 베네딕도는 이보다 더 먼 곳(omnino)을 염두에 두고 있는 듯하며, 이에 대한 판단은 아빠스가 해야 한다는 것이다.

3. RM 55,4 참조.

4. RM 56장 참조. "섬김의 분량": 49,5 참조. 여행중 기도: 빠꼬미우스, 규칙서 Praecepta 142; RO 12 참조.

제**50**장

성당에서 먼 곳에서 일하거나
여행중에 있는 형제들에 대하여

[1]형제들이 매우 먼 곳에서 일하게 되어 규정된 시간에 성당에 올 수 없고, [2]또 아빠스가 사실이 그러함을 인정하고 있다면, [3](그 형제는) 일하는 그 곳에서 하느님의 일을 바칠 것이며, 하느님께 대한 두려움에서 무릎을 꿇고 할 것이다.

[4]이와 마찬가지로 여행에 파견된 사람들도 규정된 시간경들을 지나쳐 버리지 말고, 할 수 있는 대로 사사로이 바쳐 섬김의 분량을 완수하는 일에 소홀함이 없어야 한다.

제**51**장

그다지 멀지 않은 곳으로
외출하는 형제들에 대하여

[1]무슨 용무 때문에 외출하여 당일에 수도원으로 다시 돌아올 수 있는 형제는, 비록 어떤 사람에게 간절한 청을 받을지라도 밖에서 감히 식사하지 말

---

51. RM 61장과 연관됨.

1. "간절히"(omnino): 다른 사람의 청에 대한 강도를 말한다. RM 61장에서는 청하는 사람들의 여러 경우, 요일, 상황 등에 대해 **23**개 절에 걸쳐 길게 서술하고 있으나 베네딕도는 모든 경우를 포괄해서 "밖에서 감히 식사하지 말라"는 말로 간략하게 금하고 있다. 〈수도원 규정서〉(OM) 8장에서도 수도원 밖에서의 식사를 금한다.

si omnino rogetur a quovis, [2]nisi forte ei ab abbate suo praecipiatur. [3]Quod si aliter fecerit, excommunicetur.

LII

De oratorio monasterii

[1]Oratorium hoc sit quod dicitur, nec ibi quicquam aliud geratur aut condatur. [2]Expleto Opere Dei, omnes cum summo silentio exeant, et habeatur reverentia Deo, [3]ut frater qui forte sibi peculiariter vult orare, non inpediatur alterius inprobitate. [4]Sed et si aliter vult sibi forte secretius orare, simpliciter intret et oret, non in clamosa voce, sed in lacrimis et intentione cordis. [5]Ergo qui simile opus non facit, non permittatur explicito Opere Dei remorari in oratorio, sicut dictum est, ne alius impedimentum patiatur.

52,1 참조: 아우구스띠누스, 규칙서 II,2 ‖ 3 참조: 아우구스띠누스, 규칙서 II,2 ‖ 4 참조: 치쁘리아누스, 주의 기도문 4-5; 까시아누스, 제도집 2,10,2; 담화집 9,35 ‖ 5 참조: 아우구스띠누스, 규칙서 II,2

---

2. "자기 아빠스"(abbate suo): 베네딕도는 여기에 "자기"라는 소유대명사를 사용함으로써(**22,2; 49,8, 72,10**에서도 같은 경우), 이웃 아빠스의 청도 배제하는 듯하다. 즉, 자기 아빠스의 허락 없이는 비록 다른 수도원의 아빠스의 청이 있다 하더라도 식사할 수 없다는 것을 암시한다.

3. 파문: 견책이나 경고의 과정을 거치지 않고 한번에 바로 파문 벌을 주는 것은 이 규정의 엄격함을 뜻한다.

아야 하나, [2]자기 아빠스로부터 허락을 받았을 때에는 예외이다. [3]만일 누가 이와 달리 행하거든 파문시킬 것이다.

제52장

수도원의 성당에 대하여

[1]성당(기도소)은 그 이름이 말해 주는 것같이 되어야 하며, 다른 어떤 일을 하거나 다른 어떤 것을 보관하지도 말 것이다. [2]하느님의 일이 끝나면 모든 이들은 완전한 침묵 가운데 나가며, 하느님께 대한 공경심을 가질 것이다. [3]특별히 개인적으로 기도하기를 원하는 형제가 있으면 다른 형제는 무례한 행동으로 그를 방해하지 않도록 할 것이다. [4]그러나 만일 다른 시간에라도 어떤 사람이 홀로 가만히 기도하기를 원한다면 그냥 들어가 기도할 것이나, 큰 소리로 하지 말고 눈물과 마음의 지향(志向)을 가지고 할 것이다. [5]그러므로 이렇게 하지 않는 사람에게는 하느님의 일이 끝난 후에 성당에 머무르기를 허락하지 말 것이니, 이는 이미 말한 바와 같이 다른 사람에게 방해를 주지 않기 위함이다.

---

52. RM 68장과 연관되나 주된 내용은 아우구스띠누스의 규칙서 II, 2에서 영향받았음.

1. "기도소"(oratorium): 라틴어 "oratorium"은 "orare"(기도하다)에 어원을 두고 있음을 말한다. 이와 비슷한 말풀이는 **2,1**(아빠스)에도 나온다.

2. **68,1-2** 참조. 완전한 침묵: **38,5**; **48,5** 참조.

3. 개인적인 기도: **49,5** 참조.

4. 눈물과 마음의 지향: **20,3**; **49,4** 참조.

LIII

De hospitibus suscipiendis

[1]Omnes supervenientes hospites tamquam Christus suscipiantur, quia ipse dicturus est: *Hospis fui et suscepistis me.* [2]Et omnibus congruus honor exhibeatur, *maxime domesticis fidei* et peregrinis.

[3]Ut ergo nuntiatus fuerit hospis, occurratur ei a priore vel a fratribus cum omni officio caritatis; [4]et primitus orent pariter, et sic sibi socientur in pace. [5]Quod pacis osculum non prius offeratur nisi oratione praemissa, propter inlusiones diabolicas.

[6]In ipsa autem salutatione omnis exhibeatur humilitas omnibus venientibus sive discedentibus hospitibus: [7]inclinato capite vel prostrato omni corpore in terra, Christus in eis adoretur qui et suscipitur.

[8]Suscepti autem hospites ducantur ad orationem, et postea sedeat cum eis prior aut cui jusserit ipse. [9]Legatur coram hospite Lex divina ut aedificetur, et post haec omnis ei exhibeatur

---

53,1 마태 25,35 ‖ 2 갈라 6,10 ‖ 3-13 참조: Hist. monach. 1.2.7.17 ‖ 9 참조: 사도 28,1

---

53. RM 78-79장과 연관됨.

참고문헌: 아퀴나타 벡크만, 성규 제53장: 손님을 받아들임에 대하여, 코이노니아 4집 (1980년 가을) 66-98.

1. 그리스도처럼: 36,1-2 참조.

2. 베네딕도는 갈라 6,10을 인용하면서 "신앙의 가족들", "순례자들"을 첨가함으로써 보다 구체화하였다.

3-4. RM 65,1-7; 까시아누스, 담화집 21,7,2(사랑의 봉사); RM 71,2(기도와 평화의 인사) 참조. "in pace": 인사 방법으로서 평화의 입맞춤 혹은 포옹을 말한다(4,25; 53,5; 63,4 참조).

제**53**장

손님들을 받아들임에 대하여

¹찾아오는 모든 손님들을 그리스도처럼 맞아들일 것이다. 왜냐하면 그분께서는 (장차) "내가 나그네 되었을 때 너희는 나를 맞아주었다"라고 말씀하실 것이기 때문이다. ²그리고 모든 이들에게 합당한 공경을 드러낼 것이며 특히 신앙의 가족들과 순례자들에게 그러할 것이다.

³그러므로 손님이 (온 것이) 보고되면 장상이나 형제들은 온갖 사랑의 친절로써 그를 맞이할 것이며, ⁴우선 함께 기도를 바치고 평화의 (입맞춤을) 나눌 것이다. ⁵(그러나) 악마의 속임수 때문에 기도를 바치기 전에는 이 평화의 입맞춤을 하지 말 것이다.

⁶이러한 인사로써 오고 가는 모든 손님들에게 온갖 겸손을 드러낼 것이니, ⁷머리를 숙이거나 온몸을 땅에 엎드림으로써 그리스도께서 그들 안에서 흠숭받으시고 영접받으시게 할 것이다.

⁸영접한 손님들을 인도하여 기도를 바치게 하고, 그 후에 장상이나 혹은 장상에게 명을 받은 사람이 그들과 마주 앉을 것이다. ⁹손님에게 감화를 주기 위해 그의 앞에서 하느님의 법을 읽어준 후에 온갖 친절을 드러낼 것

---

5. "평화의 입맞춤"(osculum pacis): 4절의 "pace"와 같은 것이다.

6-7. "인사"(salutatio): 5절의 "평화의 입맞춤"(osculum pacis)과는 달리 육체적인 접촉 없이 하는 인사, 예를 들면 7절에 묘사된 인사 방법을 말한다.

8. "기도를 (바치기) 위해 인도하여": 여기의 기도는 5절에서 평화의 인사 전에 바치는 기도와는 다르며, 인도한 장소가 명시되어 있지는 않지만 아마 성당으로 인도한 듯하다.
   "prior": 여기서는 장상을 뜻하며, 아빠스라고 분명히 명시하지 않은 이유는 아마 손님이 왔을 당시에 집안에 있는 최고 선임자라는 뜻일 것이다.

9. "humanitas"(친절): 여기서는 식사 대접을 나타내는 것이 거의 확실하다. 까시아누스, 제도집 **5,23,3**; **5,24.26**; 담화집 **2,2,2**; **2,25**; **2,26,1-2**; **18,1,4** 등에서 "humanitas"는 식사 대접을 뜻한다.

humanitas. [10]Jejunium a priore frangatur propter hospitem, nisi forte praecipuus sit dies jejunii qui non possit violari; [11]fratres autem consuetudines jejuniorum prosequantur. [12]Aquam in manibus abbas hospitibus det; [13]pedes hospitibus omnibus tam abbas quam 'cuncta congregatio lavet; [14]quibus lotis, hunc versum dicant: *Suscepimus, Deus, misericordiam tuam in medio templi tui.*

[15]Pauperum et peregrinorum maxime susceptioni cura sollicite exhibeatur, quia in ipsis magis Christus suscipitur; nam divitum terror ipse sibi exigit honorem.

[16]Coquina abbatis et hospitum super se sit, ut, incertis horis supervenientes hospites, qui numquam desunt monasterio, non inquietentur fratres. [17]In qua coquina ad annum ingrediantur duo fratres qui ipsud officium bene impleant. [18]Quibus, ut indigent, solacia amministrentur, ut absque murmuratione serviant, et iterum, quando occupationem minorem habent, exeant ubi eis imperatur in opera. [19]Et non solum ipsis, sed et in omnibus officiis monasterii ista sit consideratio, [20]ut quando indigent solacia adcommodentur eis, et iterum quando vacant oboediant imperatis.

[21]Item et cellam hospitum habeat adsignatam frater cujus animam timor Dei possidet; [22]ubi sint lecti strati sufficienter. Et domus Dei a sapientibus et sapienter amministretur.

---

13 참조: Hist monach. 1.2.7.9 ‖ 14 시편 47,10

10-11. RM 72,1-8 참조. 아타나시우스, **Syntagma 2**에서는 사순절 동안 수요일과 금요일을 깨뜨릴 수 없는 금식의 날이라고 한다.

12-13. 손을 씻김: **RM 14,74**(영성체 전에 형제들의 손을 씻김). 발을 씻김: **Hist. monach. 1.2.7.9; RM 30,5.26; 53,43. RB 35,9**에서는 주간 당번 교대시 형제들의 발을 씻김.

15. "그리스도께서 더욱 영접되시기": **1-2절**의 내용과 비슷하지만, 여기서는 가난한 순례자들에 대해 각별한 주의를 기울일 것을 촉구한다.

이다. [10]깨뜨릴 수 없는 중대한 금식의 날이 아니거든 장상은 손님 때문에 금식을 해제할 것이지만, [11]형제들은 금식의 관례를 따를 것이다. [12]아빠스는 손님들에게 손씻을 물을 드리고 [13]아빠스와 모든 회원들이 같이 손님들의 발을 씻어줄 것이며, [14]다 씻어주고 나서 "당신 성전 가운데서 하느님이여, 우리는 당신 자비를 받았나이다" 하는 이 계응송을 외울 것이다.

[15]가난한 사람들과 순례자들을 맞아들임에 있어 각별한 주의를 세심히 기울일 것이니, 그들을 통해서 그리스도께서 더욱 영접되시기 때문이다. 한편 부자들은 그들의 위세 자체가 그들에게 존경을 가져다 주기 때문이다.

[16]아빠스와 손님들을 위한 주방은 따로 마련하여, 수도원에서는 늘 있게 마련인 일정치 않은 시간에 찾아오는 손님들로 말미암아 형제들이 불편을 느끼지 않게 할 것이다. [17]이 주방에는 일 년 (임기로) 그 직책을 잘 완수할 두 명의 형제들이 들어갈 것이다. [18]그들이 아무 불평 없이 봉사하도록 하기 위하여 필요한 만큼 보조원들을 줄 것이며, 일이 적을 때에는 명령받은 일터로 나갈 것이다. [19]이런 일에서뿐 아니라 수도원의 (다른) 모든 일에서도 이 점을 고려할 것이니, [20]필요한 경우에는 보조원들을 주었다가 다시 일거리가 없게 되거든 명을 받은 일에 순명하게 할 것이다.

[21]손님들의 방은 하느님을 두려워하는 마음을 가진 형제가 맡아보게 하고 [22]그곳에는 침대를 충분히 마련해 둘 것이다. 하느님의 집은 지혜로운 사람들에 의해 지혜롭게 관리되도록 할 것이다.

---

16. 손님들을 위한 주방: **RM**이나 다른 고대 규칙서들에서 찾아볼 수 없는 새로운 제도로서 앞의 **10-11**절의 경우가 고려되어 있다.

17. 일 년 임기: **RM**에서는 그 예가 없으며, **RB**에서도 이곳에만 나온다.

18-19. 보조원들: **35,3-4** 참조. 불평 없이: **35,13; 40,9; 41,5; (34,6** 참조).

20. **RM 16,45-46**(당가도 자기 일이 없는 자유로운 시간에 다른 일을 함) 참조.

21. "하느님을 두려워하는": **31,2; 36,7**을 보라.

22. 손님방 관리: **RM 79,1-2** 참조. "하느님의 집": **31,9**.

[23]Hospitibus autem, cui non praecipitur, ullatenus societur neque conloquatur; [24]sed si obviaverit aut viderit, salutatis humiliter, ut diximus, et petita benedictione pertranseat, dicens sibi non licere conloqui cum hospite.

LIV

Si debeat monachus litteras vel aliquid suscipere

[1]Nullatenus liceat monacho neque a parentibus suis neque a quoquam hominum nec sibi invicem *litteras*, eulogias *vel quaelibet munuscula accipere* aut dare sine praecepto abbatis. [2]Quod si etiam a parentibus suis ei quicquam directum fuerit, non praesumat suscipere illud, nisi prius indicatum fuerit abbati. [3]Quod si jusserit suscipi, *in* abbatis *sit potestate cui* illud jubeat dari, [4]et non contristetur frater, cui forte directum fuerat, *ut non detur occasio diabulo.* [5]Qui autem aliter praesumpserit, disciplinae regulari subjaceat.

54,1 참조: 아우구스띠누스, 규칙서 IV,11 ‖ 2-3 참조: 아우구스띠누스, 규칙서 V,3 ‖ 4 에페 4,27; 1디모 5,14

23-24. RM에서는 이에 대한 언급이 없음. RIVP 2,37-38.40; RO 26 참조.
"위에서 말한 바와 같이": 앞의 6절을 말한다.

²³명령받지 않은 사람은 손님들을 영접하거나 대화를 하지도 말 것이다. ²⁴만일 (손님과) 마주치거나 보게 되면, 위에서 말한 바와 같이 겸손되이 인사하고 강복을 청한 다음 자기는 손님과 더불어 이야기할 수 없음을 말하고 지나갈 것이다.

제**54**장
수도승이 편지나 어떤 것을 받을 수 있는지에 대하여

¹수도승이 아빠스의 명령 없이 자기 부모에게서나, 다른 어떤 사람들에게 서나 또는 자기들끼리라도, 편지나 축성된 빵이나 다른 사소한 물건들조차 도 전혀 받거나 줄 수 없다. ²비록 자기 부모로부터 어떤 물건이 보내왔더 라도, 먼저 아빠스에게 알리지 않고서는 감히 그것을 받을 수 없다. ³비록 받을 수 있다는 허락을 얻었다 하더라도 아빠스는 그것을 다른 사람에게 주도록 명령할 권한이 있으므로, ⁴자기에게 (그 물건이) 보내져 왔던 형제 는 슬퍼하지 말 것이니, 이는 악마에게 기회를 주지 않기 위함이다. ⁵누가 만일 감히 다르게 행하거든 규칙에 정한 벌을 줄 것이다.

54, 1. 아우구스띠누스의 규칙서 **IV**, 11을 대체로 따르고 있다.
　　"축성된 빵": 아우구스띠누스의 규칙서 **IV**, 11에 영향을 받은 체사리우스, 수녀
　　들을 위한 규칙서(**RCV**) 25에 나온다.
　　물품을 사사로이 받을 수 없음: 바실리우스, 규칙서 105; 빠꼬미우스, 규칙서
　　Praecepta 106; RO 26 참조.

2-3. 아우구스띠누스 규칙서 **V**, 3을 거의 그대로 따른다.

　4. 슬퍼하지 말라: **34,3**.
　　악마에게 기회를 주지 말라: **43,8; RM 16,64-65** 참조.

LV

De vestiario vel calciario fratrum

[1]Vestimenta fratribus secundum locorum qualitatem ubi habitant vel aerum temperiem dentur, [2]quia in frigidis regionibus amplius indigetur, in calidis vero minus. [3]Haec ergo consideratio penes abbatem est. [4]Nos tamen mediocribus locis sufficere credimus monachis per singulos cucullam et tunicam — [5]cucullam in hieme vellosam, in aestate puram aut vetustam — [6]et scapulare propter opera, indumenta pedum pedules et caligas.

[7]De quarum rerum omnium colore aut grossitudine non causentur monachi, sed quales inveniri possunt *in provincia* qua degunt aut *quod vilius conparari* possit.

[8]Abbas autem de mensura provideat ut non sint curta ipsa vestimenta utentibus es, sed mensurata.

[9]Accipientes nova, vetera semper reddant in praesenti

55,7 참조: 바실리우스, 규칙서 11

---

55. RM 81장과 연관됨.

1-3. RM에는 이에 대한 언급이 없다. 개인 차이 고려: **RB 34**장과 **40,1-2** 참조. 지역 환경에 적응할 필요성: **40,5.8** 참조. 기후에 적응할 필요성: 까시아누스, 제도집 **1,10** 참조.

4. "꾸꿀라"(cuculla): 원래는 머리와 목을 덮는 긴 모자 형태로서, 농부나 어린이들이 많이 착용하였다고 하며, 그래서 까시아누스, 제도집 **1,3**에서는 수도승들이 이 옷을 입음으로써 순진성과 단순성을 배워야 한다고 한다; 정확한 모양을 알 수 없으나 여기서는 모자 달린 겉옷(망또?)을 말하는 듯하다.
"투니카"(tunica): 긴 소매에 발목까지 닿는 가운 모양의 평상복을 말하며 허리에 띠를 띠게 되어 있으며, "투니카" 위에 "꾸꿀라"를 입었던 것 같다. 잠잘 때에는 "투니카"를 입고 잤다: **22,5**; **55,10**; **RM 81,1**(밤에 입는 다른 "투니카": tunicam aliam nocturnam).

5. 겨울: RM 81,1-3. 여름: RM 81,4-5 참조.

6. "스카풀라레"(scapulare): 일할 때 입는 일복으로서 시대에 따라 변천되어 왔으

제55장

형제들의 의복과 신발에 대하여

[1]의복은 형제들이 거주하는 지방의 여건과 그 기후에 따라 줄 것이니, [2]추운 지방에서는 더 많이 필요하고 더운 지방에서는 적게 필요하기 때문이다. [3]그러므로 이에 대한 고려는 아빠스의 소관이다. [4]그런데 온대지방에서는 수도승들 각 사람에게 "꾸꿀라"와 "투니카"와 — [5]겨울철의 "꾸꿀라"는 모직으로 하고 여름철의 것은 얇은 천이나 낡은 천으로 할 것이다 — [6]작업용 "스카풀라레"와 또 발에 신을 "샌들"과 구두가 있으면 넉넉할 줄로 여긴다.

[7]수도승들은 이 모든 것들의 색깔이나 품질에 대해서 투정하지 말고, 다만 거주하는 지방에서 구할 수 있거나 혹은 싼값으로 살 수 있는 것으로 할 것이다.

[8]아빠스는 치수에 유의하여 옷들을 사용하는 사람들에게 짧지 않고 잘 맞게 할 것이다.

[9]새 것을 받으면 언제나 헌 것은 즉시 되돌려주어 가난한 사람들을 위하

므로 정확한 모양은 알 수 없다. 아마 일할 때 "꾸꿀라" 대신 입는 옷으로서 일하기 편하게 "꾸꿀라"를 변형시킨 모양인 듯하다. 오늘날의 수도복의 명칭은 규칙서에 나오는 명칭과는 다르다: 수단 위에 모자 달린 "스카풀라레"를 입고, "꾸꿀라"는 공동기도석에서나 전례 거행시에 "스카풀라레" 위에 입는 풍성한 옷이다. "pedules et caligas": "pedules"에 대해서는 두 가지 설이 있는데, 샌들 또는 발을 덮기 위해 천으로 만들어진 것, 즉 요즘의 양말과 같은 것이라고 한다; "caligas"는 로마 군인들이 흔히 신던 구두로서, 발을 완전히 감싸는 신발이었다.

7. 색깔: 체사리우스, 수녀들을 위한 규칙서(**RCV**) 44,1-4에서, 수녀들은 베이지색과 우유색 이외에 다른 화려한 색깔을 쓰지 말라고 한다.
   "거주하는 지방에서 구할 수 있거나 혹은 싼값으로 살 수 있는 것": 바실리우스, 규칙서 **9,24**는 음식에 대해 말하면서 거의 같은 표현을 사용하며, **11,2**에서는 의복에 대해서도 같은 기준을 말한다.

8. 옷의 질과 치수: 바실리우스, 규칙서 **95** 참조.

reponenda in vestiario propter pauperes. [10]Sufficit enim monacho duas tunicas et duas cucullas habere propter noctes et propter lavare ipsas res; [11]jam quod supra fuerit superfluum est, amputari debet. [12]Et pedules et quodcumque est vetere reddant, dum accipiunt novum.

[13]Femoralia hii qui in via diriguntur de vestiario accipiant, quae revertentes lota ibi restituant. [14]Et cucullae et tunicae sint aliquanto a solito quas habent modice meliores; quas exeuntes in via accipiant de vestiario et revertentes restituant.

[15]Stramenta autem lectorum sufficiant matta, sagum et lena et capitale. [16]Quae tamen lecta frequenter ab abbate scrutinanda sunt propter opus peculiare, ne inveniatur. [17]Et si cui inventum fuerit quod ab abbate non accepit, gravissimae disciplinae subjaceat. [18]Et ut hoc vitium peculiaris radicitus amputetur, dentur ab abbate omnia quae sunt necessaria: [19]id est cuculla, tunica, pedules, caligas bracile, cultellum, grafium, acum, mappula, tabulas, ut omnis auferatur necessitatis excusatio.

[20]A quo tamen abbate semper consideretur illa sententia Actuum Apostolorum, quia *dabatur singulis prout cuique opus erat.* [21]Ita ergo et abbas consideret infirmitates indigentium, non malam voluntatem invidentium. [22]In omnibus tamen judiciis suis Dei retributionem cogitet.

---

20 사도 4,35; 참조: 바실리우스, 규칙서 94

---

9. 체사리우스, 수녀들을 위한 규칙서 **43,6**에서는 반납한 헌옷을 가난한 사람들이 나 새로 입회한 젊은 수녀에게 주라고 한다.

10. 잠잘 때 입는 옷: **22,5** 참조.

13. "femoralia": 오늘날의 팬티와 비슷한 속바지이다. 문맥으로 보아 평상시에는 입지 않고 여행시에만 착용한 듯하다.

14. 여행시 더 나은 옷: 바실리우스, 규칙서 **11**에서는 이러한 차이에 반대한다.

15. 침구 목록: **RM 81,31**(겨울용)에 열거되어 있는 것들에 베네딕도는 "베개" (capitale)를 첨가하였다.

16-17. 침구 조사: **RM 82,28**(아빠스가 하는 것이 아니라 십인조의 장들이 함). **Vita**

여 옷방에 보관하게 할 것이다. [10]수도승에게는 잠잘 때와 빨래할 때를 위하여 두 벌의 "투니카"와 두 벌의 "꾸꿀라"가 넉넉하다. [11]그 이상의 것이 있다면 그것은 쓸데없는 것이니 처분해 버려야 한다. [12]그리고 "샌들"이나 (그밖의) 어떤 것이든지 새것을 받으면 헌것은 되돌려줄 것이다.

[13]여행을 떠나는 사람들은 옷방에서 속바지를 받을 것이며, 돌아와서는 빨래를 해서 그곳에다 되돌려줄 것이다. [14]그리고 "꾸꿀라"와 "투니카"도 평상시보다는 약간 더 나은 것을 옷방에서 받아 입고 여행하였다가 되돌아와서는 돌려줄 것이다.

[15]침구로서는 요(褥)와 얇은 이불과 두꺼운 이불과 베개가 있으면 충분한 것이다. [16]아빠스는 이 침구들을 자주 조사하여 사사로운 물건들이 발견되지나 않는지 알아볼 것이다. [17]그래서 만일 어떤 이가 아빠스로부터 받지 않은 것이 발견되거든 극히 엄한 벌에 처할 것이다. [18]이 개인 소유의 악습을 뿌리째 근절시키기 위하여 아빠스는 필요한 모든 것들을 줄 것이니, [19]즉 "꾸꿀라"와 "투니카"와 "샌들"과 구두와 허리띠와 칼과 펜과 바늘과 수건과 서판 등을 주어 궁색함의 어떠한 구실도 없도록 할 것이다.

[20]그러나 아빠스는 사도행전에 나오는 "각자에게 필요한 대로 나누어 줄 것이다" 하신 그 말씀을 항상 생각할 것이다. [21]이와 같이 아빠스는 시기하는 자들의 나쁜 뜻을 생각하지 말고 필요한 사람들의 연약함을 고려할 것이다. [22]그러나 그는 자기의 모든 판단에 있어 하느님의 갚으심이 있을 것을 생각할 것이다.

Patr. Jur. II,2와 체사리우스, 수녀들을 위한 규칙서 30,2에 의하면, 침구가 물건들을 숨겨두는 장소로 이용되기도 하였다.

18. 개인 소유 - 뿌리째 근절시켜야 할 악습: 33,3에서 "책이거나 서판이거나 펜이거나 아무것도 전혀 개인 소유로 가지지 못함"을 분명히 하고 있으므로, 여기에서 말하는 지급된 물품들은 개인에게 사용권만 있지 소유권이 없는 것들이다.

20. 같은 성서 인용이 34,1에도 나오나, 여기서는 아빠스를 지칭하여 말하고 있다.

21. 연약함 고려: 34,2 참조.

22. 3,11; 65,22 참조.

LVI

De mensa abbatis

[1]Mensa abbatis cum hospitibus et peregrinis sit semper. [2]Quotiens tamen minus sunt hospites, quos vult de fratribus vocare in ipsius sit potestate. [3]Seniorem tamen unum aut duo semper cum fratribus dimittendum propter disciplinam.

LVII

De artificibus monasterii

[1]Artifices si sunt in monasterio cum omni humilitate faciant ipsas artes, si permiserit abbas. [2]Quod si aliquis ex eis extollitur pro scientia artis suae, eo quod videatur aliquid conferre monasterio, [3]hic talis erigatur ab ipsa arte et denuo per eam non transeat, nisi forte humiliato ei iterum abbas jubeat.

[4]Si quid vero ex operibus artificum venundandum est, videant ipsi per quorum manus transigenda sint, ne aliquam frau-

---

57,5 참조: 사도 5,1-11

---

56. RM 84장과 연관됨.

1. 아빠스의 식탁과 손님들: RM 84,1; RIVP 2,41; Vita Patr. Jur. III,22 참조.
   순례자들: 53,2.15 참조.
2. RM 84,2 참조.
3. RM 84,3-4 참조. 한두 사람의 장로: 48,17.

제**56**장

아빠스의 식탁에 대하여

[1]아빠스의 식탁은 항상 손님들과 순례자들과 함께 있어야 한다. [2]그러나 손님들이 적을 때마다 자기의 권한으로 그가 원하는 어떤 형제들을 부를 수 있다. [3]그렇지만 규율 때문에 한 사람이나 두 사람의 장로를 형제들과 항상 같이 있게 할 것이다.

제**57**장

수도원의 기술자들에 대하여

[1]만일 수도원에 기술자들이 있거든 아빠스가 허락하는 대로 온갖 겸손을 다하여 그 기술을 사용할 것이다. [2]만일 그들 가운데 어떤 이가 자기의 기술이 수도원에 어떤 공헌을 하는 줄로 알고 교만하거든 [3]그런 이에게서 그 기술직을 중지시킬 것이다. 그가 겸손해져서 아빠스가 그에게 다시 (일을) 명령하기 전에는 그 일을 하지 못하게 할 것이다.

[4]만일 기술자들의 생산품들 가운데서 팔 것이 있거든 그 일을 맡은 사람

---

57. RM 85장과 연관됨.

 1. "온갖 겸손을 다하여": 6,7; 20,2.
    장상의 허락: 바실리우스, 규칙서 102 참조.

 2. 수도원에 기여하는 데 대한 교만: 아우구스띠누스, 규칙서 I,7; 까시아누스, 제도집 4,14 참조.

4-6. 판매값: RM 85,8-11에서는 아빠스가 가격을 미리 정해 주어 속이지 못하게 함; 수도원 규정서(OM) 8장 참조.

dem praesumant. [5]Memorentur semper Ananiae et Safirae, ne forte mortem quam illi in corpore pertulerunt, [6]hanc isti vel omnes qui aliquam fraudem de rebus monasterii fecerint, in anima patiantur.

[7]In ipsis autem pretiis non subripiat avaritiae malum, [8]sed semper aliquantulum vilius detur quam ab aliis saecularibus dari potest, [9]*ut in omnibus glorificetur Deus.*

LVIII

De disciplina suscipiendorum fratrum

[1]Noviter veniens quis ad conversatione, non ei facilis tribuatur ingressus, [2]sed sicut ait Apostolus: *Probate spiritus si ex Deo sunt.*

[3]Ergo si veniens perseveraverit pulsans et inlatas sibi injurias et difficultatem ingressus post quattuor aut quinque dies visus fuerit patienter portare et persistere petitioni suae,

---

9 1베드 4,11

58,2 1요한 4,1 ‖ 3 루가 11,8; 사부들의 제1규칙서 2,27

---

5. 아나니아와 삽피라의 사건에 대한 기억: 까시아누스, 제도집 **7,30; RM 87,24.**

7-8. RM 85,1-7 참조.

9. 31,19에서처럼 멋진 결론이다.

58. RM 87-90장과 연관됨.
참고문헌: **RB 1980** 부록 5, 수도승 양성과 서원, 코이노니아 10집 (1985년 겨울) 114-147.

1. 수도원 입회 지망자: **RM 90,1**에서는, "하느님을 섬기기 위해 세속에서부터 수도원으로 새로 들어온 사람"(novellus de saeculo ad servitium Dei in

들은 감히 속이는 일이 없도록 유의할 것이다. [5]"아나니아"와 "삽피라"를
항상 기억하여, 그들이 육체에 당한 죽음을 [6]이 (형제)들이나 혹은 수도원
재산에 대하여 무엇을 속인 모든 사람들이 영혼에 당하지 않도록 할 것이
다.

[7]물건의 값을 (정함에) 있어서는 탐욕의 악에 빠지지 말아야 하며, [8]오
히려 다른 세속 사람들이 파는 것보다 언제나 약간 싸게 하여 [9]"모든 일에
있어 하느님께서 영광을 받으시도록" 할 것이다.

제**58**장

형제들의 입회 절차(入會節次)에 대하여

[1]누가 수도생활을 하고자 처음으로 찾아오면 그에게 쉽게 입회를 허락하지
말고 [2]사도께서 말씀하신 바와 같이 "(그의) 정신이 하느님께로부터 왔는
지 시험해 볼 것이다."

[3]그러므로 만일 그 찾아온 사람이 항구히 문을 두드리고 자기가 당하는
푸대접과 입회의 어려움을 4,5일까지 인내로이 참아 견디며 그의 청원이 꾸

---

monasterium confugerit)이라고 길게 표현하는데, 베네딕도는 "noviter venies
… ad conversationem"이라고 표현한다. "conversatio"는 전진적인, 계속적인
수도생활을 의미하며(RB 1,3의 주 참조), 이 표현은 체사리우스, 수사들을 위한
규칙서(RCM) 1(RCV 58 참조)의 "veniens quis ad conversationem"을 연상케
한다.

2. 입회 동기에 대한 시험을 말한다. 같은 성서 인용이 RM 90,71에도 나온다.

3. 항구히 문을 두드리면: RIVP 2,27 참조.
"푸대접"과 "인내": 4,30(= RM 3,35); 7,35(= RM 10,52); 까시아누스, 제도집
4,3,1 참조.
문 밖에서의 청원 기간: 까시아누스, 제도집 4,3,1에서는 10일간을, RIVP 2,25에
서는 1주간을 말한다.

⁴annuatur ei ingressus et sit in cella hospitum paucis diebus.

⁵Postea autem sit in cella noviciorum ubi meditent et manducent et dormiant. ⁶Et senior eis talis deputetur qui aptus sit ad lucrandas animas, qui super eos omnino curiose intendat.

⁷Et sollicitudo sit si revera *Deum quaerit,* si sollicitus est ad Opus Dei, ad oboedientiam, ad obprobria. ⁸Praedicentur ei omnia dura et aspera per quae itur ad Deum.

⁹Si promiserit de stabilitatis suae perseverantia, post duorum mensuum ciruclum legatur ei haec Regula per ordinem, ¹⁰et dicatur ei: »Ecce lex sub qua militare vis; si potes observare, ingredere; si vero non potes, liber discede«. ¹¹Si adhuc steterit, tunc ducatur in supradictam cellam noviciorum et iterum probetur in omni patientia. ¹²Et post sex mensuum circuitum legatur ei Regula, ut sciat ad quod ingreditur. ¹³Et si adhuc stat, post quattuor menses iterum relegatur ei eadem Regula.

¹⁴Et si habita secum deliberatione promiserit se omnia custodire et cuncta sibi imperata servare, tunc suscipiatur in

---

6 참조: 마태 18,15; 1고린 9,20 ‖ 11 참조: 2디모 4,2

---

4. 객실에서의 기간: RM 88,7-10에서는 2달간으로 되어 있다.

5. 수련실: RM 88,8과 까시아누스, 제도집 4,7에서는 수련자들이 순례자들을 위한 방(cella peregrinorum)에서 머물지만, 베네딕도는 수련실(cella noviciorum)을 객실(4절: cella hospitum)과 구별하여 따로 마련해 놓았다.
   "meditent": 반복하여 외워 마음에 익히는 행위를 말하며, 단순히 지식을 위한 공부가 아니라 하느님의 말씀을 되새기는 묵상을 동반한 공부이다(8,3 참조).

6. 수련장(senior)의 자질과 역할을 말한다.

7. "참으로 하느님을 찾는지"의 실천 방법과 태도가 세 가지로 구체화되어 있다: 하느님의 일(기도), 순명, 모욕을 참아받음(겸손). "sollicitudo sit"는 수련장 편에서의 태도이며, "sollicitus est"는 수련자 편에서의 태도인데, 여기서 "sollicitudo"(혹은 "sollicitus")는 열과 성의를 다하는 적극적인 태도를 말한다.
   모욕(obprobria): 바실리우스, 규칙서 6; 까시아누스, 제도집 4,3,1 참조.

8. 미리 알려줌: RM 87,4; 90,3.67. 어려움과 시련(dura et aspera): 까시아누스, 제도집 24,25; RIVP 2,26. 하느님께 나아감: 71,2.

9. 서원하기에 앞서 1년의 수련기 동안 3차례에 걸쳐 규칙서 낭독과 함께 약속이 있다: 1차(2개월 후); 2차(그후 6개월 후: 12절); 3차(그후 4개월 후: 13절). RM

준해 보이거든 [4]그에게 입회를 허락하고 며칠 동안 객실에 있게 할 것이다.

[5]그 후에 수련자들의 방에 있게 하여 거기서 공부하고 먹고 잠자게 할 것이다. [6]그리고 영혼들을 얻기에 합당한 노숙한 형제를 그들에게 보내어 온갖 주의를 다하여 그들을 돌보게 할 것이다.

[7]그리고 그는 (수련자가) 참으로 하느님을 찾는지, 하느님의 일과 순명과 모욕을 (참아받는 데) 열성을 다하는지 보살필 것이다. [8]또한 하느님께 나아가는 길에서 당하게 될 모든 어려움과 시련들을 그에게 미리 알려줄 것이다.

[9]만일 그가 자기의 정주(定住)함에 있어 항구할 것을 약속하거든 2개월 후에 그에게 이 규칙서를 차례로 다 읽어주고, [10]그에게 "보라, 이것이 그대가 그 인도하에 분투하고자 하는 법이니, 만일 지킬 수 있으면 들어오고, 할 수 없으면 자유로이 떠나시오"라고 말할 것이다. [11]그래도 아직 머물러 있거든 위에서 말한 수련자들의 방으로 인도하여 다시 온갖 인내심을 가지고 시험할 것이다. [12]그리고 만 6개월이 지난 다음 무엇을 하러 들어왔는지를 알게 하기 위하여 그에게 규칙서를 읽어줄 것이다. [13]그래도 아직 머물러 있거든 4개월 후에 그에게 같은 규칙서를 다시 읽어줄 것이다.

[14]그리고 만일 그가 스스로 심사숙고하여 모든 것을 준수하며 그에게 명하는 모든 것을 준행할 것을 약속하거든 그때에는 공동체에 받아들일 것이

89,1-2 참조.
규칙서 낭독: **RM 87,4; RMac 23;** 체사리우스, **RCV 58** 참조.

10. "분투하고자 하는 법": **1.2(militans sub Regula)** 참조.
    "지킬 수 있으면": **RM 87,3** 참조.

11. 수련실: **58,5.**

12. 2차 규칙서 낭독과 약속.

13. 3차 규칙서 낭독: **RM 90,64** 참조.

14. "약속하다": 여기서는 서원을 전제한 약속이며, 요즘의 허원 청원 제출에 상응하는 약속이다; **RM 90,67** 참조.
    공동체에 받아들임: 수련자의 허원 여부에 대한 공동체 측에서의 심사가 명시적으로 표시되어 있지는 않지만 이를 암시한다(17절의 "suscipiendus" 참조).

congregatione, [15]sciens et lege Regulae constitutum quod ei ex
illa die non liceat egredi de monasterio, [16]nec collum excutere
desub jugo Regulae quem sub tam morosam deliberationem
licuit aut excusare aut suscipere.

[17]Suscipiendus autem in oratorio coram omnibus promittat de
stabilitate sua et conversatione morum suorum et oboedientia,
[18]coram Deo et Sanctis ejus, ut si aliquando aliter fecerit, ab eo
se damnandum sciat quem inridit.

[19]De qua promissione sua faciat petitionem ad nomen Sanc-
torum quorum reliquiae ibi sunt et abbatis praesentis. [20]Quam
petitionem manu sua scribat, aut certe, si non scit litteras,
alter ab eo rogatus scribat et ille novicius signum faciat et
manu sua eam super altare ponat.

[21]Quam dum inposuerit, incipiat ipse novicius mox hunc
versum: *Suscipe me,* Domine, *secundum eloquium tuum et
vivam, et ne confundas me ab expectatione mea.* [22]Quem versum
omnis congregatio tertio respondeat, adjungentes: *Gloria Patri.*

---

18 참조: 갈라 6,7 ‖ 21 시편 118,116

15-16. 서원에서 오는 의무를 말함("규칙서의 법"; "규칙의 멍에").
　　　수도원을 떠나지 못함: 머리말 50; RM 90,66 참조.

17-23. 서원식 예절.

17. "suscipiendus"(입원이 허락된 사람): 수동형 당위 분사로서, 14절에서 약속한
　　사람을 말하는데, 공동체로부터 입회, 즉 서원이 허락된 사람이라는 뜻을 내포하
　　고 있다.
　　성당에서 모든 이 앞에서 약속: RM 89,3-16을 보라.
　　정주: 4,78; 58,9; 60,9; 61,5 참조. 백 쁠라치도, Stabilitas: 정주, 코이노니아 8집
　　(1984년 봄) 20-23; 이 노엘, 정주와 일상 안에서의 소명, 코이노니아 15집 (1990
　　년 가을) 6-45 참조.
　　"conversatio morum": 생활 태도(morum)를 수도생활(conversatio)답게 한다는
　　뜻인데, 우리는 "수도승답게 생활할 것"으로 번역한다. 백 쁠라치도, Conversa-
　　tio morum: 수도승다운 생활, 코이노니아 8집 (1984년 봄) 24-29 참조.
　　순명: RM 89,2.12-16.

다. [15](이때) 그가 알아야 할 것은 규칙서의 법으로 정해진 대로 그날로부터 수도원을 떠나지 못하며 [16]또 규칙의 멍에에서 목을 벗어나지 못한다는 것이니, 그토록 오랫동안 숙고하여 이 규칙을 거절하거나 받아들일 수 있었기 때문이다.

[17]입회가 허락된 사람은 성당에서 모든 이들 앞에서 그의 정주와 수도승답게 생활할 것과 순명을 [18]하느님과 그분의 성인들 앞에서 서약하고, 만일 언제라도 (그 서약과) 다르게 행동한다면 그로 말미암아 조롱을 받으신 분에게 처벌받을 것임을 알아야 한다.

[19]자기의 서약에 대해서는 그곳에 유해가 모셔진 성인들과 임석한 아빠스의 이름을 걸어 청원서를 작성해야 한다. [20]이 청원서는 자기 손으로 써야 하지만, 혹시 글을 모른다면 그로부터 부탁받은 다른 사람이 쓰면 수련자가 서명하여 자기의 손으로 제대 위에 그것을 갖다 놓을 것이다.

[21]이것을 놓고 나서 수련자는 즉시 "주여, 주의 말씀대로 나를 받으소서. 그러면 나는 살겠나이다. (주는) 나의 희망을 어긋나게 하지 마소서" 하는 계응송을 시작할 것이다. [22]공동체 모두는 이 계응송을 세 번 (반복

---

18. RM 89,6.11에서는 "하느님과 성당에"(Deo et oratorio) 서약하며; 까시아누스, 제도집 4,36,2에서는 "하느님과 그분의 천사들 앞"(coram Deo et angelis ejus)에서 서약한다. 경고("만일 …"): RM 89,14-16 참조.

19. 청원서(petitionem): 실제로 서원장을 의미한다.
    "… 의 이름을 걸어": 서원에 있어 증인의 역할을 한다.

20. "자기 손으로 써야 하지만"(RM 87,35 참조), "서명하여", "자기의 손으로 제대 위에 그것을 갖다 놓을 것이다"(RM 87,17 참조) 등의 표현은, 서원장이 법적 증서의 성격을 띠고 있음을 뜻한다. 서원을 누구에게 하느냐 하는 문제에 있어, 17-18절에 묘사되어 있듯이, 서원자가 공동체 앞과 "하느님과 그분의 성인들 앞"에서 서원하지만, 서원을 하는 궁극적인 대상은 본인이 서원장을 제대 위에 직접 갖다 놓는 행위에서 암시하듯이 하느님이다. 이 행위는 자신을 제단에, 즉 하느님께 봉헌하는 의미가 내포되어 있기 때문이다.

21. RM 89,24에서도 같은 계응송을 한다.

22. 계응송 세 번 반복: 35,17-18; 38,3 참조. RM 89,24-25에서는 서원자가 이 구절을 한번(?) 외면 아빠스는 "confirma hoc, Deus …"(시편 67,29)를 외운다.

[23]Tunc ille frater novicius prosternatur singulorum pedibus ut orent pro eo; et jam ex illa die in congregatione reputetur.

[24]Res si quas habet, aut eroget prius pauperibus aut facta sollemniter donatione conferat monasterio, nihil sibi reservans ex omnibus, [25]quippe qui ex illo die nec proprii corporis potestatem se habiturum scit.

[26]Mox ergo in oratorio exuatur rebus propriis quibus vestitus est, et induatur rebus monasterii. [27]Illa autem vestimenta quibus exutus est reponantur in vestiario conservanda, [28]ut si aliquando suadenti diabulo consenserit ut egrediatur de monasterio — quod absit — tunc exutus rebus monasterii proiciatur. [29]Illam tamen petitionem ejus, quam desuper altare abbas tulit, non recipiat, sed in monasterio reservetur.

---

25 참조: 1고린 7,4

---

23. 기도 요청: RM 89,3-4.30 참조.
   공동체의 일원: 서원과 동시에 비로소 정식으로 공동체의 일원이 된다; RM 89,29 참조.

24. 재산의 두 가지 처리 방법: 가난한 자들에게 희사(RM 87,15.19-23 참조)와 수도원에 기증(RM 87,45; 89,17 참조).

해) 응답하고 〈영광송〉을 덧붙일 것이다. [23]그때 수련자 형제는 각 사람들의 발 아래 엎드려 자기를 위해 기도해 주기를 청할 것이다. 그리고 그는 이날로부터 공동체의 (일원으로) 간주된다.

[24]만일 그가 어떤 재산을 가지고 있다면 미리 그것을 가난한 사람들에게 희사하든지 혹은 법적 증서를 작성하여 수도원에 기증하든지 하여 아무것도 자기에게 남겨두지 말 것이니, [25]그날부터는 자기 몸에 대해서라도 아무런 권리를 가지지 못한다는 것을 알기 때문이다.

[26]그러므로 즉시 성당에서 그가 입고 있는 옷들을 벗기고 수도원의 옷들로 갈아 입힐 것이다. [27]그러나 그가 벗은 옷들은 옷방에 따로 보관하였다가, [28]— 이런 일이 없어야 하겠지만 — 만일 그가 어느 날 악마의 유혹에 빠져 수도원에서 나가게 될 경우 수도원의 옷을 벗기고 내보내게 하기 위해서이다. [29]그러나 아빠스가 제대 위에서 걷어간 그의 청원서는 돌려주지 말고 수도원에 보관해 둘 것이다.

---

25. 33,4와 거의 같은 내용이다. 까시아누스, 제도집 **2,3,1; 4,20**; 담화집 **18,7; 24,23** 참조.

26. 수도복을 입힘: **RM 90,80**; 까시아누스, 제도집 **4,7**.

27-28. **RM 90,83-85**; 까시아누스, 제도집 **4,6** 참조.

29. **RM 89,27** 참조.

LIX

De filiis nobilium aut pauperum
qui offeruntur

[1]Si quis forte de nobilibus offerit filium suum Deo in monasterio, si ipse puer minor aetate est, parentes ejus faciant petitionem quam supra diximus, [2]et cum oblatione ipsam petitionem et manum pueri involvant in palla altaris, et sic eum offerant.

[3]De rebus autem suis aut in praesenti petitione promittant sub jurejurando, quia numquam per se, numquam per suffectam personam nec quolibet modo ei aliquando aliquid dant aut tribuunt occasionem habendi; [4]vel certe si hoc facere noluerint et aliquid offerre volunt in elemosinam monasterio pro mercede sua, [5]faciant ex rebus quas dare volunt monasterio donationem, reservato sibi, si ita voluerint, usum fructum. [6]Atque ita omnia obstruantur ut nulla suspicio remaneat puero per quam deceptus perire possit — quod absit — quod experimento didicimus.

[7]Similiter autem et pauperiores faciant.

[8]Qui vero ex toto nihil habent, simpliciter petitionem faciant et cum oblatione offerant filium suum coram testibus.

---

59. RM 91장과 연관됨.

1. "어린 소년"은 15세까지의 미성년자를 말한다: 30,제목; 39,10.
   어린 소년 봉헌: RM 91,1.35. 청원서 작성: 58,19 참조.

2. 예물(oblatione): 부모가 자식의 생활과 교육을 위해 수도원에 기부함을 말한다.
   제대보에 싸서 봉헌: 어른 서원식에서 서원장을 제대에 갖다 놓는 의식에 상응하며(58,20), 이 예식은 RM에는 없다.

3. 어린이의 재산이란 앞으로 물려받을 유산이므로 58,24의 성인(成人)을 위한 두 가지 재산처리 방법이 여기 적용될 수 없다; 체사리우스, RCV 6,1-2에서는, 부모의 재산을 처분할 수 없는 미성년자는 법적 연령, 즉 성인이 될 때 증서를 쓰게 되어 있다; RM 91,56 참조. 청원서 안에는 58,19에서처럼 약속이 포함되어 있다.

제59장

귀족들이나 가난한 사람들이 자기 아들을 봉헌함에 대하여

[1]만일 귀족들 가운데 어떤 사람이 자기 아들을 수도원에서 하느님께 봉헌하고자 할 때, 그 소년이 (아직) 나이가 어리거든 그의 부모가 위에 말한 청원서를 작성하고, [2]그 청원서와 소년의 손을 예물과 함께 제대보로 싸서 그를 봉헌할 것이다.

[3]그의 재산에 대해서는 같은 청원서 안에서, 맹세의 (형식으로), 자기 자신은 물론이고 중개자를 통해서나 어떠한 방법으로써도 (혹은) 아무 때라도, 그에게 무엇을 주거나 무엇을 소유할 기회를 주지 않을 것을 서약할 것이다. [4]그러나 만일 (그 부모들이) 이렇게 하기를 원하지 않고 (후에 받게 될) 보답을 위하여 무엇을 수도원에 시사(施捨)하기를 원한다면 [5]바치기를 원하는 물건들을 수도원에 기증할 것이며, 만일 원한다면 거기에서 나오는 이익은 자기에게 돌려주도록 할 것이다. [6]이렇게 해서 그 소년에게 (재산에 대한) 어떤 미련이 남아 있어서, 이로써 그가 유혹을 받아 멸망하는 일이 없도록 모든 (길을) 막아버릴 것이다. 이런 일이 없어야 하겠지만, 우리는 그런 (예를) 경험에서 알고 있다.

[7]가난한 사람들도 같은 방법으로 할 것이다.

[8]그러나 전혀 가진 것이 없는 사람들은 다만 청원서만 작성하여, 증인들 앞에서 예물과 함께 자기 아들을 봉헌할 것이다.

4-5. 3절에 언급된 방법과는 다른 방법으로서, 부모가 자식에게 물려줄 유산을 수도원에 직접 희사하는 경우이다. **RM 91,52**에서는 유산의 3분의 1(tertiam partem)을 바치는 것으로 되어 있다.

6. **RM 91,47** 참조. 사유재산에 대한 유혹: **RM 91,36-41** 참조.

7-8. **RM 91**에는 이에 대한 언급이 없다.
증인들 앞에서 어린이 봉헌: 바실리우스, 규칙서 **7** 참조.

LX

De sacerdotibus qui forte voluerint
in monasterio habitare

[1]Si quis de ordine sacerdotum in monasterio se suscipi rogaverit, non quidem citius ei adsentiatur. [2]Tamen, si omnino persteterit in hac supplicatione, sciat se omnem Regulae disciplinam servaturum, [3]nec aliquid ei relaxabitur, ut sit sicut scriptum est: *Amice, ad quod venisti?* [4]Concedatur ei tamen post abbatem stare et benedicere aut missas tenere, si tamen jusserit ei abbas. [5]Sin alias, ullatenus aliqua praesumat, sciens se disciplinae regulari subditum, et magis humilitatis exempla omnibus det. [6]Et si forte ordinationis aut alicujus rei causa fuerit in monasterio, [7]illum locum adtendat quando ingressus est in monasterio, non illum qui ei pro reverentia sacerdotii concessus est.

[8]Clericorum autem si quis eodem desiderio monasterio sociari voluerit, loco mediocri conlocentur; [9]et ipsi tamen si promittunt de observatione Regulae vel propria stabilitate.

60,3 마태 26,50

---

60. RM 83장과 연관됨.
일반 성인(成人) 지원자(58장), 미성년자 지원자(59장)에 이어 사제로서의 입회자를 다루고 있다.

1-2. 58,1-3의 내용과 비슷하다.
규칙서의 모든 규율 준수: 58,11.14 참조.

4. 아빠스 다음에 서게 함: RM 22,1.9; 92,35 참조.
"missas tenere": 여기서 "missas"가 미사를 가리키느냐 아니면 시간경의 마침기도를 가리키느냐 하는 논란이 있을 수 있다. RM 83,5에서는 "orationes colligere, conplere et signare", 즉 "본기도(collecta)와 마침기도를 바치며 강복

제**60**장

수도원 안에 거주하기를 원하는 사제들에 대하여

[1]만일 사제들 가운데 어떤 사람이 수도원에 자신을 받아주기를 청하거든 너무 빨리 그에게 허락하지 말 것이다. [2]그러나 만일 그가 이 간청에 아주 꾸준하거든 (받아줄 것이나), 자기는 규칙서의 모든 규율을 준수해야 함을 알 것이다. [3]"친구여, 그대는 무엇을 위하여 왔는가"라고 하신 성서의 말씀에 따라 그에게 아무것도 늦추어 주지 말 것이다. [4]그러나 아빠스 다음에 서게 하여 강복을 주며 미사를 드리게 할 수 있으나, 아빠스가 그에게 명령했을 때만 그렇게 할 수 있다. [5]그렇지 않으면 아무것도 감히 할 수 없으며, 자기는 규칙의 법규 아래 속해 있다는 사실을 알고, 오히려 모든 이들에게 겸손의 모범을 보여주어야 한다. [6]만일 수도원 안에 직책의 임명이나 어떤 일의 사정이 있거든, [7]수도원에 들어올 때 받은 그 자리를 따를 것이지, 사제직에 대한 존경심 때문에 허락된 자리를 따르지 말 것이다.

[8]만일 (다른 직위의) 성직자들 가운데 어떤 사람이 같은 원의로 수도원에 입회하기를 원한다면 중간 자리에 세울 것이나, [9]단 규칙의 준수와 자신의 정주를 서약하면 (허락할 것이다).

을 준다"로 되어 있다. 그러나 "tenere missas"는 "미사를 거행한다"는 교회 용어로 자주 사용되어 왔다: A. de Vogüé, La Règle de Saint Benoît II, 636 주 4 참조.

5. 겸손의 모범: RM 93,52-53.72 참조.

7. 입회에 따른 자리 순서: **63,1-8**을 보라.
   사제직에 대한 존경심: RM 83,8 참조.

8. "성직자들"(cleriocorum): 여기서는 사제보다 하위의 성직자, 즉 부제나 차부제 등을 말한다(RM 77,5-6 참조).

9. 서약(약속): **58,9.14.17**과 같다.

LXI

De monachis peregrinis qualiter suscipiantur

[1]Si quis monachus peregrinus de longinquis provinciis super-venerit, si pro hospite voluerit habitare in monasterio [2]et contentus est consuetudinem loci quam invenerit, et non forte superfluitate sua perturbat monasterium, [3]sed simpliciter contentus est quod invenerit, suscipiatur quanto tempore cupit.

[4]Si qua sane rationabiliter et cum humilitate caritatis repre-hendit aut ostendit, tractet abbas prudenter ne forte pro hoc ipsud eum Dominus direxerit.

[5]Si vero postea voluerit stabilitatem suam firmare, non ren-nuatur talis voluntas, et maxime quia tempore hospitalitatis potuit ejus vita dinosci. [6]Quod si superfluus aut vitiosus inven-tus fuerit tempore hospitalitatis, non solum non debet sociari corpori monasterii, [7]verum etiam dicatur ei honeste ut discedat,

---

61. RM 78–79장 특히 RM 79,23-43과 연관됨.

수도원 입회 지원자의 마지막 종류로, 외래 수도승 지원자에 대해 다루고 있다. 베네딕도는 **1,10-11**에서 "기로바꾸스"를 혹평하면서, 수도승이 수도원을 이곳 저곳 옮겨다니는 것을 원칙적으로 반대한다. 그러나 좋은 뜻으로 어떤 훌륭한 수도승이나 모범적인 수도원을 방문하여 가르침을 받으려는 수도승도 없지 않았을 것이며, 또 수도원을 찾아오는 수도승 손님을 박대하여 내쫓을 수 없었을 것이다(**53,1**: "모든 손님을 그리스도처럼 맞아들일 것이다" 참조). 이러한 수도승 손님들 중에서 수도원에 입회하기 원하는 경우에, 그를 하나의 지원자로 받아들일 수 있으되 그에게 또 다른 이동을 막는 정주를 약속받았다(5절).

1. **59,1**에서처럼 이중(二重) 조건문(두 번의 "si"). 첫째 조건은, 먼 지방에서 온 외래 수도승을 말하는데, **13**절에서 암시하듯이, 서로 알고 지내는 인근 수도원의 수도승일 경우에 생길 수 있는 오해나 마찰을 피하려는 것 같다. 둘째 조건으로, 그를 먼저 손님 자격으로 지내게 하는 것은 그의 성품을 알아보기 위해서이다(**58,2-3** 참조).

2. "만족하거든": RM 79,30 참조.

제61장

외래(外來) 수도승들을
어떻게 받아들일 것인지에 대하여

[1]만일 어떤 외래 수도승이 먼 지방으로부터 와서 손님으로 수도원에 거주하기를 원하며, [2]그 지역의 관례에 만족하고, 또 자기의 지나친 요구로 수도원을 어지럽히지 않으며 [3]단지 거기 있는 것으로 만족하거든, 얼마 동안이든 그가 원하는 대로 받아줄 것이다.

[4]만일 그가 이치에 맞게 또 사랑에서 나온 겸손을 가지고 무엇을 비평하거나 지적하거든, 아빠스는 바로 이것을 위해 주님께서 그를 보내신 것이 아닌가 현명하게 숙고해 볼 것이다.

[5]후에 만일 그가 자신의 정주를 확정하기를 원하거든, 손님으로 있는 동안 그의 생활을 잘 알 수 있었을 것이니, 이러한 소망을 거절하지 말 것이다. [6]만일 그가 손님으로 있는 동안 지나치게 요구했거나 악습이 있는 자로 드러났거든 수도원 단체에 가입시키지 못할 뿐 아니라 [7]그의 불행이 다른 사람에게까지 전염되지 않기 위하여 떠나가도록 그에게 정중히 말할 것

"지나친 요구": **36,4.** 베네딕도는 **1,10-11**에서 떠돌이 생활을 하는 "기로바꾸스"에 대해 간략하게 묘사하고 있지만, **RM 1,13-74**에서는 "기로바꾸스"들이 여러 수도원을 옮겨다니며 저지르는 방자한 행위와 지나친 요구들에 대해 풍자적으로 길게 묘사하고 있다.
어지럽히지 말라: **31,19**; 참조: **53,16.**

3. "얼마 동안이든 …": **RM 78,5.17**에서는 손님에게 일을 시키지 않는 대신 거주 기간을 **10**일로 제한한다.

4. **3,2-3** 참조: 아빠스가 형제들의 의견을 들으며, 주께서 연소자들을 통해 밝혀주신다는 내용과 비슷하다.

5. **RM 79,23-28**에서는 이 경우가 좀더 자세히 설명되어 있다.
"자신의 정주를 확정하기를 원하거든": **58,9**에서처럼 입회 지원자에게 첫번째로 요구되는 약속이다.

6-7. **28,7-8** 참조: 악습을 고치려 하지 않는 자를 퇴원시키는 이유와 같다.

ne ejus miseria etiam alii vitientur. [8]Quod si non fuerit talis qui mereatur proici, non solum si petierit, suscipiatur congregationi sociandus, [9]verum etiam suadeatur ut stet, ut ejus exemplo alii erudiantur, [10]et quia in omni loco uni Domino servitur, uni Regi militatur. [11]Quem si etiam talem esse perspexerit abbas, liceat eum in superiori aliquantum constituere loco. [12]Non solum autem monachum, sed etiam de suprascriptis gradibus sacerdotum vel clericorum stabilire potest abbas in majori quam ingrediuntur loco, si eorum talem perspexerit esse vitam.

[13]Caveat autem abbas, ne aliquando de alio noto monasterio manachum ad habitandum suscipiat sine consensu abbatis ejus aut litteras commendaticias, [14]quia scriptum est: *Quod tibi non vis fieri, alio ne feceris.*

61,14 마태 7,12; 토비 4,16

8-9. 이러한 권고는 RM에는 없다.

10. 머리말 3절("regi militaturus")과 2,20("sub uno Domino aequalem servitutis militiam bajulamus" = RM 2,19)을 보라.

이다. [8](그러나) 만일 내보낼 정도의 사람이 아니거든 그가 청할 때에만 그를 받아들여 공동체에 가입시킬 뿐 아니라, [9]머물러 있도록 권고할 것이니 그의 모범으로 다른 사람이 감화되기 위해서이고, [10]또 어느 곳에서나 한 분의 주님을 섬기고, 한 분의 왕을 위해 (우리가) 분투하고 있기 때문이다. [11]만일 아빠스가 그를 그럴 만한 사람으로 인정하였거든 좀더 높은 자리에 있게 할 수 있다. [12]수도승들뿐만 아니라 위에 말한 사제들이나 (여러) 계층의 성직자들 가운데서도 그들의 생활이 그렇게 인정되면 아빠스는 입회하던 때의 자리보다 높은 자리를 정해 줄 수 있다.

[13]그러나 아빠스는 이미 알고 있는 다른 수도원에서 오는 수도승을 그의 아빠스의 동의나 추천서 없이는 받지 않도록 주의할 것이니, [14]"너에게 되어지기를 원하지 않는 바를 남에게 행하지 말라"고 기록되어 있기 때문이다.

11-12. **63,7a** 참조. 사제와 성직자의 승진: **60,4.8**을 보라.

13-14. **4**세기의 여러 교회 문헌들에서 성직자나 평신도들이 타교구에 가서 거주할 때 주교의 추천서를 갖고 가도록 규정하고 있다(A. de Vogüé, La Regle de Saint Benoît IV, 1391 주 418-419 참조). 베네딕도는 이 규정을 수도승들에게 적용하며, 특히 "이미 알고 있는 다른 수도원에서 오는 수도승"에게 이 추천서를 요구하는 것은 오해나 마찰을 피하기 위해서인 듯하다: 사부들의 제1규칙서 **4,3-8** 참조. 14절의 성서 인용구는 **4,9**(= RM 3,9)의 것과 같다.

LXII

De sacerdotibus monasterii

¹Si quis abbas sibi presbyterum vel diaconem ordinari petierit, de suis elegat qui dignus sit *sacerdotio fungi*.

²Ordinatus autem caveat elationem aut superbiam, ³nec quicquam praesumat nisi quod ei ab abbate praecipitur, sciens se multo magis disciplinae regulari subdendum. ⁴Nec occasione sacerdotii obliviscatur Regulae oboedientiam et disciplinam, *sed magis ac magis in* Deum *proficiat*.

⁵Locum vero illum semper adtendat quod ingressus est in monasterio, ⁶praeter officium altaris, et si forte electio congregationis et voluntas abbatis pro vitae merito eum promovere voluerint. ⁷Qui tamen regulam decanis vel praepositis constitutam sibi servare sciat.

⁸Quod si aliter praesumpserit, non sacerdos sed rebellio judi-

---

62,1 집회 45,19 ‖ 4 치쁘리아누스, 서간 13,16

---

62. RM에서는 이 문제에 대한 언급이 없다.

사제로서 입회 지원자의 경우(**RB 60**)와는 달리, 수도원 형제들 중에 뽑아 사제나 부제로 서품하는 경우이다. 베네딕도의 공동체는 원래 평수사 공동체였으나 특히 미사성제나 성사적인 전례 거행 때문에 수도원 소속 사제의 필요성을 갖게 되었다.

1. "자기 (형제들) 가운데서" 뽑아: **21,1**; **31,1** 참조.
"합당한 사람": **21,6** 참조.

[1]만일 어떤 아빠스가 사제나 부제 두기를 원하거든 자기 (형제들) 가운데서 사제직을 수행하기에 합당한 사람을 선택할 것이다.

[2]서품(敍品)된 사람은 자만심이나 교만심을 삼가고 [3]아빠스가 명령하지 않은 바는 감히 하지 말 것이며, 규칙의 법규에 더욱더 복종해야 한다는 것을 알아야 한다. [4]또한 사제직을 핑계로 해서 규칙에 순종하는 것과 규율을 (지키기를) 잊어서는 안되며 오히려 하느님께로 더욱 나아가야 한다.

[5](사제는) 언제나 수도원에 입회할 때의 그 자리를 지킬 것이지만, [6]제대의 직무를 수행할 때와 또 공동체의 천거(薦擧)와 아빠스의 뜻으로 그의 훌륭한 품행 때문에 승격되었을 때는 예외가 된다. [7]그러나 그는 십인장들이나 원장들에게 규정된 규칙을 준수해야 한다는 사실을 알아야 한다.

[8]만일 이와 다르게 감히 행하거든 사제로 보기보다는 반역자로 판단할

---

2. 사제가 가질 수 있는 교만이나 월권의식에 대한 경고: 수도원의 책임자들인 십인장(**21,2**)과 당가(**31,4.15**)와 원장(**65,16**)에게도 비슷한 경고를 한다.
   사제에게 겸손의 필요성: **60,5** 참조.

4. 규칙 준수: **60,2**. 치쁘리아누스가 증거자들에게 보낸 편지(서간 **13,16**)에 나오는 내용("magis ac magis proficiamus in Domino")과 비슷하다.

5-6. **60,7**의 내용과 같다. 같은 평수사로 있다가 사제서품을 받는 이 경우는 이미 사제로서 입회하는 **RB 60**장의 경우보다 서열 문제에 있어 공동체 안에 더 미묘한 어려움이 생길 수 있음을 암시한다.
   자리의 승진: **60,4; 61,11-12**.
   생활의 공적: **21,4; 63,1; 64,2**.

7. 십인장과 원장이 같이 나오는 다른 구절: **21,7; 65,12**.
   "원장들"(**praepositis**): **71,3**의 주를 보라.

8-11. 불순종하는 사제의 교정 단계를 말한다. 일반 수도승으로 있을 때 그의 모범적 생활로 인해 공동체에서 뽑히어 사제로 축성되었지만, 서품 후에 달라진 그의 태도를 보고 일종의 "반역자"(**rebellio**)로 생각될 정도의 배신감을 나타낸다.

cetur. ⁹Et saepe admonitus si non correxerit, etiam episcopus
adhibeatur in testimonio. ¹⁰Quod si nec sic emendaverit, clare-
scentibus culpis, proiciatur de monasterio, ¹¹si tamen talis
fuerit ejus contumacia ut subdi aut oboedire Regulae nolit.

LXIII

De ordine congregationis

¹Ordines suos in monasterio ita conservent ut conversationis
tempus, ut vitae meritum discernit utque abbas constituerit.

²Qui abbas non conturbet gregem sibi commissum nec, quasi
libera utens potestate, injuste disponat aliquid, ³sed cogitet
semper quia de omnibus judiciis et operibus suis redditurus est
Deo rationem.

⁴Ergo secundum ordines quos constituerit vel quos habuerint
ipsi fratres, sic accedant ad Pacem, ad Communionem, ad psal-

---

“가끔 충고하여도 고치지 않거든”은, 7절에서 암시하듯, 십인장의 경우(21,5)나
원장의 경우(65,18)에 준하는 경고가 있었음을 말한다. 증인으로 세운 주교는 그
에게 서품을 준 교구주교를 말하며, 이것이 당시의 교회법으로 정해진 의무 조항
인지는 분명하지 않으나, 후에 그를 수도원에서 퇴원시킬 때의 경우를 염두에 둔
조처인 듯하다.

증인으로서의 주교: RM 87,36에서는 지원자의 재산 포기 증서에 그 지역의 주
교, 사제, 부제와 성직자들이 증인이 된다. 교정 과정에 있어, 사제에게는 십인장
이나 원장의 경우에서처럼 파문이나 체벌(매질)이 없다.

63. 베네딕도는 수도승들의 차례 문제를 RM과는 전혀 다르게 규정하고 있다. RM
92장에 따르면, 형제들의 고정된 차례가 없고, 대신 아빠스가 형제들의 생활 태
도에 따라 매일 차례를 올리거나 내리게 되어 있으며, 이렇게 해서 아빠스 다음
자리에까지 오른 사람("secundus", 즉 “제2인자”라 함)이 차기 아빠스가 되도록
함으로써 아빠스 자리를 향해 서로 경쟁하게 한다.

것이며, ⁹가끔 충고하여도 고치지 않거든 주교를 증인으로 세울 것이다.
¹⁰만일 그래도 고치지 않고 그의 잘못이 두드러지거든 수도원에서 내보낼
것이다. ¹¹그러나 그가 고집을 세워 규칙에 대한 종속과 순명을 거부할 때
에만 그렇게 할 것이다.

제**63**장
공동체의 차례에 대하여

¹수도원 안에서 차례는 이렇게 정할 것이니, 즉 수도생활을 (시작한) 때와
생활의 공적에 따를 것이며 또한 아빠스가 정하는 대로 할 것이다.

²아빠스는 자기에게 맡겨진 양떼를 어지럽게 하지 말고 권력을 마음대로
이용하여 불의하게 무슨 일을 처리하지도 말 것이며, ³자신의 모든 판단과
행동에 대하여 하느님께 헴바치게 되리라는 것을 항상 생각할 것이다.

⁴그러므로 (아빠스가) 정한 차례나 형제들 자신들이 가진 차례를 따라
평화의 인사와 영성체를 하고, 시편을 선창하고 공동기도석에 설 것이다.

---

1. 차례를 정하는 두 가지 규정에서 입회 순서에 따르는 것이 일반 원칙이며, 생활
   의 공적에 따르는 것은 예외 규정이다(예, 십인장, 사제, 원장 등); **2,18-19** 참조.

2. "맡겨진 양떼": **2,32**를 보라. 공정한 처리: **3,6** 참조.

3. 거의 같은 표현이 **65,22**에도 나옴. **2,34; 64,7** 참조.

4. 예로니무스, 빠꼬미우스 규칙서 서언 3: "수도원에 먼저 들어온 사람이 시편을
   외우고 … 성당에서 먼저 영성체한다." **RM 22,1-3**에서는 아빠스가 먼저 영성체
   하고 그 다음 십인조의 첫째 조장(**praepositus**)과 그 소속 형제들(5명), 그 다음
   같은 십인조의 둘째 조장과 그 소속 형제들 순으로 한다. 시편을 외우는 순서는,
   RM 22,13-14(46,1-2; 92,36 참조)에 따르면 아빠스, 양편 공동기도석에 갈라선
   각 십인조의 조장들 그리고 아빠스가 지명한 사람들의 순으로 한다. 한편 베네딕
   도는 **RB 47,2**에서 "시편이나 후렴의 선창은 명령을 받은 사람들이 아빠스 다음
   에 자기 순서대로 할 것이다"라고 규정하는데, 여기서 "자기 순서"(**ordine suo**)

mum inponendum, in choro standum. [5]Et in omnibus omnino locis aetas non discernat ordines nec praejudicet, [6]quia Samuhel et Danihel pueri presbyteros judicaverunt. [7]Ergo, excepto hos quos, ut diximus, altiori consilio abbas praetulerit vel degradaverit certis ex causis, reliqui omnes ut convertuntur ita sint, [8]ut verbi gratia qui secunda hora diei venerit in monasterio juniorem se noverit illius esse qui prima hora venit diei, cujuslibet aetatis aut dignitatis sit, [9]pueris per omnia ab omnibus disciplina conservata.

[10]Juniores igitur priore suos honorent, priores minores suos diligant. [11]In ipsa appellatione nominum nulli liceat alium puro appellare nomine, [12]sed priores juniores suos fratrum nomine, juniores autem priores suos nonnos vocent, quod intellegitur paterna reverentia.

[13]Abbas autem, quia vice Christi creditur agere, dominus et abbas vocetur, non sua adsumptione sed honore et amore Christi; [14]ipse autem cogitet et sic se exhibeat ut dignus sit tali honore.

[15]Ubicumque autem sibi obviant fratres, junior priorem benedictionem petat. [16]Transeunte majore minor surgat et det ei

---

63,6 참조: 1사무 3,11-18; 다니 13,44-62 ‖ 16 참조: 레위 19,32

란, 각 시간경마다 아빠스가 첫번째로 선창할 사람만 지정해 주면, 그 다음은 자동적으로 첫째 선창자 다음의 서열에 있는 사람이 하게 된다는 뜻이다.

5. 예로니무스, 빠꼬미우스 규칙서 서언 3: "나이대로 하지 말고 서원 순서대로 한다"(nec aetas inter eos quaeritur sed professio)고 되어 있다. 베네딕도는, 아래의 8절에서 분명히 말하듯이, 수도원에 발을 들여놓은 순서를 강조하는데, 58장에 의하면 지원자가 1년간의 수련을 마친 다음 서원하게 되어 있으므로 결국 지원 시기 순서는 서원 순서로 연결된다.

6. 연소자들의 더 좋은 의견의 가능성: 3,3.

7-8. 아빠스가 정한 예외적인 차례: 1절과 4절에 이어 세번째 반복이다. 여기서 입원 순서는 시간까지 따진다. "낮 제1시"는 지금의 아침 7시에 해당된다.

9. 소년들(pueris): 63,18-19와 70,4-5에서 좀더 상세히 규정되어 있다. 70,4에서는 어린이를 15세 미만의 사람이라고 한다.

[5]또한 어디서든지 절대로 나이로써 차례를 구별하거나 속단하지 말 것이니, [6]"사무엘"과 "다니엘"은 소년들로서 장로들을 심판하였기 때문이다. [7]그러므로 이미 말한 바와 같이 아빠스가 깊이 고려하여 올려주었거나 분명한 이유 때문에 내린 사람들을 제외하고는, 나머지 모든 사람이 다 입회한 차례를 지킬 것이다. [8]예를 들면 낮 제2시에 수도원에 온 사람은 그의 나이나 지위를 막론하고 그날 낮 제1시에 온 사람보다 아랫사람임을 알 것이다. [9]소년들은 모든 일에서 모든 사람으로부터 질서있게 감독받아야 한다.

[10]그러므로 후배들은 자기 선배들을 존경할 것이며, 선배들은 자기 후배들을 사랑할 것이다. [11]이름을 부를 때는 아무도 다른 사람의 이름만을 그냥 부르지 말고, [12]선배들은 자기 후배들을 "형제"라 부르고 후배들은 자기 선배들을 "논누스"라고 부를 것이니, 이 말은 "공경하올 아버지"라는 의미를 가진다.

[13]아빠스는 그리스도의 대리자 역할을 하는 것으로 믿기 때문에 "주님"과 "아빠스"라고 불러야 할 것이니, 이것은 스스로 자칭해서가 아니고 그리스도께 대한 존경과 사랑에서 그렇게 하는 것이다. [14](아빠스) 자신은 이 점을 생각하여 이러한 존경을 받기에 합당하도록 처신할 것이다.

[15]어디서든지 형제들이 서로 마주치면 후배는 선배에게 강복을 청할 것이다. [16]선배가 지나가거든 후배는 일어서며 그에게 앉을 자리를 내어주

---

10. 4,70-71(베네딕도의 고유 부분)의 내용과 같은데, 일반적인 윤리 규범을 말하는 4장에서는 나이에 따른 연로자와 연소자를 염두에 두고 있으나, 여기서는 입원 순서에 따른 선배와 후배 관계를 말한다.

12. "nonnus": 교회 전통에서는, "아버지"란 의미를 가진 "nonnus"는 아빠스에게 국한된 명칭인데(예로니무스, 서간 **117,6; 22,16**), 처음으로 베네딕도는 회수도원 안에 선배 수도승에게도 이를 사용하게 하였다.

13-14. 그리스도의 대리자: **2,2**(= RM 2,2) 참조.
아빠스에게 "주님" 명칭 사용: RM 19,2("domne abbas). "abbas"는 원래 "아버지"란 뜻이다: RM 61,2("domine, pater") 참조.

15-16. 세 차례에 걸쳐 "선배"와 "후배"로 번역했지만, 라틴어 원문에는 각기 다른 용어들이 사용되었다(junior-prior; major-minor; junior-senior). 즉, "선배"를

locum sedendi, nec praesumat junior consedere nisi ei praecipi-
at senior suus, [17]ut fiat quod scriptum est: *Honore invicem
praevenientes.*

[18]Pueri parvi vel adulescentes in oratorio vel ad mensas cum
disciplina ordines suos consequantur. [19]Foris autem vel ubiubi,
et custodiam habeant et disciplinam, usque dum ad intellegi-
bilem aetatem perveniant.

---

17 로마 12,10

지칭하는 말로 "prior", "major", "senior"이 사용되고, "후배"를 지칭하는 말로
"junior", "minor"이 사용되었다. 이러한 용어 변경은 여러 가지 의미를 내포하고
있는데, 선배는 수도원 입원 측면에서 연장자(senior)이며, 구체적인 서열에 있
어 앞서 있는 사람(prior)이며, 수도생활 면에서 더 높은 경지에 있는 사람
(major)이라는 뜻이 있다.

고, 선배가 자기에게 명령하지 않거든 후배는 감히 함께 앉지 말 것이다.
[17]이는 "서로 다투어 존경하라" 하신 성서의 말씀이 실행되도록 하기 위함
이다.

[18]작은 소년들과 청년들은 성당에서나 식당에서 질서를 지키어 자기 차
례를 따를 것이지만, [19]철이 들 나이에 이르기까지는 밖에서나 어디서든지
감독과 지도를 받아야 한다.

강복을 청함: 파문받은 사람은 강복을 청할 수 없다(25,6).

17. 같은 성서 인용구가 **72,4**에도 나온다.

18-19. 성당과 식당에 한정된 규정처럼 보이나, **63,9(22,7** 참조)에서는 일반적인 규
정(**per omnia**)이다.
"철이 들 나이": 15세를 말하는 듯하다(**70,4**); RM **14,79-81**에서는 15세를 철이
드는 나이라고 분명히 말한다.

LXIV

De ordinando abbate

[1]In abbatis ordinatione illa semper consideretur ratio, ut hic constituatur quem sibi omnis concors congregatio secundum timorem Dei, sive etiam pars quamvis parva congregationis saniore consilio elegerit. [2]Vitae autem merito et sapientiae doctrina elegatur qui ordinandus est, etiam si ultimus fuerit in ordine congregationis.

[3]Quod si etiam omnis congregatio vitiis suis — quod quidem absit — consentientem personam pari consilio elegerit, [4]et vitia ipsa aliquatenus in notitia episcopi ad cujus diocesim pertinet locus ipse vel ad abbates aut christianos vicinos claruerint, [5]prohibeant pravorum praevalere consensum, sed domui Dei dignum constituant dispensatorem, [6]scientes pro hoc se recep-

---

64.5 참조: 시편 104,21: 루가 12,42

---

64. RM 93장과 연관된다 할 수는 있으나, 아빠스의 선출 방법은 전혀 다르다. 〈스승의 규칙서〉에서는 선거에 의한 선출이 아니라 아빠스가 죽기 전에 후임자를 지명한다. 이 지명은, 아빠스가 형제들의 생활 태도에 따라 매일 그들의 서열을 바꾸는데, 아빠스 다음 자리까지 올라간 "제2인자"(secundus)에게로 돌아간다. 비록 "secundus"로서 후임 아빠스로 지명되었다 하더라도, 그의 태도가 교만해지면, 즉시 취소될 수 있다. 이에 반해 베네딕도는 아빠스의 선거를 주장하는데, 거의 동시대인 체사리우스, 수녀들을 위한 규칙서(RCV) 60장에서도 에빠티싸(abbatissa: 여 수도원장)의 선거를 규정한다. 이것은, 로마교회에서 530년 이전에는 선임 주교가 자신의 후임자를 지명하다가 530년부터 532년 사이에 이러한 지명 방법이 폐지되고 선거하기 시작한 것과 무관하지 않다: A. de Vogüé, 누르시아의 베네딕도, 코이노니아 14집(1989년 가을) 28 참조.

1. 엄밀히 말하면, "ordinatione"는 주교나 다른 아빠스들에 해당되는 일, 즉 축성을 말하며(65,3 참조), 공동체 측에서는 선출(elegerit)을 한다.

[1]아빠스를 세움에 있어 항상 고려해야 할 기준은, 공동체의 모두가 하느님을 두려워하는 마음으로 일치하여 선정한 사람이나, 혹은 비록 공동체 가운데 적은 부분일지라도 더욱 건전한 의견에 의해서 선출된 사람을 세울 것이다. [2](아빠스로) 세워질 사람은, 비록 공동체의 차례에는 마지막 자리에 있더라도, 생활의 공덕과 지혜의 학식을 따라 선출되어야 한다.

[3]이런 일은 없어야 하겠지만, 만일 공동체 전체가 자기들의 악습들에 찬동하는 인물을 공모(共謀)하여 선출하였고, [4]또 그 악습이 어떠한 경로를 거쳐 그 지역 관할 교구의 주교에게나 이웃 아빠스들에게나 신자들에게 알려졌거든, [5]악한 무리들의 음모가 승리하지 못하도록 막아야 한다. 오히려 그들은 하느님의 집에 합당한 관리자를 세울 것이니, [6]만일 순결한 의향과 하느님께 대한 열정으로 이 일을 행한다면 이에 대한 좋은 보상을 받을 것

소수의 건전한 의견: 3-5절에서는 이에 반대되는 경우, 즉 공동체 전체가 나쁜 동기로 공모하여 아빠스를 뽑는 경우를 말한다.

2. 십인장의 경우(21,1)처럼 아빠스의 선출 기준을 말하고 있다.

3-5. "공동체 전체가 … 공모하여 선출하였고": 교종 그레고리우스가 쓴 베네딕도 전기(대화 II,3)에서, 베네딕도는 비꼬바로 수도원의 원장으로 추대받은 후 그들의 타락한 수도생활을 엄격히 개혁하려 하자 그들은 잔에 독을 넣어 그를 죽이려 하였으나 그는 그들의 음모를 폭로한 후에 "그대들이 생각하고 원하는 원장을 추대하도록 하는 것이 좋겠소"라고 말하고 떠나갔다. 당시에 이런 부정적인 경우에 지역 주교나 아빠스들이 어떤 법적 조치를 취할 수 있었는지 분명하지 않지만, 요즘과 같이 교회법적 시찰이 이미 실시되었다고 보기는 어렵고 다만 간접적인 방법을 통해 그러한 사태가 발생하지 못하도록 막았던 것 같다.

5. 수도원은 하느님의 집이며(31,19; 53,22), 아빠스는 다만 그 집의 관리인이라는 개념은 수도승들이 아빠스 자신의 양떼가 아니라 관리하도록 위임받은 하느님의 양떼라는 RB 2장의 개념과 상통한다. 사실 베네딕도는 아래의 18절에서 "양"의 개념을 다시 도입한다.

6. 1절의 "하느님을 두려워하는 마음으로 일치하여"와 연관되는 부연된 설명이다.

turos mercedem bonam, si illud caste et zelo Dei faciant, sicut e diverso peccatum si neglegant.

[7]Ordinatus autem abba cogitet semper, quale onus suscepit et cui *redditurus est rationem vilicationis* suae, [8]sciatque sibi oportere *prodesse* magis *quam praeesse.*

[9]Oportet ergo eum esse doctum Lege divina, ut sciat et sit unde *proferat nova et vetera,* castum, *sobrium,* misericordem, [10]et semper *superexaltet misericordiam judicio,* ut idem ipse consequatur.

[11]*Oderit vitia, diligat* fratres. [12]In ipsa autem correptione prudenter agat et *ne quid nimis,* ne dum nimis eradere cupit aeruginem frangatur vas. [13]Suamque fragilitatem semper suspectus sit, memineritque *calamum quassatum non conterendum.* [14]In quibus non dicimus ut permittat nutriri vitia, sed prudenter et cum caritate ea amputet, ut viderit cuique expedire sicut jam diximus, [15]*et* studeat *plus amari quam timeri.*

[16]*Non* sit *turbulentus* et anxius, non sit nimius et obstinatus, non sit zelotipus et nimis suspiciosus, quia numquam requie-

---

7 루가 16,2; 참조: 아우구스띠누스, 규칙서 VII,3 ‖ 8 아우구스띠누스, 설교 340,1 ‖ 9 마태 13,52; 참조: 1디모 3,2; 디도 1,7-9; 2,2; 2,4-5 ‖ 10 야고 2,13 ‖ 11 아우구스띠누스, 설교 49,5; 신국론 14,6; 규칙서 IV,10 ‖ 13 이사 42,3; 참조: 마태 12,20 ‖ 15 아우구스띠누스, 규칙서 VII,3 ‖ 16 이사 42,4

---

7. 하느님께 헴바침: 2,34.37-39; 63,3; 65,22. 여기서부터 15절까지 아우구스띠누스의 규칙서와 문헌에서 많은 영향을 받았다.

8. "지배하기보다는 유익이 되어"(prodesse magis quam praeesse): 간결하고 멋진 라띤어 표현법이다. "prodesse"와 "praeesse"는 "essere"(이다) 동사에 "pro"(위하여)와 "prae"(앞) 전치사가 붙어 만들어진 복합동사이다.

9. 하느님의 집의 관리인으로서 아빠스에게 요구되는 덕성들을 열거하고 있다: 31,1-2에서는 당가에게 요구되는 열한 가지 덕성, 36,7에서는 병실 담당자에게 요구되는 세 가지 덕성, 66,1에서는 문지기에게 요구되는 다섯 가지 덕성들을 열거하고 있다.

11. 아우구스띠누스가 즐겨 쓰는 표현으로, 설교 49,5("dillige hominem, oderis

이나, 만일 소홀히 한다면 그와 반대로 죄악을 범한다는 사실을 알아야 한다.

[7]아빠스로 세워진 사람은 자기가 어떠한 짐을 받았으며 또 자기가 맡은 관리권에 대해 누구에게 헴바치게 될 것인지를 항상 생각해야 하며, [8](남을) 지배하기보다는 유익이 되어 주어야 한다는 사실을 알아야 한다.

[9]그러므로 그는 하느님의 법에 정통함으로써 거기에서 "새것과 옛것을 골라낼" 줄 알아야 하며, 정결하고 절도있고 자비로울 것이며, [10]언제나 "판결보다 자비를 더 낫게 여겨" 자신도 같은 (자비를) 받게 할 것이다.

[11]악습은 미워하되 형제들은 사랑할 것이다. [12]책벌함에 있어서는 현명하게 할 것이며 너무 지나치게 하지 말 것이니, 녹을 너무 지우려다 그릇을 깨뜨리는 격이 되지 않기 위함이다. [13]그리고 자신의 약점을 항상 바라보며 "부러진 갈대를 꺾어버려서는 안된다"는 점을 기억할 것이다. [14]이런 말을 하는 것은 악습을 기르도록 허락함이 아니고, 오히려 이미 말한 바와 마찬가지로 각 사람에게 유익하게 보이는 방법에 따라 현명하고 사랑의 (태도로) 악습을 근절시키라는 말이다. [15]그리고 두려움을 받기보다는 사랑받기를 힘써야 한다.

[16]부산떨거나 소심하지 말 것이며, 과격하거나 고집하지도 말고 질투하지 말며 너무 의심하지도 말 것이니, (그렇게 하면) 잠시도 안심할 수 없

---

vitium"), 규칙서 IV,10("cum dilectione hominum et odio vitiorum"), 신국론 14,6("oderit vitium, amet hominem") 등에 나온다; 체사리우스는 수녀들을 위한 규칙서(RCV) 24에서 "hominum" 대신에 수도 공동체적 표현인 "sororis"(자매)로 바꾸었고, 베네딕도는 "fratres"(형제)로 바꾸었다.

13. 같은 성서 인용이 까시아누스, 담화집 2,13,10에도 나온다.

14. 악습 근절: 2,26-29(베네딕도 고유 부분) 참조. "이미 말한 바와 마찬가지로 각 사람에게 유익하게 보이는 방법"이란 표현은 2,32("각자의 성질과 지능에 따라 모든 이에게 순응하고 알맞게")를 말하는 듯하다.

16. 아빠스에게 요구되는 덕성들이 다시 열거되는데, 9절과 연결된다고 볼 수 있다. 사실 10-15절은 9절의 마지막의 "자비로울 것이며"에 대한 부연 설명이다. "부산떨지 말며": 31,1. "질투하지 말며": 65,22.

scit; [17]in ipsis imperiis suis providus et consideratus, et sive secundum Deum sive secundum saeculum sit opera quam injungit, discernat et temperet, [18]cogitans discretionem sancti Jacob dicentis: *Si greges* meos *plus in ambulando fecero laborare, morientur cuncti una die.*

[19]Haec ergo aliaque testimonia discretionis matris virtutum sumens, sic omnia temperet ut sit et fortes quod cupiant et infirmi non refugiant.

[20]Et praecipue ut praesentem Regulam in omnibus conservet, [21]ut dum bene ministraverit audiat a Domino quod servus bonus qui erogavit triticum conservis suis in tempore suo: [22]*Amen dico vobis, ait, super omnia bona sua constituit eum.*

---

18 창세 33,13 ‖ 21 참조: 1디모 3,13; 마태 24,45; 25,21 ‖ 22 마태 24,47

---

17. "secundum Deum sive saeculum sit opera": 아빠스가 책임져야 할 두 가지 분야의 일을 말하는데, "하느님께 관계되는 일"(secundum Deum)은 영적·수덕적인 분야를 말하고, "세속에 관계되는 일"(saeculum)은 세속과의 유대관계를 말하는 것이 아니라 물질적인 분야를 말한다.

"분별있고 절도있어야"(discernat et temperet)는 바로 이어 **18-19**절에 나오는 "discretio"(분별력)과 연관된다.

기 때문이다. [17]자기의 명령에 있어서는 용의주도하고 깊이 생각할 것이다. (그 명령이) 하느님께 관계되는 일이든 아니면 세속에 관계되는 일이든 분별있고 절도있어야 할 것이니, [18]"만일 내가 내 양의 무리를 심하게 몰아 지치게 하면 모두 하루에 죽어 버릴 것이다" 하신 성조 야곱의 분별력을 생각할 것이다.

[19]이밖에도, (모든) 덕행들의 어머니인 분별력의 다른 증언들을 거울삼아, 모든 것을 절도있게 하여 강한 사람은 갈구하는 바를 행하게 하고, 약한 사람은 물러나지 않게 할 것이다.

[20]무엇보다도 현재의 규칙을 모든 면에 걸쳐 준수함으로써 [21]제때에 자기 동료 종들에게 곡식을 나누어 준 착한 종에게 하신 주님의 말씀을 들을 수 있도록 잘 관리할 것이니, [22](말씀하시기를) "나는 분명히 말하지만, 주인이 자기 모든 재산을 그에게 맡길 것이다"(라고 하셨기 때문이다).

18-19. "discretio"(분별력): 베네딕도의 중용사상을 대표하는 구절이다. 이 "discretio"는 과격하거나 지나치지 않음(12절: "ne quid nimis"; 16절: "non sit nimius … nimis suspiciosus")이요, 깊은 생각에서 나온 절도있는(temperet) 태도이다(41,5 참조); 베네딕도는 이 중용을 모든 덕의 어머니(까시아누스, 담화집 2,4,4 참조)라고 부른다. "물러나지 않게": 머리말 46절 참조.
참고문헌: Aquinata Böckmann, 베네딕도 규칙서와 그 전통에 의한 분별, 코이노니아 6집 (1982년 여름) 60-79.

21-22. 아빠스를 착한 종(servus), 형제들을 동료 종들(conservi)로 비교되어 있는 이 구절은 우선 마태 24,45-51에 나오는 "충성스런 종과 불충한 종의 비유"를 염두에 두고 있는데, "conservi"란 표현은 이 비유에 나오지 않고 마태 18,23-35의 "무자비한 종의 비유"에 나온다. 베네딕도는 의식적이든 무의식적이든 이 두 가지 비유를 염두에 두고 있는 듯하다. 즉, 아빠스는 하느님 앞에서 형제들과 같이 종이라는 사실, 그리고 맡은 관리인직을 충실히 이행하지 못할 때 하느님으로부터 엄한 벌이 있으리라는 경고가 내포되어 있다.

LXV

De praeposito monasterii

[1]Saepius quidem contigit, ut per ordinationem praepositi scandala gravia in monasteriis oriantur, [2]dum sint aliqui maligno spiritu superbiae inflati et aestimantes se secundos esse abbates, adsumentes sibi tyrannidem, scandala nutriunt et dissensiones in congregationes faciunt, [3]et maxime in illis locis ubi ab eodem sacerdote vel ab eis abbatibus qui abbatem ordinant, ab ipsis etiam et praepositus ordinatur. [4]Quod quam sit absurdum facile advertitur, quia ab ipso initio ordinationis materia ei datur superbiendi, [5]dum ei suggeritur a cogitationibus suis exutum eum esse a potestate abbatis sui, [6]quia ab ipsis es et tu ordinatus a quibus et abbas. [7]Hinc suscitantur invidiae, rixae, detractiones, aemulationes, dissensiones, exordinationes,

---

65,7 참조: 2고린 12,20; 갈라 5,20-21

---

65. RM 92장과 93,43-90과 연관된다 할 수 있으나, 〈스승의 규칙서〉의 아빠스직을 계승할 "제2인자"(secumdus)와 〈베네딕도 규칙서〉의 원장과는 성격이 전혀 다르다. 규칙서 중에 베네딕도가 가장 부정적인 어조로 기록한 장이다.

용어상의 문제로서, 베네딕도회 수도원들에서 일반적으로 원장을 "prior"이라 부르는데 규칙서에서는 "praepositus"이다. 규칙서에서 "prior"은 장상이란 의미로 사용되기도 하고(6,7; 7,41; 13,12; 20,5; 38,9; 40,5; 43,19; 53,3.8.10; 68,4) 선배란 의미로 사용되기도 한다(63,10.12.15; 71,4.6.7). 〈스승의 규칙서〉에서 "praepositus"는 십인조의 조장(組長: 각 조에 2명 있음)을 뜻하며, 따라서 〈베네딕도 규칙서〉의 십인장(decanus)과 같은 사람이다. 한편 우리말 용어에서 "원장"은 수도원의 최고 장상인 아빠스에 붙여져야 마땅하며, "praepositus"는 그 역할상 부원장이라 불러야 할 것이다. 그러나 베네딕도회 수도원 제도의 특수성으로 인해, 아빠스는 직책만이 아니라 신분을 나타내며, 따라서 사임한 아빠스도

제**65**장
수도원의 원장에 대하여

¹원장의 임명으로 수도원에 자주 크나큰 물의가 생긴다. ²어떤 (원장들은) 교만의 악한 정신에 들떠 자신이 둘째 아빠스라 생각하고 스스로 폭정권을 장악하여 물의를 조장하고 공동체 안에 불화를 일으키는데, ³(이런 일은) 특히 아빠스를 세우는 동일한 주교나 아빠스들이 원장까지도 같이 세우는 곳에서 생긴다. ⁴이것이 얼마나 불합리한 일인지는 쉽게 알 수 있는 것이니 취임의 바로 시초부터 교만을 부릴 소지가 그에게 주어지기 때문이다. ⁵그는 자신이 자기 아빠스의 권한에 속해 있지 않다는 생각을 자신에게 주입하는데, ⁶(즉) "아빠스를 세운 사람들로부터 너 자신도 세워졌다"고 (생각하기) 때문이다. ⁷이로 인해 질투와 논쟁(論爭)과 비방과 시기심과 불화

그대로 아빠스로 불리운다. 우리는 이미 한국 베네딕도회에서 정착되다시피 한 **"praepositus"**를 그냥 원장이라 부르기로 한다.

1. **"scandala"**: 규칙서에서는 싸움, 분쟁, 물의 등의 의미로 사용된다.
   "자주 크나큰": 베네딕도 자신에게 혹은 인근 수도원들에서 이런 부정적인 경험이나 사례들이 많았음을 암시한다.

2-3. "세우는 곳에서 생긴다"는 표현은 베네딕도 자신의 수도원이 아니라 다른 수도원의 관례를 말한다. "둘째 아빠스들"(secundos abbates)은 **RM 92-93**장에 나오는 "제**2**인자"(secundus)를 연상케 하는데, 특히 현직 아빠스의 임종이 가까이 왔을 때 **"secundus"**의 교만이나 횡포를 묘사하는 부분(**RM 93,69-90**)을 연상케 한다; 이 **"secundus"**는 주교의 기도와 축복으로 아빠스좌에 오른다. **"sacerdote"**: 그 뜻은 사제인데, 여기서는 주교를 지칭한다. 왜냐하면 **62,9**에서처럼 직책을 나타내는 것이 아니라 전례 예식 안에서의 직분을 말하기 때문이다: **RM 93,34** 참조.

4. "교만의 소지": 5-6절에 설명되어 있다(3절 참조).

6. 3절 참조.

7. 비합리적 제도(4절)에서 생겨날 수 있는 여섯 가지 부정적 태도를 열거한다.
   "질투"(invidiae): 22절에서는 아빠스 편에서의 질투를 말한다.
   "불화"(dissensiones): 2절 참조.

[8]ut dum contraria sibi abbas praepositusque sentiunt, et ipsorum necesse est sub hanc dissensionem animas periclitari, [9]et hii qui sub ipsis sunt, dum adulantur partibus, eunt in perditionem. [10]Cujus periculi malum illos respicit in capite qui talius inordinationis se fecerunt auctores.

[11]Ideo nos vidimus expedire propter pacis caritatisque custodiam in abbatis pendere arbitrio ordinationem monasterii sui. [12]Et si potest fieri per decanos ordinetur, ut ante disposuimus, omnis utilitas monasterii, prout abbas disposuerit, [13]ut, dum pluribus committitur, unus non superbiat. [14]Quod si aut locus expetit aut congregatio petierit rationabiliter cum humilitate et abbas judicaverit expedire, [15]quemcumque elegerit abbas cum consilio fratrum timentium Deum ordinet ipse sibi praepositum.

[16]Qui tamen praepositus illa agat cum reverentia quae ab abbate suo ei injuncta fuerint, nihil contra abbatis voluntatem aut ordinationem faciens, [17]quia quantum praelatus est ceteris, ita eum oportet sollicitius observare praecepta Regulae.

[18]Qui praepositus si repertus fuerit vitiosus aut elatione deceptus superbire, aut contemptor sanctae Regulae fuerit

---

8-10. 분열에 의한 파당의 위험성: 각자의 영혼들뿐 아니라 공동체의 멸망을 초래하는 위험임을 강조한다. RM 92-93장에서는 "secundus"로 인해 야기되는 파당의 문제에 대한 언급이 없고, 교만한 "secundus"만 홀로 면직된다.

11. 아빠스의 결정권 = 임명권: 3,5(24,2 참조).
"유익할 것으로 본다": 4절의 불합리한(absurdum) 제도에 대한 합리적인 방법을 말한다; 64,14 참조.

12. "앞에서 규정한 바와 같이": 21,1-4를 말한다.

13. 권한과 권력의 분산이라는 차원에서 베네딕도는 원장의 제도보다 십인장의 제도를 선호한다. "secundus"의 교만: RM 92,2.37.46; 93,47.50.61.74-75.84.87.

14. "만일 지방 (여건)이 필요로 하거나": 40,8; 48,7 참조.
공동체의 요구: 62,6; 64,1 참조.
"겸손되이 이치에 맞게": 61,4; (7,60) 참조.

15. "하느님을 두려워함"과 "선택": 64,1을 보라.
"형제들의 의견": 3,12에서 언급된 장로들의 의견만 듣는 것이 아니라, 모든 형와 혼란이 생기게 된다. [8]또한 아빠스와 원장 사이에 의견이 대립하게 되면 이러한 불화 밑에서 자신들의 영혼들이 위험을 당할 수밖에 없고, [9]또한 그들 밑에 있는 사람들도 어느 파당에 붙어 멸망에 빠지게 된다. [10]이 위험스러운 재앙의 책임은 주로 이러한 혼란을 불러일으킨 이들에게 돌아가는 것이다.

[11]그러므로 우리는, 평화와 사랑을 보존하기 위해 수도원 내의 임명권은 아빠스의 재량에 맡기는 것이 유익할 것으로 본다. [12]앞에서 규정한 바와 같이, 가능하다면, 수도원 내의 모든 일이 아빠스가 정하는 대로 십인장들을 통해 처리되게 할 것이다. [13]이는 많은 사람들에게 일이 분담될 때 한 사람이 교만해지는 일이 없게 되기 위해서이다. [14]만일 지방 (여건)이 필요로 하거나 공동체가 겸손되이 이치에 맞게 요청하고 또 아빠스가 유익하다고 판단하였거든, [15]아빠스는 하느님을 두려워하는 형제들의 의견을 참작하여 어떤 한 사람을 선택하고 친히 그를 원장으로 임명할 것이다.

[16]원장은 자기 아빠스가 자신에게 맡긴 일들을 존경심을 가지고 실행할 것이며, 아빠스의 뜻이나 조치에 위배되는 것은 아무것도 하지 말 것이다. [17]왜냐하면 다른 사람들 위에 높아질수록 규칙의 계명을 더욱 주의깊게 준수해야 하기 때문이다.

[18]만일 원장에게 결점들이 발견되거나, 승진(昇進)에 현혹되어 교만해지거나 또는 거룩한 규칙을 멸시하는 자로 드러나거든 네 번까지는 말로써

제들의 의견을 말하는 듯하다; 동방 규칙서 3장에서는 원장 선출에 모든 형제들의 의견을 듣는 것으로 되어 있다.

원장 임명권: 11절을 보라.

16-17. 수도원의 사제에게 한 권고(**62,3-4**)와 비슷하다; **31,4**(당가) 참조. 빠꼬미우스, 규칙서(PI) 17("Ipse autem praepositus nihil faciet nisi quod pater jusserit … servabit regulas monasterii") 참조.

18-20. 교정 단계는 **23,1-3**의 원칙에 기초를 두고 있으며, 방법은 **21,5-6**에 나오는 십인장의 경우와 비교할 만하다: 십인장의 경우에는 세 번까지 견책하고 그 다음 파면하는 반면, 원장의 경우에는 네 번까지 견책하고 그 다음 파면한다. "규칙에 정한 벌"은 **23,3**의 공적 견책에 해당하는 듯하다.

conprobatus, admoneatur verbis usque quater. [19]Si non emen-
daverit, adhibeatur ei correptio disciplinae regularis. [20]Quod si
neque sic correxerit, tunc deiciatur de ordine praepositurae et
alius qui dignus est in loco ejus subrogetur. [21]Quod si et postea
in congregatione quietus et oboediens non fuerit, etiam de
monasterio pellatur. [22]Cogitet tamen abbas se de omnibus
judiciis suis Deo reddere rationem, ne forte invidiae aut zeli
flamma urat animam.

LXVI

De hostiariis monasterii

[1]Ad portam monasterii ponatur senes sapiens, qui sciat acci-
pere responsum et reddere, et cujus maturitas eum non sinat
vacari. [2]Qui portarius cellam debebit habere juxta portam, ut
venientes semper praesentem inveniant a quo responsum
accipiant. [3]Et mox ut aliquis pulsaverit aut pauper clamaverit,
»Deo gratias« respondeat aut »Benedic«, [4]et cum omni

---

21. 퇴원: 62,10을 보라.

22. 아빠스의 헴바침에 대한 생각: 2,34; 55,22; 63,3; 64,7 참조.

66. RM 95장과 연관됨. 〈스승의 규칙서〉에서는 수도원 문지기에 대해 다루는 RM
95장이 마지막 장이며, 〈베네딕도 규칙서〉에서도 **66,8**의 표현은 규칙서를 끝맺
는 듯한 인상을 준다(아우구스떠누스도 규칙서를 끝맺는 **VIII,2**에서 형제들에게
규칙서를 정규적으로 읽을 것을 권한다). 대부분의 학자들은, 규칙서의 1차 편집
은 66장으로 끝났으며, **67-73**장은 후에 첨부된 부분이라고 주장한다.

1. 〈스승의 규칙서〉에서는 2명의 문지기(**RM 95,1:** "duobus fratribus)를 말하는데,
베네딕도는 **66**장의 제목에서 "문지기들"(hostiariis)이라고 하지만, 본문에서는
한 명의 문지기만을 언급하는데, 이것은 5절에 문지기의 "보조원"을 둘 수 있다

충고할 것이다. [19]만일 고치지 않거든 규칙에 정한 벌을 줄 것이다. [20]그래도 고치지 않거든 그때에는 그를 원장직에서 파면시키고 다른 적합한 사람을 그의 자리에 대신 세울 것이다. [21]만일 그런 다음에도 공동체 안에서 조용히 있지 않고 순종하지 않거든 수도원에서 내보내기까지 할 것이다. [22]그러나 아빠스는 자기의 모든 판단에 대해 하느님께 혬바쳐야 한다는 사실을 생각하여, 질투심이나 시기심의 불꽃이 영혼을 불태우지 않도록 할 것이다.

제**66**장
수도원의 문지기들에 대하여

[1]수도원의 정문에는 말을 주고받을 줄 알고 또 (인격이) 성숙하여 함부로 나돌아 다니는 일이 없는 현명하고 연로한 사람을 둘 것이다. [2]문지기는 정문 옆에 방을 가져, 방문자들이 언제나 응대(應待)할 사람을 찾을 수 있도록 할 것이다. [3]그리고 누가 문을 두드리거나 가난한 사람이 외치거든 즉시 "하느님께 감사합니다" 하거나 또는 "강복하소서" 하고 대답하고,

---

는 규정을 염두에 두고 있기 때문인 것으로 보인다.
"연로한 사람": RM 95,1.4.14. 베네딕도는 여기서 문지기에게 요구되는 4가지 덕목을 열거한다.
"지혜로운": 31,1; 53,22를 보라.
인격의 성숙: 31,1 참조.

2. 베네딕도는 문지기를 나타내기 위해 제목의 "hostiarius"란 용어 대신 여기서는 "porta"(문)에서 파생된 "portarius"란 용어를 사용한다(5절 참조). RM 95,1; 까시아누스, 제도집 4,7 참조.

3. "하느님께 감사합니다"(Deo gratias) 응답: RM 23,2; 24,39; 54,5; 89,2.
"강복하소서"(Benedic) 응답: RM 27,8. "Benedic"은 "강복을 청함"(53,24; 63,15)에 상응한다.

mansuetudine timoris Dei reddat responsum festinanter cum fervore caritatis. ⁵Qui portarius si indiget solacio juniorem fratrem accipiat.

⁶Monasterium autem, si possit fieri, ita debet constitui ut omnia necessaria, id est aqua, molendinum, hortum vel artes diversas intra monasterium exerceantur, ⁷ut non sit necessitas monachis vagandi foris, quia omnino non expedit animabus eorum.

⁸Hanc autem Regulam saepius volumus in congregatione legi, ne quis fratrum se de ignorantia excuset.

66,6-7 참조: Hist. monach. 17

---

4. "온갖 양순함": 68,1.
 "사랑의 열정": 72,3; (53,3 참조).

5. 보조원: 53,18.20; (31,17; 35,3-5 참조).

6-7. Hist. monach. 17; RM 95,17-21과 연관된다. 작업장 및 일터: 46,1 참조.

[4]하느님을 두려워하는 마음에서 온갖 양순함과 사랑의 열정으로 재빠르게 응대할 것이다. [5]만일 문지기가 보조원을 필요로 하거든 젊은 형제를 그에게 줄 것이다.

[6]수도원에는 가능한 한 필요한 모든 것, 즉 우물, 방아, 정원이나 여러 가지 작업장들의 일들이 수도원 내부에서 이루어지도록 배치되어 있어야 하며, [7]그래서 수도승들이 밖에 돌아다닐 필요가 없게 할 것이니, 이는 그들의 영혼에 전혀 이득이 되지 않기 때문이다.

[8]형제들 가운데서 어느 누구도 몰랐다는 핑계를 대지 않게 하기 위해서 우리는 이 규칙서가 공동체 안에서 자주 읽혀지기를 바라는 바이다.

수도승들이 수도원의 울타리 안에서 일하는 것은 봉쇄규율에 근거를 두고 있다: 67,4-5; RM 95,1-21 참조.

8. 규칙서의 독서: RM 24,15.26-27.31-33; 아우구스띠누스, 규칙서 VIII,2 참조. 규칙서를 자주 읽으라는 권고는 사실 66장의 내용과는 연관이 없는데, 마치 〈아우구스띠누스의 규칙서〉에서처럼 규칙서를 끝맺는 마지막 권고처럼 보이며, 〈스승의 규칙서〉에서도 문지기에 관한 RM 95장으로 규칙서를 끝맺는다(RM 95,24; "Explicit regula sactorum patrum").

LXVII

De fratribus in viam directis

[1]Dirigendi fratres in via omnium fratrum vel abbatis se orationi conmendent, [2]et semper ad orationem ultimam Operis Dei commemoratio omnium absentum fiat.

[3]Revertentes autem de via fratres ipso die quo redeunt per omnes canonicas Horas, dum expletur Opus Dei, prostrati solo oratorii [4]ab omnibus petant orationem propter excessos, ne qui forte subripuerint in via visus aut auditus malae rei aut otiosi sermonis. [5]Nec praesumat quisquam referre alio quaecumque foris monasterium viderit aut audierit, quia plurima destructio est.

[6]Quod si quis praesumpserit, vindictae regulari subjaceat. [7]Similiter et qui praesumpserit claustra monasterii egredi vel quocumque ire vel quippiam quamvis parvum sine jussione abbatis facere.

67,4 참조: 마태 11,36

---

67. 이 장과 이후의 장들은 규칙서의 **1**차 편집 후에 첨가된 부분에 속한다. 여행에 관해서는 이미 **51**장에서 간략하게 규정되어 있는데, 아마 초기에는 베네딕도 자신이 거의 수도원 밖을 나가지 않았던 것처럼 수도승들의 외출이 극히 예외적인 경우였으나, 점차 수도원이 커지면서 다른 곳에 수도원을 세우게 되는 등 공적인 일로 외출이 증가하게 됨으로 인해 이에 대한 규정을 보완할 필요가 있었던 것으로 보인다. **RM 66–67**장과 연관됨.

제67장

여행중에 있는 형제들에 대하여

[1]여행하게 될 형제들은 모든 형제들과 아빠스에게 기도를 청할 것이다. [2]그리고 하느님의 일의 마지막 기도에는 참석하지 못한 모든 이들을 기억할 것이다.

[3]여행에서 돌아온 형제들은 돌아온 그날 모든 법적 시간경마다 하느님의 일이 끝날 때 성당 바닥에 엎드려, [4]여행중에 혹시 나쁜 것을 보았거나 들었거나 또는 한가한 말로 저지른 잘못들 때문에 모든 사람들에게 기도를 청할 것이다. [5]누구든지 수도원 밖에서 보았거나 들은 것을 다른 사람에게 감히 이야기하지 말 것이니, 이것은 극심한 피해를 가져오기 때문이다.

[6]만일 누가 감히 이런 짓을 하거든 규칙에 정한 벌을 줄 것이다. [7]또한 아빠스의 명령 없이 수도원의 봉쇄구역을 나가거나 어디든지 가거나 또는 아무리 사소한 일을 하더라도 같은 벌을 줄 것이다.

---

1. 외출 전 기도 요청: RM 66,1-4(28,27 참조)를 보라.

2. "하느님의 일의 마지막 기도"(orationem ultimam Operis Dei): 매 시간경 끝맺는 마침기도를 말하며 17,4.5.8.10에 나오는 "missas"에 상응한다. RM 20,4 참조.

3-4. 귀원 후 기도 요청: RM 66,5-6; 67,1-5 참조. 이 기도 요청은 귀원한 날의 모든 시간경("per omnes canonicas Horas") 끝에 반복했으며, 귀원한 형제의 자세는 44,1-2와 비슷한데, 성당 밖(44,1)이 아니라 성당 안에서, 그리고 "말없이"(44,1)가 아니라 스스로 청한다.

5. 여행중에 보았거나 들은 것을 수도원 안에 전하지 못하게 하는 것은 봉쇄의 규율과 연관된다(7절 참조).
   "극심한 피해"(plurima destructio): 베네딕도는 이런 행위가 공동체의 생활 자체를 뒤흔들어 놓는 위험이라고 강한 표현을 사용하고 있다. 빠꼬미우스, 규칙서(Praecepta) 57; 86 참조.

LXVIII

Si fratri inpossibilia injungantur

¹Si cui fratri aliqua forte gravia aut impossibilia injunguntur, suscipiat quidem jubentis imperium cum omni mansuetudine et oboedientia. ²Quod si omnino virium suarum mensuram viderit pondus oneris excedere, inpossibilitatis suae causas ei qui sibi praeest patienter et oportune suggerat, ³non superbiendo aut resistendo vel contradicendo. ⁴Quod si post suggestionem suam in sua sententia prioris imperium perduraverit, sciat junior ita sibi expedire, ⁵et ex caritate, confidens de adjutorio Dei, oboediat.

68,1-3 참조: 바실리우스, 규칙서 69; Ps.-Basil., Admon. 6

---

68. 이 장은 수도 역사 안에서 매우 고유하고 특색있는 장이다. 바실리우스, 규칙서 79와 까시아누스, 제도집 **4,10**에서 이 문제를 다루고 있지만, 끝없는 순명을 강조하고 있을 뿐이다. 수하 수도자가 장상에게 불가능한 사유를 말할 수 있는 것은 베네딕도 이전의 수도 규칙서들에서는 찾아볼 수 없다.
제목의 특이한 형태인데, **1**절 앞부분을 축소시킨 것이다.

제**68**장

어떤 형제가 불가능한 일을 명령받았다면

[1]만일 어떤 형제가 힘든 일이나 불가능한 일을 명령받았더라도, 명하는 사람의 명령을 온갖 양순함과 순종함을 다하여 받아들일 것이다. [2]만일 (맡겨진) 일의 부담이 자기 힘에 너무 과도한 것으로 보이거든, 인내성 있게 그리고 적절한 (때에) 자기의 불가능한 사유를 장상에게 말씀드릴 것이지, [3]거만하거나 반항하거나 반대하는 (태도로써) 하지 말 것이다. [4]만일 말씀드린 후에도 장상이 전에 내린 결정대로 명령을 고수(固守)하거든 아랫사람은 그렇게 하는 것이 자기에게 유익한 줄로 알고 [5]하느님의 도우심을 믿으면서 사랑으로써 순명할 것이다.

---

1. "온갖 양순함": **66,4**.

2. "patienter et oportune": "말씀드리다"(suggerat)를 수식하는 두 개의 부사인데, "oportune"는 시간을 암시하는 "적절한 (때에)"라는 의미를 갖고 있으며, 장상의 기분을 보아 말씀드리라는 뜻이 아니라 "patienter"이 암시하듯이, 명령받은 일을 일단 받아들여(1절) 인내로이 수행하다가 도저히 불가능하다고 생각되는 적절한 때에 말씀드리라는 뜻이다.

4. "prioris … junior": 여기서는 문맥상 "장상"과 "아랫사람"을 말하며, 아빠스란 표현을 피한 것은 아마 형제들 사이의 선배와 후배 사이의 관계도 포함시키기 위해서인 듯하다.

5. "사랑으로써 순명": **7,34; 71,4**를 보라.

LXIX

Ut in monasterio non praesumat alter alterum defendere

[1]Praecavendum est ne quavis occasione praesumat alter alium defendere monachum in monasterio aut quasi tueri, [2]etiam si qualivis consanguinitatis propinquitate jungantur. [3]Nec quolibet modo id a monachis praesumatur, quia exinde gravissima occasio scandalorum oriri potest. [4]Quod si quis haec transgressus fuerit, acrius coerceatur.

LXX

Ut non praesumat passim aliquis caedere

[1]Vitetur in monasterio omnis praesumptionis occasio; [2]atque constituimus ut nulli liceat quemquam fratrum suorum excommunicare aut caedere, nisi cui potestas ab abbate data

---

69. 제목: 68장의 경우와 마찬가지로 1절을 요약한 것이다.

1. "변호하거나 옹호하는"(defendere … aut … tueri): 같은 내용을 반복하여 되풀이하고 있다.
   변호 금지: 빠꼬미우스, 규칙서(PJ) 16; 바실리우스, 규칙서 26 참조.

3. "gravissima … scandalorum oriri": 65,1의 "scandala gravia … oriantur"과 비슷하다. 65,1의 경우에서도 파당으로 인한 다툼(scandalum)을 염두에 두고 있는데, 여기서도 어떤 사람을 변호함으로 인해 다른 사람과 대립하게 되고 이로써

제**69**장

수도원 안에서 감히 서로 변호하지 말 것이다

[1]수도원 안에서 어떠한 경우라도, 어떤 이가 다른 이를 감히 변호하거나 옹호하는 일이 없도록 조심할 것이니, [2]비록 가까운 어떤 친척 관계에 있다 하더라도 그러하다. [3]또한 수도승들은 이런 일을 어떤 모양이든지 감히 하지 말아야 할 것이니, 다툼들이 (일어날) 크나큰 기회가 이렇게 해서 생겨날 수 있기 때문이다. [4]만일 누가 이 규칙을 어기거든 아주 엄하게 책벌할 것이다.

제**70**장

아무도 감히 함부로 때리지 말 것이다

[1]수도원 안에서 월권행위의 모든 기회를 피할 것이니, [2]아빠스로부터 권한을 받은 사람이 아니면 아무도 자기 형제들 가운데 어떤 사람을 파문시키

생기는 다툼의 양상이 같을 수 있다.

70. 이 장에서는 특히 월권행위(praesumptio)를 금하고 있다. 이 월권행위는 장상의 권한을 침해한다는 점에서뿐 아니라 형제 상호관계를 해치는 위험한 행위로 단죄한다. 제목에서 "Ut non praesumat"(감히 하지 말 것이다)는 69장의 제목과 같은 형식이다.

1. "praesumptionis": 월권행위를 말하는데, 동사형 "praesumere"와 함께 67-70장 사이에 여러 차례 나온다(67,5.6.7; 69,제목.1.3; 70,제목.6).

2. 파문이나 매질: 이 두 가지 벌은 23,4-5; 30,2-3에도 함께 나온다.
   장상만이 벌을 줄 수 있다: 빠꼬미우스, 규칙서(PI) 5 참조.

fuerit. ³*Peccantes* autem *coram omnibus arguantur ut ceteri metum habeant.* ⁴Infantum vero usque quindecim annorum aetates disciplinae diligentia ab omnibus et custodia sit; ⁵sed et hoc cum omni mensura et ratione.

⁶Nam in fortiori aetate qui praesumit aliquatenus sine praecepto abbatis vel in ipsis infantibus sine discretione exarserit, disciplinae regulari subjaceat, ⁷quia scriptum est: *Quod tibi non vis fieri, alio ne feceris.*

LXXI

Ut oboedientes sibi sint invicem

¹Oboedientiae bonum non solum abbati exhibendum est ab omnibus, sed etiam sibi invicem ita oboediant fratres, ²scientes per hanc oboedientiae viam se ituros ad Deum.

³Praemisso ergo abbatis aut praepositorum qui ab eo con-

70,3 1디모 5,20 ‖ 7 마태 7,12; 토비 4,16

---

3. 23,3(모든 이 앞에서); 48,20(다른 이들로 하여금 두려움을 갖게 하다) 참조. 이 월권행위는 사적 훈계를 거치지 않고 바로 공적 징계로 벌한다. 왜냐하면 다른 형제를 파문하거나 때리는 월권행위 자체가 공적으로 드러나게 마련이고, 공동체 생활을 심각하게 해치는 행위라는 점에서뿐 아니라 다른 이들에게도 이에 대한 경고의 성격을 띤 징계이기 때문이다.

4. "15세까지의 어린이들": RM 14,79 참조.
   어린이들에 대한 감독: 63,9.19의 내용과 같다.

7. 같은 성서 인용이 4,9; 61,14에도 나온다.

71. 순명에 대해서는 이미 머리말 첫머리와 5장, 7장, 68장 등 여러 곳에서 언급되어 있지만, 베네딕도는 특히 이 장에서 수하 사람의 장상에 대한 수직적인 순명뿐

거나 때리지 못하도록 규정하는 바이다. [3](이를) "위반하는 사람들은 모든 이들이 보는 앞에서 징계하여 다른 사람들로 하여금 두려움을 갖도록 할 것이다." [4]그러나 15세까지의 어린이들은 규율을 지키도록 모든 이들이 주의를 기울이고 감독할 것이나, [5]정도와 이치에 맞게 할 것이다.

[6]누가 만일 아빠스의 명령 없이 장성한 사람들에 대해 월권행위를 하거나 혹은 어린이들에게 분별 없이 화를 내거든 규칙에 정한 벌을 줄 것이니, [7]"너에게 되어지기를 원하지 않는 바를 남에게 행하지 말라"고 기록되어 있기 때문이다.

제**71**장
서로 순명할 것이다

[1]모든 이들은 순명의 미덕(美德)을 아빠스에게 드러낼 뿐 아니라 형제들끼리도 서로 순명할 것이며, [2]이 순명의 길을 통해서 하느님께 나아가게 되리라는 사실을 알아야 한다.

[3]그러므로 아빠스나 또는 그에게 임명을 받은 원장들의 명령이 우선적이

아니라 형제들 상호간의 수평적인 순명에 대해서도 강조한다. 이 수평적인 순명에 있어서도 후배가 선배에 대한 순명에만 국한되어 있지 않고, **72,6**("서로 다투어 복종하고")에 다시 언급되어 있듯이 선후배에 관계없이 완전한 의미의 형제적 순명을 염두에 두고 있다. 앞의 **69-70**장은 수도 가족 안에 구성원 사이의 관계를 해치는 부정적인 행위들을 제거하는 데 목적이 있다면, 이 장과 다음 장인 **72**장은 이상적인 공동체 생활을 건설하기 위한 긍정적인 방법을 제시하고 있다.

1. "순명의 미덕": 까시아누스, 제도집 **4,30,1; 12,31**을 보라.
   형제들의 상호 순명: **72,6** 참조.

2. 하느님께 나아감: **58,8** 참조.

3. "원장들"(praepositorum): **65**장에 의하면 원장은 한 사람인데, **62,7**(praepositis)과 여기에서 왜 복수로 썼는가? 이에 대해 우리는 두 가지 가능성을 생각할 수 있다: 첫째, 여기서 "praepositi"는 일반적인 의미로 책임자들, 즉

stituuntur imperio, cui non permittimus privata imperia
praeponi, [4]de cetero omnes juniores prioribus suis omni caritate
et sollicitudine oboediant. [5]Quod si quis contentiosus repperi-
tur, corripiatur.

[6]Si quis autem frater pro quavis minima causa ab abbate vel
a quocumque priore suo corripitur quolibet modo, [7]vel si leviter
senserit animos prioris cujuscumque contra se iratos vel com-
motos quamvis modice, [8]mox sine mora tamdiu prostratus in
terra ante pedes ejus jaceat satisfaciens, usque dum benedictio-
ne sanetur illa commotio. [9]Quod qui contempserit facere, aut
corporali vindictae subjaceat aut, si contumax fuerit, de
monasterio expellatur.

71,5 참조: 1고린 11,16

십인장, 당가, 문지기 등 아빠스로부터 공적으로 임명된 책임자들 모두를 나타낸
다(A. Lentini의 설). 둘째, "praepositi"는 65장에서처럼 원장을 나타내는데,
65,15-20에서 암시하듯이, 지금의 원장뿐 아니라 앞으로 계승될 모든 원장을 포
함한다(A. de Vogüé의 설)는 것이다.

4. 선배(prioribus)와 후배(juniores) 관계: 63,10.12를 보라. 형제적 순명이지만, 후
배가 선배에게 하는 상향식 순명을 말한다.

며, 우리는 다른 어떤 개인적 명령들을 이보다 앞세우는 것을 허락하지 않으며, [4]그밖의 경우에는 모든 후배들이 자기 선배들에게 온갖 사랑과 주의를 기울여 순명할 것이다. [5]만일 누가 다투기를 좋아하거든 책벌할 것이다.

[6]그러나 만일 어떤 형제가 아무리 사소한 문제 때문에라도 아빠스나 자기 선배에게서 어떤 모양으로든지 책벌받거나, [7]또는 어떤 선배가 자기에게 대해서 가볍게 화를 내거나 아무리 가볍게라도 불쾌해하는 것을 느끼거든, [8]지체하지 말고 즉시 그의 발 앞에서 땅에 엎드려 그의 불쾌함이 풀려 강복을 줄 때까지 보속해야 한다. [9]만일 누가 이렇게 하기를 무시하거든 육체적인 벌을 줄 것이며, 그래도 완고히 버티거든 수도원에서 내보낼 것이다.

---

5. "contentiosus": 3,9; 4,68(= RM 3,74)을 보라. "다툰다"는 뜻인데, 여기서는 후배가 선배에게 반항하는 태도로 다투는 행위를 뜻한다.

6-7. "화를 내거나 … 불쾌해하는": 5절의 "contentiosus"를 연상케 하지만, 여기서는 다른 모든 경우들을 포함하여 일반화시킨다.

8. "땅에 엎드려": 44,1에서처럼 용서를 비는 속죄의 동작이며, 또한 불순종하고 반항하여 다투었던(5절) 교만에 대해 보상하는 겸손의 표시이다.

9. "contempserit": 원래는 "경멸하다"는 뜻이다. 즉석에서 속죄를 하지 않으려는 것은 스스로 고치려는 뜻이 없음을 나타낼 뿐 아니라 상대방을 업수이 여기는 교만의 자세가 내포되어 있으므로 높은 벌인 체벌을 준다.

LXXII

De zelo bono quod debent monachi habere

¹Sicut est zelus amaritudinis malus qui separat a Deo et ducit ad infernum, ²ita est zelus bonus qui separat a vitia et ducit ad Deum et ad vitam aeternam.

³Hunc ergo zelum ferventissimo amore exerceant monachi, ⁴id est ut *honore se invicem praeveniant,* ⁵infirmitates suas sive corporum sive morum patientissime tolerent, ⁶oboedientiam sibi certatim inpendant; ⁷nullus quod sibi utile judicat sequatur, sed quod magis alio; ⁸caritatem fraternitatis caste inpendant, ⁹amore Deum timeant, ¹⁰abbatem suum sincera et humili caritate diligant, ¹¹*Christo omnino nihil praeponant,* ¹²qui nos pariter ad vitam aeternam perducat.

72,1-2 참조: 마태 7,13-14; 갈라 4,17-18 ‖ 1 참조: 야고 3,14; 끌레멘스 교종, 고린토 서간 9 ‖ 4 로마 12,10 ‖ 7 참조: 1고린 10,24.33; 필립 2,4 ‖ 8 참조: 로마 12,10; 1데살 4,9; 히브 13,1; 1베드 1,22 ‖ 9 참조: 1베드 2,17; 치쁘리아누스, 주의 기도문 15 ‖ 11 치쁘리아누스, 주의 기도문 15

---

72. 이 장은 규칙서에서 가장 아름다운 장들 중의 하나이며, 이상적인 형제적 공동체를 위한 헌장과 같은 것이다. 성서 인용구가 가장 많으며, 복음의 정신을 잘 드러내고 있다. 4장(선행을 위한 도구들)과 비슷한 형식인데, 형제들의 상호관계를 집약해서 제시하고 있다.

1-2. "zelus"는 원래 "시기심"의 뜻을 가진 부정적인 의미로 흔히 사용된다: **4,66**(= RM **3,72**); **64,16**; **65,22**. 그러나 베네딕도는 여기서 이 단어를 "열정"이란 뜻으로 사용하여, 좋은 열정과 나쁜 열정(**64,6** 참조)에 대해 말하면서 마태 **7,13-14**에 나오는 "두 가지 길"을 도입시킨다.

3. "열정"과 "지극히 열렬한 사랑"은 수도승 각자의 적극성과 능동성을 말한다. 즉, "먼저"(4절), "다투어"(6절)와 같은 태도이다. 사랑의 열정: **66,4** 참조.

4. **63,17**에서도 같은 성서 인용이 나온다.

5. **36,5**를 보라. 까시아누스, 제도집 **12,33,1**; 담화집 **6,3,5**; 담화집 **19,9,1** 참조. 베네딕도는 형제들의 육체적인 약점들뿐 아니라 품행상의 약점들을 여기에 포

제**72**장

수도승들이 가져야 할 좋은 열정에 대하여

[1]하느님께로부터 분리시켜 지옥으로 이끄는 쓰고 나쁜 열정이 있듯이, [2]악습에서 분리시켜 하느님과 영원한 생명에로 이끄는 좋은 열정이 있다.

[3]그러므로 수도승들은 지극히 열렬한 사랑으로 이런 열정을 실천할 것이다. [4]즉, 서로 존경하기를 먼저 하고, [5]육체나 품행상의 약점들을 지극한 인내로 참아 견디며, [6]서로 다투어 순종하고, [7]아무도 자신에게 이롭다고 생각되는 것을 따르지 말고 오히려 남에게 (이롭다고 생각하는 것을 따를 것이며), [8]형제적 사랑을 깨끗이 드러내고, [9]하느님을 사랑하여 두려워할 것이며, [10]자기 아빠스를 진실하고 겸손한 애덕으로 사랑하고 [11]그리스도보다 아무것도 더 낮게 여기지 말 것이니, [12]그분은 우리를 다 함께 영원한 생명으로 인도하실 것이다.

함시킴으로써 공동체 생활 안에 일어날 수 있는 모든 문제점들을 함축하고 있다. 각자의 건강, 성격, 취미, 인간성, 기질, 판단력, 지성 등의 차이에서 느끼게 되는 서로의 어려운 점들은 습관적인 것이기 때문에 서로 참아주는 데는 지극한 인내 (patientissime)가 요구된다.

6. 형제들 상호 순명: **71,1**.

7. 까시아누스, 대화집 **16,22**; **17,9** 참조.

8-9. 두 문장 다 "사랑"(**caritatem; amore**)과 연결되어 있어 사랑의 이중(二重) 계명을 나타낸다.
"caste": **64,6.9**를 보라; 아우구스띠누스, 규칙서 **VI,3**("너희 사이의 사랑은 육적인 사랑이 아니라 영적인 사랑이어야 한다") 참조.

9. 하느님께 대한 "사랑"과 "두려움": 까시아누스, 담화집 **11,13**과 치쁘리아누스, 주의 기도문 **15**에서는 하느님께 대한 사랑과 두려움에 바로 이어 **RB 72,11**에 나오는 내용("그리스도보다 아무것도 더 낮게 여기지 말라")이 연결되어 있다.

10. **63,13**; **64,15**를 보라.

11. **4,21**(= RM 3,23): "아무것도 그리스도께 대한 사랑보다 더 낮게 여기지 말라."

12. 영원한 생명으로 인도: 앞의 **2**절 참조.

LXXIII

De hoc quod non omnis justitiae observatio
in hac sit Regula constituta

¹Regulam autem hanc descripsimus, ut hanc observantes in monasteriis aliquatenus vel honestatem morum aut initium conversationis nos demonstremus habere.

²Ceterum ad perfectionem conversationis qui festinat, sunt doctrinae sanctorum Patrum, quarum observatio perducat hominem ad celsitudinem perfectionis. ³Quae enim pagina aut qui sermo divinae auctoritatis Veteris ac Novi Testamenti non est rectissima norma vitae humanae? ⁴Aut quis liber sanctorum catholicorum Patrum hoc non resonat ut recto cursu perveniamus ad Creatorem nostrum? ⁵Necnon et Collationes Patrum et Instituta et Vitas eorum, sed et Regula sancti Patris nostri

---

73.제목: 참조: 마태 3,15

---

73. 규칙서를 끝맺는 이 장은 베네딕도의 완숙된 자부(慈父)적인 모습을 보여준다. 66,8이 규칙서의 1차 편집을 끝맺는 말이었다면, 베네딕도는 공동체의 상호관계에 대한 보완적인 67-72장을 쓰고 난 다음 자신의 규칙서가 완전한 것이 아니라 초보적인 규칙서에 불과하다고 겸손되이 소개한다. 그가 머리말 47-49절에서 수도생활을 처음 시작할 때에 다소 어려움이 있겠지만(또 58,8에서는 수련자에게 앞으로 당하게 될 시련과 어려움을 미리 알려줌), 생활을 해나감에 따라 주님의 계명의 길을 달리게 될(curritur) 것이라고 제시한 바와 같이, 마지막 장인 여기서는 그 길의 완성을 향해 달려가는(73,2.8: "festinare") 데 도움이 되는 방법들, 즉 여러 가지 참고 문헌들을 제시한다.

1. "이 규칙서": 66,8. "수도원들"(monasteriis): 그 당시 이 규칙서가 이미 여러 수도원에 사용되고 있었음을 암시한다.
수도생활의 시작("initium conversationis"): 까시아누스는 "initium conversionis"(제도집 4,39,1; 담화집 21,10,1)라 한다.

제73장

이 규칙서 안에는
모든 의덕(義德)을 준수할 (규율이)
다 규정되어 있지 않음에 대하여

[1]우리가 이 규칙서를 쓰는 것은, 수도원들 안에서 이것을 지킴으로써 어느 정도 품행을 올바르게 하며 수도생활을 시작하고 있다는 것을 나타내 보이기 위한 것이다.

[2]그러나 수도생활의 완덕을 향해 달려가려 하는 사람을 위해서는 거룩한 교부들의 가르침이 있으니, 이것을 지키는 사람은 완덕(完德)의 절정에 도달하게 될 것이다. [3]하느님의 권위로 (씌어진) 신·구약성서의 어느 면(面)이나 어느 말씀이 인간생활의 가장 올바른 규범이 아니겠는가? [4]또한 거룩한 가톨릭 교부들의 어느 책이 우리 창조주께 바른 길로 나아가라고 소리치고 있지 않는가? [5]또한 교부들의 담화집이나 제도서(制度書)나 그들의 전기(傳記)나 그밖에 우리의 거룩한 사부(師父) 〈바실리우스의 규칙서〉

---

2. 까시아누스, 담화집 **21,5,4**("ad perfectionem festinantibus"); 까시아누스는 "celesitudo"와 같은 의미를 가진 "culmen"을 사용하여 "culmen perfectionis"(완덕의 절정)이란 표현을 자주 쓴다(제도집 **4,8**; **5,28**; **7,13**; 담화집1, 머리말; **2,4.24**; **3,22**; **9,2,3**; **9,7,4**; **10,8,4**; **21,33,1**).

3-4. 성서와 교부들의 문헌: **9,8**.
　　"가톨릭 교부들": **9,8**에서는 "정통 가톨릭 교부들"(orthodoxis catholicis Patribus)이라고 하는데 이는 이단적인 문헌들을 배제한다는 뜻이다.

5-6. **42,3**; (**42,5** 참조)에서는 "교부들의 담화집이나 전기"를 말하는데, 여기서는 "제도집"까지 포함시키고 있다. 〈제도집〉과 〈담화집〉은 까시아누스의 유명한 저서이다.
　　"우리의 거룩한 사부 바실리우스": 〈바실리우스 규칙서〉에 대한 베네딕도의 특별한 관심을 나타낸다. 여기서 말하는 〈바실리우스 규칙서〉는 루피누스(Rufinus)가 **397**년경에 희랍어에서 라틴어로 번역한 **203**개 항목으로 된 규칙서를 말한다(부록 I의 **268**쪽 참조).

Basilii, [6]quid aliud sunt nisi bene viventium et oboedientium monachorum instrumenta virtutum? [7]Nobis autem desidiosis et male viventibus atque neglegentibus rubor confusionis est.

[8]Quisquis ergo ad patriam caelestem festinas, hanc minimam inchoationis Regulam descriptam adjuvante Christo perfice; [9]et tunc demum ad majora, quae supra commemoravimus, doctrinae virtutumque culmina Deo protegente pervenies. Amen.

[Explicit Regula]

---

8 참조: 히브 4,11; 11,14-15

"덕을 닦기 위한 도구들": 까시아누스, 담화집 **6,10,3; 24,24,3.**

7. **18,25; (40,6)** 참조.

는 ⁶착하게 살고 순종하는 수도승들의 덕을 닦기 위한 도구들이 아니고 무엇이겠는가? ⁷게으르고 악하게 살며 소홀히 지내는 우리들에게는 (얼굴을) 붉힐 만한 수치가 될 것이다.

⁸그러므로 하늘의 고향을 향해 달려가려 하는 사람은 누구든지 초보자를 위해 쓴 이 최소한의 규칙을 그리스도의 도움을 받아 완수하여라. ⁹그리하면 마침내 하느님의 보호하심으로 위에 언급한 교훈과 덕행의 더욱 높은 절정에 도달하게 될 것이다. 아멘.

〔규칙서 끝〕

---

8. "달려가려 하는"(festinas): 2절의 "festinat" 참조.
　 "초보자를 위해 쓴 이 최소한의 규칙": 1절의 "수도생활의 시작" 참조.
　 "그리스도의 도움": 머리말 4절 참조.
9. "위에 언급한": 2절의 내용을 상기시킨다.
　 "doctrinae … culmina": 까시아누스, 담화집 **21,34,3**을 보라.
　 "덕행의 절정"(virtutumque culmina): 까시아누스, 제도집 **4,23**; 담화집 **18,15**; **22,7**.

베네딕도 이전의 수도 규칙서들

　성 베네딕도를 일컬어서 "서방 수도생활의 아버지"란 명칭을 사용하지만, 교회 안에 수도생활은 베네딕도보다 훨씬 이전부터 있어 왔다. 동방교회의 수도생활은 베네딕도보다 2세기 반 전부터 있었고, 서방교회의 수도생활은 적어도 1세기 반 전으로 거슬러 올라간다. 우리는 여기서 그리스도교의 전반적인 수도생활의 생성 과정과 역사를 거론하고자 하는 것이 아니라 베네딕도가 수도 규칙서를 쓰면서 참고할 수 있었던 다른 규칙서들에 대해 간단히 서술하고자 한다.[1]

　특기할 점은, 서방교회의 수도생활은 동방교회의 수도생활에서부터 배워 시작되었다는 사실이다. 콘스탄틴 대제의 종교 해방(313년) 이후 서방교회의 열심한 신자들이 빨레스띠나 성지를 순례하게 되었고,[2] 그곳에 이미 실시되고 있던 수도생활을 접하고 배우게 되었다. 박해 시대가 끝난 평화 시대에 하느님을 위해 보다 적극적으로 살기를 원했던 어떤 이들은 그곳에 머물러 수도생활을 직접 하는가 하면, 또 어떤 이들은 고향에 돌아와 그곳에서 체험한 수도생활을 시작함으로써 서방교회 안에 수도생활이 생기기 시작한 것이다. 그 유명한 예로, 많은 희랍 교부 문헌을 라면어로 번역했

---

1. 이미 앞의 주석 부분에서 베네딕도가 직접 사용했거나 간접으로 영향받은 문헌들에 대해 소개하였는데, 여기서는 수도 규칙서들에 한정하여 소개한다.

2. 4세기 말 혹은 5세기 초로 추정되는 〈에테리아 여행기〉가 유명하다. 에우테리나 수녀가 성지를 여행하면서 그곳의 수도생활과 전례생활을 소개하는 여행기이다. 신학전망 23호(1973년 겨울) 67-91; 25호(1974년 겨울) 69-92에 번역되어 있다. 동·서 교회의 수도생활의 전반적인 역사적 배경에 대해

던 성 예로니무스는 베들레헴에서, 루피누스는 예루살렘에서 수도생활을
했다. 386년 성 아우구스띠누스가 밀라노에서 세례를 받은 다음 고향인
타가스떼로 떠나기 앞서 로마에서 여러 수도원을 방문하였다[3]는 사실로 보
아 이미 로마 안에 수도생활이 상당히 활기를 띠고 있었다고 짐작할 수 있
다. 또 동방교회의 수도생활을 서방교회에 소개하는 데 큰 공헌을 했던 요
한 까시아누스는, 빨레스띠나와 에집트 등에 있는 여러 수도원을 방문하고
직접 체험한 다음 갈리아에서 수도생활을 시작했으며, 이러한 체험을 토대
로 하여 방대한 양의 〈제도집〉(*Institutiones*)과 〈담화집〉(*Conlationes*)을 저
술하였다.

  500년대의 베네딕도 시대에는 이미 서방교회 안에 수도생활이 상당히
확산되었음을 여러 문헌을 통해 알 수 있다. 여기에 소개하는 12개의 수
도 규칙서들은 현재 보존되어 오는 라띤어 규칙서들인데, 〈빠꼬미우스 규
칙서〉는 원래 꼽트어로, 〈바실리우스 규칙서〉는 희랍어로 되어 있지만 라
띤어로 번역되어 서방교회 안에 통용되었기 때문에 여기에 포함시켰다. 물
론 현재 보존되지 않은 다른 많은 규칙서들이 있었으리라 짐작된다. 우리
는 12개의 규칙서를 시대적인 면과 상호 연관성을 고려하여 세 시대로 분
류하였다.[4]

서는, 코이노니아 7집 (**1983**년 가을) **7-75**를 참조하라.

 3. 아우구스띠누스는 **387**년 여름부터 **388**년 8월까지 약 **1**년간 로마에 머물렀
    다. 이때 방문한 수도원들의 생활은 그의 수도생활에 큰 영향을 미쳤으며,
    그의 저서 〈거룩한 동정성〉(*De sancta virginitate*)과 〈수도자들의 노동〉(*De
    opere monachorum*) 등에서 이 수도원들의 생활이 묘사되어 있다.

 4. A. de Vogüé, "Regola" in *Occidente, Dizionario delgi Instituti di
    Perfezione*(DIP) **7, 1414-1426** 참조.

1. 제1세대 규칙서

1) 〈빠꼬미우스 규칙서〉[5]

성 빠꼬미우스(290~346)는 교회 안에 "회수도원 제도의 아버지"라 불리우며[6] 그의 공동체를 "코이노니아"라 하였다. 그의 규칙서는 역사적으로 최초의 수도 규칙서이며, 동·서 교회의 수도생활의 세부 규정에 지대한 영향을 미쳤다. 성 예로니무스는 404년에 이 규칙서를 라띤어로 번역하면서 나일 강변에 있는 테바이데 공동체의 생활을 소개하는 약 3쪽 정도의 머리말(8개 항)을 썼다. 예로니무스는 이 공동체를 직접 보지는 않고 알렉산드리아의 사제 실바누스가 보내 준 책을 번역하였다고 말하면서(1항) 그곳 공동체의 인원이 약 5만 명이나 된다고 소개하는데(7항), 나일 강변 사막에 과연 그처럼 큰 공동체가 존재할 수 있었겠느냐 하는 문제는 의문이 간다.[7] 어쨌든 대단히 큰 공동체였다는 점은 분명하며, 그 구성은 40명 정도의 **"casa"**(집)라고 부르는 소공동체를 기초로 하여, 3-4개의 **"casa"**가 한 **"tribus"**(부족)를 이루며, 30-40개의 **"casa"**가 합쳐서 하나의 **"monasterium"**(수도원)을 형성하고, 이러한 **"monasterium"**이 여러 개 있었다는 것이다. **"casa"**의 장상을 **"praepositus"**라 부르고, **"monasterium"**의 장상을 **"pater"**(아버지) 혹은 **"princeps"**(으뜸)라 불렀으며, 이러한 조직은

---

5. 규칙서의 라틴어 본문: A. Boon, *Pachomiana Latina*, Louvain 1932. 중요 연구 저서: P. Deseille, *L'esprit du monachisme pachômien*, Bellefontaine 1968; F. Ruppert, *Das pachomianische Mönchtum und die Anfänge klösterlichen Gehorsams*, Münsterschwarzach 1971.

6. 빠꼬미우스가 교회 안에 최초로 회수도원 제도를 시작한 분은 아니지만, 성 안토니우스를 "은세 수도자들의 아버지"라 부르듯이 대표적인 분이기 때문이다.

7. 빠꼬미우스의 전임자였던 마카리우스 아빠스 시대에 **5천** 명의 수도자들이 있었다고 하는데(**277-278**쪽에 나오는 〈마카리우스 규칙서〉 참조), **5만** 명과 **5천** 명 사이의 어떤 연관성이 보인다.

원래 군인 출신이었던 빠꼬미우스[8]가 군대 조직을 본떠서 만든 듯하다. 생활은 주로 "casa" 단위로 하였으며 중요한 문제가 있을 때만 "monasterium"의 장상인 "pater"이 개입하였다. 1년에 두 번 모든 회원의 전체 모임을 가졌는데, 부활절에 전례적인 모임과, 8월에 결산 보고를 하면서 임원 개선을 하였다(7-8항).

〈빠꼬미우스 규칙서〉는 체계적인 규칙서라기보다는 실제 생활에 관계되는 제반 규율에 대한 4개의 모음집으로 되어 있다. 4개의 모음집의 이름은, 144개 항목으로 되어 있는 *Praecepta*(**Prae.**: 계명)와 18개의 항목으로 되어 있는 *Praecepta et Instituta*(**PI**: 계명과 제도)와 16개의 항목으로 되어 있는 *Praecepta Judicia*(**PJ**: 계명과 판단) 그리고 15개의 항목으로 되어 있는 *Praecepta at Leges*(**PL**: 계명과 법)이다. 여기서 우리는 두 가지 특징을 볼 수 있는데, *Praecepta*의 분량이 다른 모음집에 비해 월등히 많다는 점과, 4개의 모음집 모두 *Praecepta*라는 단어가 들어 있다는 점이다. 우리는 **PJ**가 형제적 상호 관계에 대해 많이 언급하고 있다는 특색 외에 왜 4개의 모음집으로 구분되어 있는지에 대한 확실한 이유를 밝혀낼 수 없다. 144개 항목으로 된 *Praecepta*는 수도생활에 관한 거의 모든 문제들을 거론하고 있다는 점과, 다른 3개의 모음집들은 이미 *Praecepta*에서 언급된 문제들을 반복 내지 보완하는 항목이 많다는 점을 보아 먼저 *Praecepta*가 저술되고 후에 보완하는 모음집이 덧붙여졌으리라 추정할 수 있다. 〈빠꼬미우스 규칙서〉는 미사, 기도, 교리 시간, 식사, 노동, 물품 소유, 침구, 면회 그리고 장례에 이르기까지 수도생활에 관한 거의 모든 문제를 규정하고 있다. 이 규정들은 동·서 교회의 후기 수도 규칙서들에 지대한 영향을 미쳤으며, 특히 후에 언급하게 될 〈동방 규칙서〉(*Regula Orientalis*)에 결정적인 영향을 미쳤다.

---

8. 빠꼬미우스의 생애: L. Th. Lefort, *Les Vies coptes de S. Pachôme et de ses premiers successeurs*, Louvain 1943.

2) 〈바실리우스 규칙서〉[9]

성 바실리우스(330~379)는 가바도치아의 3대 교부 중 한 분으로서 아리우스 이단을 거슬러 니체아 공의회(325년)의 결정 사항을 수호한 중요한 교부인 동시에 "동방교회 수도생활의 아버지"라고 불리는 분이다. 또 베네딕도가 자기 규칙서에서 유일하게 이름을 대면서 수도승들에게 "우리의 거룩한 사부 바실리우스의 규칙서"(RB 73,5)를 읽도록 권고한 분이다.

바실리우스는 체사레아, 콘스탄티노폴리스, 아테네 등에서 공부하였으며, 아테네에서 공부할 때 나지안조의 그레고리우스(후에 가바도치아의 3대 교부 중 한 분이 됨)를 만나 절친한 친구가 되었다. 그후 에집트, 빨레스띠나, 시리아 등 여러 수도원을 방문하고 유명한 수도승들을 만났다. 그후 고향에 돌아와 이리스(Iris) 강변에서 친구 나지안조의 그레고리우스와 수도생활을 시작하였으며, 강 맞은편에는 그의 누이동생인 마크리나(Macrina)가 여자 수도 공동체를 지도하고 있었다.[10] 바실리우스는 사제 그리고 주교(370년)가 된 후에도 자기 교구 내의 수도원들을 자주 방문하였는데, 이때 수도자들이 그에게 수도생활에 관해 여러 가지 질문을 하면 대답해 줌으로써 그들을 지도하였다. 〈바실리우스 규칙서〉는 이러한 질문과 대답들을 한데 엮은 모음집이다.

〈바실리우스 규칙서〉에 대해 말할 때, 여러 가지 규칙서가 있으므로 어떤 규칙서를 말하는지 유의해야 한다. 바실리우스가 아직 사제가 되기 전

---

9. 규칙서의 라틴어 본문: **Migne**의 **PL 103,487-554**. 중요 연구 논문: **J. Gribomont**, *Histoire du texte des Ascétiques de S. Basile,* Louvain 1953; — Saint Basile, SA 70 (1977) 81-101; J. Rippinger, The concept of obedience in the monastic writings of Basil and Cassian, SM 19(1977) 7-18; A. de Vogüé, Les grand Règles de Saint Basil. Un survol, CCist. 41(1979) 201-226; 성 바실리오와 소아시아, 코이노니아 7집(1983년 가을) 36-40; Pia Luislampe, 바실리오의 규칙서와 베네딕도의 규칙서에 나타난 공동체 사상, 코이노니아 14집(1989년 가을) 32-52.

10. 성 바실리우스의 가정은 교회사 안에 보기 드문 가정이었다; 3형제, 즉 바실리우스, 니싸의 그레고리우스, 베드로가 모두 주교 성인이 되었고, 그의 여동생 마크리나 역시 성녀가 되었다.

에 일반 신자들의 윤리생활을 위한 80개 항목의 질의 응답으로 된 *Moralia*를 썼는데 이것은 엄격한 의미에서 수도 규칙서는 아니다. 첫째 수도 규칙서는 55개 항목의 질의 응답으로 된 *Regulae fusius tractatae*인데 이를 대(大) 아쉐티콘(Asceticon)이라 부르는 것은 각 항목의 응답이 길기 때문이다. 둘째 수도 규칙서는 303개 항목의 질의 응답으로 된 소(小) 아쉐티콘인데, 각 항목의 대답이 비교적 짧기 때문이다. 끝으로, 397년에 루피누스(Rufinus)가 라띤어로 번역한 203개 항목의 질의 응답으로 된 규칙서가 있다. 이 규칙서는 라띤어와 시리아어 번역본만 보존되어 오고 희랍어 원본은 없다. 이 규칙서의 내용을 분석해 보면 어떤 항목은 대(大) 아쉐티콘과 비슷하고 또 어떤 항목은 소(小) 아쉐티콘과 비슷하다. 이 라띤어판 규칙서에 대해 우리는 두 가지 가설을 말할 수 있다: 첫째, 번역자 루피누스가 대 아쉐티콘과 소 아쉐티콘을 보고 자유로이 편집하였을 것이라는 가설; 둘째, 바실리우스 자신이 말년에 오랜 경험을 토대로 이 규칙서를 다시 썼으리라는 가설이다. 오늘의 학계에서는 대부분 둘째 가설을 받아들이고 있다. 왜냐하면 루피누스가 번역한 다른 많은 라띤어 역본과 희랍어 원문을 서로 비교해 보면, 글자 한마디도 소홀히 하지 않고 책임있게 번역한 것을 볼 수 있다. 따라서 루피누스가 여기서도 자기 임의대로 편집하지 않았을 것이라고 짐작할 수 있으며, 또 라띤어 규칙서는 두 아쉐티콘에 비해 상당히 체계가 잡혀 있을 뿐 아니라 중복된 점은 빠지고 어떤 것은 보완된 흔적을 엿볼 수 있기 때문이다. 어쨌거나 베네딕도가 자기 규칙서에서 언급한 〈바실리우스 규칙서〉는, 루피누스에 의해 번역되어 서방 교회에 소개되었던 라띤어 규칙서를 말한다.

〈바실리우스 규칙서〉의 특징은 매우 성서적이라는 점이다. 질문의 내용들은 대부분 성서의 말씀들을 어떻게 수도생활에 적용 내지 실천해야 하느냐이고, 바실리우스의 대답 역시 3분의 2 이상이 성서를 인용한 것이다.[11]

---

11. 예를 들면 *Moralia*에서 **1,500**개의 성서 인용구를 헤아릴 수 있다.

예루살렘 초대 공동체의 생활을 이상(理想)으로 하여 형제적 사랑을 나누
는 공동체를 이루도록 권고하고 있다. 장상의 역할이 미소한 반면 형제들
의 수평적 사랑의 관계가 부각되어 있다. 제3장에서 그는, 회수도원은 그
리스도의 최고 계명인 사랑을 실천할 수 있고 형제들의 잘못을 서로 고쳐
줄 수 있는 장점을 갖고 있다고 강조한다. 그는 오랜 체험에서 오는 능숙
함으로 문제들을 정확하게 지적하며, 특히 그의 심리적인 분석은 심리학자
에 못지않게 예리하다. 한편 제196-201장은 수녀들에 관해 언급하고 있는
데,[12] 바실리우스가 여동생 마크리나의 공동체나 그밖의 다른 수녀 공동체
를 방문하였을 때의 응답으로 보인다. 이것은 수도 역사에서 최초로 명문
화된 수녀들에 관한 규정이다.

〈바실리우스 규칙서〉는 그 복음적 성격과 형제들의 상호 관계를 중시한
다는 점에서 현대 수도자들에게 호감이 가는 규칙서이다.

3) 〈아우구스띠누스 규칙서〉와 〈수도원 규정서〉

교부 학자로서 성 아우구스띠누스가 교회 안에 차지하는 위치와 중요성
에 대해서는 여기서 따로 강조할 필요가 없을 줄로 믿는다.[13] 많은 사람들
은, 그가 교회 안에서 가장 중요한 신학자 중의 한 분이며 모범적인 사목
자였다는 사실을 익히 알고 있지만, 수도자로서의 그의 삶을 흔히 간과하
고 있다. 그러나 그는 그리스도 신자로서의 삶을 수도생활로 시작했으며,
사제와 주교가 된 후에도 비록 사목적인 일로 제약을 받았지만 스스로 수
도생활을 계속하고 다른 사람들을 지도하였다.

---

12. 〈바실리우스 규칙서〉 199-200장에, 수녀가 영적 지도 사제에게 고백하는
    규정이 있는데, 이것은 요즘의 고백성사가 아니라(개별 고백성사는 6세기부
    터 시작되고, 이전에는 모두 공적 고백을 하였음), 일종의 영적 상담에 해
    당된다.

13. 아우구스띠누스 성인에 대해 우리 말로 소개 내지 번역된 글들이 비교적 많
    은데, 그의 회개 1,600주년을 기해 낸 교종 바오로 2세의 사도적 서간이 매
    우 잘 요약하고 있다: 히뽀의 아우구스띠노, 사목 119호(1988년 9월) 96-
    106; 120호(1988년 11월) 124-136; 122호(1989년 2월) 119-128.

오랜 정신적 방황 끝에 개종하여 386년 부활절에 밀라노에서 암브로시우스로부터 세례를 받은 다음 아우구스띠누스는 세속적인 모든 생활을 청산하고 고향으로 돌아갈 결심을 하였다. 그는 387년 여름에 로마로 와서 388년 8월까지 여러 수도원을 방문하여 수도생활을 접한 다음 고향 타가스떼에 돌아와 친구들과 함께 수도생활을 시작하였다. 이 수도 공동체는 순전히 평수사 공동체였다. 391년 타가스떼 공동체를 알리피우스에게 맡기고 그는 히뽀로 가서 새로운 공동체를 설립하였다. 얼마 후 알리피우스는 자기가 맡고 있는 타가스떼 공동체의 생활을 규정하는 〈수도원 규정서〉(*Ordo Monasterii*)를 만들어 아우구스띠누스에게 가지고 왔다. 이 〈수도원 규정서〉는 10개 항목으로 된 2쪽도 채 안되는 짧은 규칙서로서 수도원의 하루 일과와 수도생활의 양식에 관한 극히 기본적인 요소들(기도, 식사, 노동, 순명, 외출 등)을 규정한 것이다. 아우구스띠누스는 첫부분과 끝부분에 영성에 관한 자기의 말을 첨가하여 이 규정서를 인가해 주었다.

한편 391년에 사제 서품의 권유를 마지못해 받아들여야 했지만, 이때 그는 주교관 옆에 사제들을 위한 수도원을 세울 허락을 주교로부터 받았다. 이로써 그는 사제생활과 수도생활을 병행할 수 있었다. 391년에 보좌주교가 되고 395년에 본주교가 된 후에도 계속 수도생활에 관심을 갖고 지도하였다. 400년에 그는 규칙서를 직접 집필하였는데, 이 규칙서의 원래 이름은 〈계명집〉(*Praeceptum*) 혹은 〈하느님의 종들을 위한 규칙서〉(*Regula ad servos Dei*)이며, 우리는 이 규칙서를 흔히 〈아우구스띠누스 규칙서〉(*Regula Sancti Augustini*)라고 부른다. 그후 두 개의 규칙서, 즉 *Ordo Monasterii*와 *Praeceptum*이 같이 복사되어 유포되었으며, 그중의 한 부가 이탈리아에 있는 놀라(Nola)의 바올리노(Paolino)에게 보내져서 이탈리아에서는 이 두 개의 규칙서가 〈아우구스띠누스 규칙서〉라는 이름으로 전파되어 유통되기 시작하였다.[14] 이러한 유통은 이번 세기까지 계속되

---

14. 〈아우구스띠누스 규칙서〉(아돌라르 줌켈러 해설) 분도출판사 **1990, 7-8.20-22** 참조. 이 책에 〈아우구스띠누스 규칙서〉 본문이 번역되어 있다.

었으며, 두 개의 규칙서 사이에 중복되는 부분을 삭제하는 일까지 생겼다. 〈아우구스떠누스 규칙서〉 연구의 대가인 벨혜이언[15]은 1967년에 이 두 개의 규칙서를 분리하여 본래의 모습으로 복구시켰다.

〈아우구스떠누스 규칙서〉는, 제1장에서 공동체 생활의 원칙, 제2-3장에서 기도와 단식, 제4장에서 형제적 교정, 제5장에서 공동소유 문제, 제6장에서 형제애와 상호 관계, 제7장에서 장상, 제8장에서 맺는말로 되어 있다.

〈아우구스떠누스 규칙서〉는 〈빠꼬미우스 규칙서〉나 〈바실리우스 규칙서〉에 비해 매우 체계있게 씌어진 규칙서이다. 〈수도원 규정서〉(OM)와 함께 원래 라떤어로 씌어진 최초의 규칙서이다. 이 규칙서는 후에 〈체사리우스 규칙서〉에 절대적인 영향을 미쳤으며, 〈베네딕도 규칙서〉에도 상당한 영향을 미쳤다.

한편 아우구스떠누스는 히뽀에 있는 한 수녀 공동체에 두 개의 편지(서간 210-211)를 썼는데, 서간 211,5-16에 수도 규칙서를 싣고 있다. 이 〈수녀들을 위한 규칙서〉는 그의 규칙서(*Praeceptum*)를 글자 그대로 옮겨 놓은 것으로서 단지 라떤어 어휘의 남성을 여성으로 바꾼 차이밖에 없다. 물론 수녀들을 위한 최초의 규칙서라 할 수는 있지만, 고유한 하나의 규칙서라 부르기는 어렵다.

이상 4개의 규칙서, 즉 〈빠꼬미우스 규칙서〉, 〈바실리우스 규칙서〉, 〈아우구스떠누스 규칙서〉 그리고 〈수도원 규정서〉는 시대적으로 거의 비슷한 시기인 400년 전후에 서방교회에 소개되었으며, 서로 영향을 받은 흔적은 없고, 후기 수도 규칙서들에 중요한 영향을 미치게 된다.

---

15. L. Verheijen, *La Règle de S. Augustin* I (Tradition manuscrite); II (Recherches historiques), Paris 1967. 규칙서에 관한 그의 대표적인 해설서: *Nouvelle apporoche de la Règle de S. Augustin,* Bellefontaine 1980.

2. 제2세대 규칙서들

1) 요한 까시아누스의 〈제도집〉과 〈담화집〉

요한 까시아누스(360~435)[16]는 스무살이 되던 380년에 고향을 떠나 친구인 젤마누스와 함께 빨레스띠나에 가서 2년간 베들레헴에 있는 수도원에서 수도생활을 하였다. 그후 에집트의 여러 수도원을 방문하여 여러 훌륭한 수도자들을 만났다. 399년 에집트를 떠나 콘스탄티노폴리스에서 요한 크리소스토무스 주교로부터 부제품을 받고, 404년에 로마에서 인노첸스 1세 교종으로부터 사제품을 받았다. 415~416년에 갈리아(지금의 프랑스)의 말실리아에 두 개의 수도원을 세우고 죽을 때까지 그곳에서 수도생활을 하였다. 그는 카스톨(**Castor**) 주교의 권유를 받아 420~424년 사이에 수도생활에 관한 방대한 2개의 저서를 썼다.

첫째 저서는, 흔히 〈제도집〉[17](*Institutiones*)으로 불리는 12권의 방대한 저서인데, 원래는 〈회수도자들의 제도집과 여덟 가지 중요 악습의 치유에 대하여〉(*De institutis coenobiorum et de octo principalium vitiorum remediis*) 라는 긴 이름을 갖고 있다. 저서명에서 볼 수 있듯이, 본래 의미의 〈제도집〉은 제1권부터 4권까지이고, 나머지 8권은 여덟 가지 중요 악습(과식·사치·탐욕·분노·슬픔·태만·허영·교만)을 각 권에 한 가지씩 다루고 있다.[18] 〈제도집〉에 해당되는 제1권부터 4권까지의 내용은, 제1권에서 수도복, 제2권에서 야간기도, 제3권에서 낮에 바치는 기도, 제4권[19]에서 수

---

16. 까시아누스의 생애에 대해서는, 코이노니아 7집(1983년 가을) **66-69** 참조.

17. 규칙서의 라틴어 본문과 불어 번역: Jean Cassien, *Institutions cénobitiques,* Sources Chrétiennes 109, Paris 1965.

18. 8가지 중요 악습은 에바그리우스 뽄띠꾸스(**Evagrius Ponticus**)의 영향을 받았다(**PG 40,1272-1276**).

19. 〈제도집〉 제4권의 일부가 진 토마스 신부에 의해 번역되었다: 코이노니아 **12**집(1987년 가을) **129-141**; **13**집(1988년 여름) **150-166**.

도회 입회, 양성, 노동, 교정 등을 다루고 있다. 따라서 제1권부터 4권까지의 〈제도집〉은 하나의 수도 규칙서로 볼 수 있고, 특히 제4권의 내용은 더욱 그러하다. 이 〈제도집〉은 〈스승의 규칙서〉에 결정적 영향을 미쳤으며, 〈스승의 규칙서〉를 통하여 〈베네딕도 규칙서〉에 큰 영향을 미쳤다.

둘째 저서는, 24권으로 되어 있는 〈담화집〉[20](*Conlationes*)인데, 친구인 젤마누스와 대화하는 양식을 갖고 있다. "머리말"에서 밝히고 있듯이, 까시아누스는 동방의 여러 수도원에서 보고 느낀 수도생활의 이상(理想)을 서방의 갈리아에 정착시키려는 목적에서 썼다고 한다. 그는 여기서 동방의 유명한 수도자들의 삶을 소개하면서 그들의 영웅적이고 모범적인 삶을 본받을 것을 권고하고 있다.

까시아누스는 이 두 개의 저서를 통해 수덕의 과정과 방법을 제시하고 있다. 먼저 〈제도집〉에서, 한 지원자가 세속을 버리고 수도원에 입회하여 수도생활을 하면서(1-4권) 마귀와 싸우고 온갖 악습에서 자신을 정화시키고 덕을 쌓아야 한다(5-12권). 이러한 과정에서 그는 마음의 정화(**puritas cordis**)와 평화와 안정을 얻고 신적인 것에 대한 열망을 갖게 된다. 회수도원에서의 이러한 과정을 그는 "실천적인 학문"(**scientia actualis**)이라고 부른다. 〈담화집〉에서는, 그 다음 단계인 영적 단계를 제시한다. 회수도원에서 위의 과정을 연마한 수도자는 수도원을 떠나 홀로 고독 속에서 연속적인 기도를 바침으로써 신적 비추임을 받아 형언할 수 없는 황홀경(**extasis**)에 이르게 되는데, 이 영적 기쁨 안에서 하느님의 뜻에 자신을 온전히 맡기게 되며, 하느님의 사랑 안에서 신격화(**deificatio**)되려는 계속적인 노력을 하게 된다는 것이다. 까시아누스는 이러한 과정을 "영적인 학문"(**scientia spiritualis**)이라 부른다.[21]

---

20. 라틴어 본문과 불어 번역: Jean Cassien, *Conférences* I(SC 42), II(SC 54), III(SC 64). 담화집 제9권과 10권(기도에 관하여)이 진 토마스 신부에 의해 번역되었다: 코이노니아 8집(1984년 봄) 76-103; 10집(1985년 겨울) 148-167.

21. 까시아누스의 영성에 관한 중요 저서: C. Guy, *Jean Cassien. Vie et doctrine*

이러한 수덕 과정에서 볼 때, 회수도생활은 높은 경지의 독(獨)수도생활
을 위한 준비 단계에 불과한 것이 된다. 그러나 한편 〈담화집〉의 끝부분인
제18장부터 24장까지는 모범적인 독수도자가 회수도원으로 돌아오는 예들
을 묘사하고 있다. 아마도 까시아누스는 초기에 그의 수덕생활의 이상을
회수도생활을 통한 독수도생활에 두고 있었으나, 말기에 생각을 바꾸어 회
수도생활의 가치를 재확인한 듯하다. 사실 까시아누스 자신도 죽을 때까지
회수도원을 떠나지 않았다.

2) 〈사부들의 제1규칙서〉와 〈사부들의 제2규칙서〉[22]

학자들은 〈사부들의 제1규칙서〉를, 서로 연관되어 있는 5개의 규칙서들
(RIVP, 2RP, RMac, RO, 3RP)[23] 중에 첫번째 규칙서라고 말한다. 이들 5개
규칙서들은 갈리아에서 씌어진 것들로서 〈사부들의 규칙서〉 계통에 속한
다. 〈사부들의 제1규칙서〉의 본래 이름은 〈세라피온, 마카리우스, 파프누
씨우스, 다른 마카리우스 사부들의 규칙서〉(*Regula sanctorum patrum
Serapionis, Macharii, Pafnutii et alterius Macharii*)인데 네 분의 사부들의
이름 대신 그냥 〈네 사부들의 규칙서〉(*Regula quattuor patrum:* RIVP)[24]라
부르기도 하고, 〈사부들의 제2규칙서〉(2RP)와 〈사부들의 제3규칙서〉(3RP)
와 구별하기 위해 〈사부들의 제1규칙서〉라 부르기도 한다. 이 일련의 규칙

---

spirituelle, Paris 1961; S. Marsili, *Giovanni Cassiano ed Evagrio Pontico.
dottrina sulla carità e contempolatione,* Roma 1936(SA 5); A. de Vogüé,
Monachisme et Eglise dans la pensée de Cassien: *Theologie de la vie
monastique* 49 (Aubier 1961) 213-240.

22. 두 규칙서의 라틴어 본문과 불어 번역: *Les Règles saint Perès*I, Sources
Chrétiennes 297, Paris 1982. 이 책에서 A. de Vogüé는 〈사부들의 제1규칙
서〉와 〈사부들의 제2규칙서〉, 〈마카리우스 규칙서〉의 라틴어 본문과 불어
번역 그리고 이에 대한 자세한 해제와 함께 주석을 하고 있다.

23. 〈사부들의 제3규칙서〉(3RP)는 베네딕도 이후에 씌어진 규칙서이므로 우리의
관심에서 제외된다.

24. "RIVP" 약자에서 IV는 로마자로 4를 뜻한다.

서들은 서로 긴밀한 연관을 맺고 있으며, 내용과 용어 면에서 점차 발전
내지 보충되는 모습을 볼 수 있다.

〈사부들의 제1규칙서〉는 "머리말"에서 "회의에 모인 우리들은 형제들을
위한 규칙을 제정하고"라고 밝히고 있듯이 장상들의 모임의 회의록 형식을
띠고 있다.[25] 이러한 형식은 당시의 주교회의 회의록 형식을 본따 만든 문
학적인 허구이다. 구성은, 회의의 목적에 대한 간단한 소개가 있은 다음,
네 분의 사부들의 발언 내용이 소개되어 있다: 형제들의 일치와 순명(1장:
세라피온의 발언), 장상의 역할과 지원자를 받아들임(2장: 마카리우스의
발언), 재를 지킴, 독서, 노동(3장: 파프누씨우스의 발언), 수도자 및 성
직자의 입회 문제(4장: 다른 마카리우스의 발언) 그리고 5장에서는 발언
자의 명시 없이 잘못한 형제들의 교정에 대해 언급한 다음 간단한 축복으
로 끝맺고 있다.

한편 4장 끝에 "여러분이 따라야 할 이 사항들을 지키는 것으로 넉넉하
니, 이에 흠 없는 이들이 되도록 하십시오"라고 되어 있어 마치 규칙서를
끝맺는 듯한 인상을 주며, 제5장은 발언자 없이 바로 "그러나 아직 간과해
서는 안될 문제가 또 있습니다"는 말로 시작된다. 그리고 5장의 주된 내용
인 교정 문제는 이미 3,28-30에서 간략하게 언급된 내용이어서 2차 편집
에서 첨가된 것으로 보인다.

〈사부들의 제2규칙서〉는 모두 3쪽 정도의 매우 짧은 규칙서이다(모두
46절). 이 규칙서의 원래 이름은 〈사부들의 규정서〉(*Statuta patrum*)이나
학계에서는 〈사부들의 제2규칙서〉(*Secunda Regula patrum*: 2RP)라 부르는
데 그 이유는 〈사부들의 제1규칙서〉와의 긴밀한 관계 때문이다. 이 두 개
의 규칙서는 고대 필사본에서 항상 같이 전수되어 왔으며, 내용상 서로 긴
밀한 연관이 있다. 〈사부들의 제2규칙서〉 "머리말"에 이렇게 설명되어 있
다: "거룩한 사람들인 사부들의 전통에 따라 우리 주 예수 그리스도의 이

---

25. A. Mundó, Les antiens synodes abbatiaux et les Regulae SS. Patrum: SA 44
    (1959) 105-125.

름으로 회의에 모인 우리는 형제들의 유익을 위해 수도원 안에서 준수해야 할 규칙을 제정하는 것이 좋을 줄로 생각된다. 이는 이곳 수도원에 새로 착좌된 장상이 어려움이나 의문나는 점이 없이 처신하기 위함이고, 또한 성서에 기록된 대로 모든 형제가 한마음과 한뜻으로 서로 존경하며 주님으로부터 제정된 모든 것을 지키기 위해서이다."

위의 머리말에서 말하고 있듯이, 여러 수도원 장상들이 어떤 수도원의 새로 선출된 장상의 착좌식에 참여하기 위해 모인 기회에 회의를 열어 공동으로 사용할 규칙서를 만들게 되었다는 것과, 그리고 이 규칙서의 주된 관심은 어려움이나 의문나는 점을 해소하고 공동체의 형제애를 강조한다는 것이다. 우선 장상들의 회의는 〈사부들의 제1규칙서〉의 경우와 같으며, "거룩한 사람들인 사부들의 전통에 따라"(secundum traditionem patrum viorum sanctirum)란 표현은 〈사부들의 제1규칙서〉의 제목(*Regula sanctorum patrum* …)과 비슷하여 이를 지칭하는 듯할 뿐 아니라, 용어와 내용면에 서로 연관되어 있다. 〈사부들의 제2규칙서〉의 제정 목적에서, 형제들의 상호 관계에 대한 부분이 제1규칙서에 언급되어 있지 않으며, "어려움이나 의문나는 점"이란 아마 40-45절에 언급되어 있는 교정 문제를 말하는 듯하다. 사실 제1규칙서 5장에서는 잘못한 형제를 훈계와 파문의 단계로 교정하는데, 제2규칙서 40-45절에서는 견책과 파문의 벌 외에 서열의 강등, 퇴원이 있고, 잘못한 이를 변호하는 사람의 문제와 계속 잘못을 저지르는 형제에 관한 문제가 언급된다.

이상의 사실을 토대로 우리는 두 규칙서의 관계를 다음과 같이 말할 수 있다. 먼저 〈사부들의 제1규칙서〉 1-4장을 제정하면서 순수한 의미의 수도생활의 이상을 제시하였다. 그러나 실제 공동체 생활에서 수도적 이상만으로 모든 것이 순조롭게 이루어지지 않고 잘못하는 형제들도 생기기 때문에 이 문제를 규정하기 위해 제5장이 첨부되었다. 규칙서에 대한 이러한 보완 작업은 그후에도 장상들의 모임을 통해 이루어져서 〈사부들의 제2규칙서〉가 생겨난 것이다.

3) 〈마카리우스 규칙서〉와 〈동방 규칙서〉[26]

우리는 앞에서 〈사부들의 제1규칙서〉와 〈사부들의 제2규칙서〉의 관계를 살펴보았는데, 여기서는 사부들의 규칙서 계통인 〈마카리우스 규칙서〉와 〈동방 규칙서〉의 관계를 살펴보도록 하자. 이 두 개의 규칙서는 거의 동시대에 각기 따로 〈사부들의 제2규칙서〉로부터 영향을 받은 쌍둥이 규칙서라고 말할 수 있다.

먼저 〈마카리우스 규칙서〉(*Regula Macharii:* RMac.)의 원래 이름은 *Regula sancti Machrii abbatis qui habuit sub ordinatione sua quinque millia monachorum*(자기 휘하에 5천 명의 수도자들을 가지고 있던 거룩한 마카리우스 아빠스의 규칙서)이다. 규칙서의 저자로 나타나 있는 마카리우스라는 이름은 에집트 빠꼬미우스의 선임자였던 마카리우스를 말하는 듯하다.[27] 이 규칙서는 비교적 짧은 30개의 장으로 되어 있는데, 그 구성이 흥미롭다. 제10장부터 18장까지는 〈사부들의 제2규칙서〉를 거의 글자대로 인용하고 있고, 제4-9장과 제19-21장은 수도생활에 관한 예로니무스의 서간 125[28]를 자유롭게 인용하고 있으며, 첫부분(1-3장)과 끝부분(22-30장)은 저자의 고유 부분이다. 다시 말해, 저자는 〈사부들의 제2규칙서〉를 한

---

26. 라틴어 본문과 불어 번역: 마카리우스 규칙서: *Les Règles des saints Pères*I, Sources Chrétiennes 297; 동방 규칙서: *Les Règles des saints Pères* II, Sources Chretiennes 298.

27. 여기서 말하는 마카리우스는 〈사부들의 제1규칙서〉에 발언자로 나오는 두 분의 마카리우스 중 한 분으로 보기 어렵다. 그렇다고 해서 갈리아에서 씌어진 이 규칙서가 에집트의 마카리우스의 규칙서로 볼 수도 없다. 아마 익명의 저자가 동방의 유명한 마카리우스 아빠스의 이름을 빌려 자기 규칙서의 권위를 돋보이게 하려 했던 것으로 보인다. 앞의 **265**쪽에서 언급하였듯이, 빠꼬미우스 공동체의 인원이 **5만** 명이었다고 예로니무스가 말하고 있는데, 여기서는 **5천** 명으로 되어 있다. 마카리우스 시대에는 **5천** 명이었다가 빠꼬미우스 시대에는 **5만** 명으로 늘었는가? 요한 까시아누스는 제도집 **4,1**에서 에집트 테바이데 수도원에 **5천** 명의 수도자가 있었다고 한다.

28. 예로니무스의 서간 **125**는 루스티꾸스(**Rusticus**)에게 보낸 편지로서 회수도원 생활의 규칙을 싣고 있다: *Saint Jérôme, Lettres,* éd. J. Labourt t. VII, Paris 1961.

가운데 배치하고, 이를 감싸듯 예로니무스의 서간 125를 앞과 뒤에 배치
하고, 또 이를 감싸듯 저자 자신의 말을 처음과 끝에 배치한 형태이다.

　고유 부분의 내용을 요약하면, 규칙서 첫부분인 제1-3장에서는 "그리스
도의 군사"(milites Christi)로서의 수도자의 자세와 여러 가지 덕목들을 열
거하고 있다. 그리고 끝부분인 제22-30장에서는, 외출(22장)과 입회 절차
(23-25장), 교정 절차(26-28장), 단식(29장), 노동 문제(30장)를 다루는
데, 특히 수도생활을 포기하고 떠나는 파계승을 "어둠의 자식"이라 평한다
(28장).[29]

　〈동방 규칙서〉(*Regula Orientalis*: RO)는 저자의 이름 대신 동방의
(orientalis)라는 형용사가 붙어 있는데, 사실 규칙서의 4분의 3이 〈빠꼬미
우스 규칙서〉를 거의 글자대로 인용하고 있다.[30] 비교적 짧은 47개 장으로
되어 있는 이 규칙서는, 〈빠꼬미우스 규칙서〉에서 따온 부분을 주축으로
하고 있으며(4-23; 27; 36-47장), 제2의 사료는 〈사부들의 제2규칙서〉인
데 비교적 자유롭게 인용하고 있다(24; 30-32a; 33-35장). 고유 부분은,
아빠스(1장), 장로들(2장), 원장(3장), 당가(25장), 문지기(26장), 주간
당번(28장), 각종 책임자(29장), 교정 절차(32장)이다.

　〈동방 규칙서〉는, 수도생활에 관한 규율 문제에 관해서는 〈빠꼬미우스
규칙서〉와 〈사부들의 제2규칙서〉의 내용을 사용하고 있는 반면, 수도원 안
의 위계 질서와 임원들의 책임 한계에 관해서는 고유하게 새로이 규정하고
있다. 또 7단계로 된 교정 절차(32장)는 앞의 다른 규칙서들에 비해 주목
할 만한 부분이다.[31]

---

29. 퇴원하는 수도자를 "어둠의 자식"(filii tenebrarum)이라 하는 것은, 2장에서
　　수도자를 "그리스도의 군사"(militant Christo)라고 부르는 영성과 연관되어
　　있다. 즉, 그리스도의 군사로 있다가 악마의 자식으로 변절했다는 뜻이다.

30. 〈마카리우스 규칙서〉가 저자 이름을 도용한 경우라 한다면, 〈동방 규칙서〉
　　는 동방에서 씌어졌다는 뜻이 아니라 동방의 〈빠꼬미우스 규칙서〉에서 가장
　　큰 영향을 받았다는 뜻으로 씌어진 듯하다.

31. 동방 규칙서 32장에 규정된 7단계의 교정 절차는 다음과 같다: 1단계 - 아

3. 제3세대 규칙서들

제3세대 규칙서들은 6세기의 규칙서에 속하며, 〈베네딕도 규칙서〉보다 시기적으로 약간 앞선 규칙서들로서 〈베네딕도 규칙서〉에 직접 혹은 간접으로 영향을 주었다.

1) 〈체사리우스의 수녀들을 위한 규칙서〉(RCV)[32]

체사리우스(470~542)[33]는 410년경에 호노라투스(Honoratus)에 의해 르랭 섬에 세워진 수도원에서 수도생활을 하였는데, 너무 엄격한 생활을 한 나머지 건강을 심하게 해쳤기 때문에 장상이 그를 아르스에 보내어 요양하게 하였다. 그의 친척이었으며 아르스의 주교였던 에오니우스(Eonius)가 그를 부제, 사제로 서품한 후에 힐라리아눔(Hilarianum) 수도원을 그에게 맡겨 지도하게 하였다. 503년 에오니우스 주교가 사망하자 그는 갈리아 40개 교구의 수석 교구좌인 아르스의 대주교가 되었다. 민족 이동으로 인해 정치적·문화적인 혼란 그리고 교회 안에 여러 이단으로 인한 교리상의 혼란이 만연해 있던 시기에 주교직을 맡은 그는 모범적인 생활과 뛰어난 강론들로 이를 잘 극복해 나갔기 때문에 교회사 안에 중요한 위치를 차지하고 있다. 본래 수도자였던 체사리우스 주교는 바쁜 사목활동 중에서도 교구 내의 관할 수도원들을 지도하였으며, 그가 남긴 두 개의 규칙서는 후

빠스로부터 은밀한 견책; 2단계 – 몇명의 장로들로부터 견책; 3단계 – 공동체 앞에서의 공적 견책; 4단계 – 식탁에서 파문; 5단계 – 성당에서 최하위 자리로 강등; 6단계 – 시편 기도를 같이 못하게 함; 7단계 – 식탁과 성당에서 동시 파문. 그리고 이러한 교정 노력에도 불구하고 고치지 않으면 퇴원시킴(35장).

32. 규칙서의 라틴어 본문: Caesarii Ar., *Regula ad Virgines* ("Statuta sanctarum virginum"): éd. G. Morin, S. Cae. Opera omnia II, Maredsous 1942.

33. 체사리우스 주교의 전기: Vita S. Caesarii Episcopi, PL 67,1001-1042.

대에 큰 영향을 미쳤다. 그는 특히 성 아우구스띠누스로부터 신학적으로 또 영성적으로 큰 영향을 받았다.

그의 첫째 수도 규칙서는 〈거룩한 동정녀들의 규정서〉(*Statuta santarum virginum*)인데, 이를 흔히 〈체사리우스의 수녀들을 위한 규칙서〉(*Regula Caesarii virginum*: RCV)라고 부른다. 이 규칙서는 체사리우스 자신에 의해 주교좌 성당 옆에 설립되었으며, 그의 누이동생 체사리아에 의해 지도되던 성 요한 세자 수녀원의 수녀들을 위해 씌어진 것이다.[34] 앞에서 언급하였듯이, 아우구스띠누스의 서간 211,5-16이 수녀들을 위한 최초의 규칙서라 할 수는 있지만,[35] 남자 수도자들을 위한 규칙서인 *Praeceptum*을 글자대로 옮겨 놓은 것에 불과하기 때문에 수녀들을 위한 고유한 규칙서라 하기 어렵다. 그러나 〈체사리우스의 수녀들을 위한 규칙서〉는, "여자 수도원에서는 많은 점에 있어 남자 수도원의 제도와 다르다고 생각되므로 … 특히 여성에 맞는다고 사료되는 점을"(RCV 2,1-2) 규정한다고 설명하고 있듯이, 본래 의미의 수녀들을 위한 최초의 수도 규칙서이다.

이 규칙서에 나타나 있는 세 가지 수도 원칙은, 개인 소유의 완전한 포기, 철저한 공동생활, 엄격한 봉쇄 규율 안의 정주생활이다. 다시 말해, 수녀들은 항구한 기도로 주님의 오심을 기도하기 위해 봉헌되었으며, 이를 위해 죽을 때까지 수도원의 작은 방에 계속 머무는 이들이다(RCV 1-2). 따라서 하느님을 고대하는 데 방해되는 어떠한 것들, 특히 외부와의 접촉을 할 수 있는 대로 삼가야 한다. 여기서 우리는 아주 엄격한 봉쇄 관상 수녀원의 모습을 엿볼 수 있다. 수녀들의 봉쇄 규율은 매우 엄하게 규정되어 있다: 수녀들은 일단 수녀원에 입회하면 죽을 때까지 수녀원을 떠나 외출할 수 없으며, 면회도 부모나 아주 가까운 친척에게만 허용된다. 수녀들

---

34. 체사리우스 주교가 이 수녀원에 특별한 관심을 가졌다는 사실은 이 공동체에 보낸 편지에서 엿볼 수 있다: G. Morin, *S. Caesarii … regula SS. Virginum,* Bonn 1933,33-52.

35. 앞의 **271**쪽 참조.

이 수녀원과 맞붙어 있는 대성당의 미사에 가지 않고 수녀원에서 미사드릴 사제를 초청하여 미사를 드리게 한 것 역시 외부와의 접촉을 피하기 위해서였다. 그들의 관상생활에 방해되는 일들, 예를 들면 영세 대모가 되는 것, 또는 남자나 여자, 평신도나 성직자나 할 것 없이 어떤 이의 옷을 세탁하거나 수선하는 일, 또는 인근 주교나 아빠스나 어떤 종류의 성직자에게 식사 대접을 하는 일 등을 금한다. 또 검소한 생활을 위해 옷의 질과 색깔을 규정하고, 방안의 장식 그리고 옷이나 수건에 수놓는 일을 금하며, 수녀들의 머리카락의 길이까지도 규정하고 있다.[36]

이 규칙서는 75장으로 된 비교적 긴 규칙서인데, 구성이 좀 복잡하게 되어 있다. 제1-47장은 1차 편집 때 씌어진 것이고, 제48-65장은 앞의 부분을 수정하여 재편집한 것이다(**Recapitulatio hujus Regulae**). 그리고 제66-69장은 성무일도를 규정하는 전례집(**Ordo psalmodii**)이고, 제70-71장은 식사와 금식을 규정하고 있다(**Ordo convivii**). 끝으로 제72-73장에서는 체사리우스 주교의 마지막 권고의 말과 함께 서명 그리고 7명의 이름과 함께 서명이 나온다.[37]

이 규칙서는 주로 〈아우구스띠누스 규칙서〉(*Praeceptum*)의 영향을 받고 있어 두 부분(17-25; 28-35장)에서 거의 글자대로 인용하고 있으며,[38] 성무일도와 식사에 관한 규정(66-70장)은 체사리우스 자신이 밝히고 있듯이 르랭 수도원의 것을 사용하고 있다. 그외 제8-16장에서는 〈빠꼬미우스 규

---

36. RCV 56: "머리카락은 여기에 줄로 측정해 놓은 것보다 더 길게 하지 말 것이다." 사본마다 약간의 차이는 있지만 대개 **95mm** 정도가 된다.

37. 7명의 서명에서, **3**명은 이름과 함께 주교라는 직위가 명시되어 있는 반면, **2**명은 이름과 함께 "죄인"이란 수식어가 있고, 다른 **2**명은 이름만 나오는데 주교들이면서도 겸손의 뜻으로 그렇게 했는지는 분명하지 않다.

38. **L. de Seilhac, *L'utilisation par S. Césaire d'Arles de la Règles de S. Augustin*, Roma 1974 (SA 62).** 그의 저서 **41-58**쪽에서는, 〈체사리우스의 수녀들을 위한 규직서〉(**RCV**) 중에서 〈수도원 규정서〉(**OM**)와 〈아우구스띠누스 규칙서〉(**Praeceptum**)에 연관되는 부분을 한눈에 대조할 수 있도록 공관(共觀)을 만들었다.

칙서〉, 까시아누스의 〈제도집〉, 〈사부들의 제2규칙서〉에 나오는 각종 규율을 사용하고 있다. 이처럼 체사리우스는 이전의 여러 수도 규칙서를 사용하면서도 수녀들의 독특한 생활에 맞는 새로운 규정들을 사이사이에 삽입하여 규칙서를 썼다.

2) 〈체사리우스의 수사들을 위한 규칙서〉(RCM)[39]

체사리우스의 둘째 규칙서는 〈수사들을 위한 규칙서〉(*S. Caesarii episcopi Regula monachorum:* RCM)인데, 분량 면에서 〈수녀들을 위한 규칙서〉(RCV)에 비해 3분의 1 정도밖에 안되며, 모두 26개의 장으로 되어 있다. 이 두 개의 규칙서의 선후 문제에 대해 학계에서 논란이 있어 왔지만, 지금은 〈수녀들을 위한 규칙서〉가 먼저이고 〈수사들을 위한 규칙서〉가 후에 씌어졌다는 설이 받아들여지고 있다.[40]

이 두 개의 규칙서는 서로 비슷한 점도 있지만, RCM에는 RCV에서 강조되었던 봉쇄 규율과 수녀들의 생활에 관계되는 부분이 삭제된 반면 수도생활에 관한 영성이 많이 첨가되었다. 사실 영성을 다루는 제13장, 19장, 26장[41]은 비록 세 개의 장에 불과하지만 분량 면에서는 규칙서의 반 이상을 차지한다.

한 저자가 남녀 수도자들을 위해 각기 따로 쓴 이 두 개의 규칙서를 비교해 볼 때 우리는 몇 가지 흥미로운 사실을 발견하게 된다. 남녀 수도자들에게 공통되는 수도생활에 관한 기본 원칙, 즉 기도, 노동, 식사, 순명, 침묵 등에 관한 규율에서는 별로 차이점이 없다. 그러나 도심지에 위치한

---

39. 규칙서의 라떤어 본문: Caesarii Ar., *Regula ad monachos*: éd. G. Morin, S. Caes. Opera Omnia II, 149-155.

40. A. de Vogüé, La Règle de Césaire d'Arles pour les moines: un resume de sa Règle pour les moniales: RAM 47(1971) 369-406.

41. 제26장은 체사리우스의 서간 **2,1-2**를 거의 글자대로 옮겨놓은 것인데, 이 서간은 체사리아 아빠티싸에게 보낸 편지이다: G. Morin, *Sancti Caesarii Arelatensis Opera Varia*, 135-136.

수녀원의 수녀들에게는 봉쇄 규율이 매우 엄격하여 성곽처럼 높은 수녀원 담 밖을 죽을 때까지 나올 수 없다고 규정되어 있는데, 이것은 당시 민족 이동으로 인한 혼란기에 수녀들을 보호한다는 뜻도 있지만, 무엇보다 수녀들은, 복음서의 동정녀들처럼, 주님의 오심을 고대하며 기도에 전념해야 한다는 영성이 기초를 이루고 있기 때문이다. 그래서 수녀들은 공동 작업실에서 함께 일할 수 있는 재봉일 같은 단순 노동을 하였다. 또 여성들이 쉽게 기울어질 수 있는 경향, 즉 남을 보살펴 주려는 모성애(예를 들면, 외부 사람의 옷을 세탁하거나 수선하는 일), 물건에 대한 집착(물건을 숨겨두지 말라는 규정이 여러 곳에서 나옴)이나 사치성(고급품이나 방안 장식 그리고 자수나 옷의 질과 색깔에 대한 규제), 남성에게 의지하려는 의존심(아빠티싸가 지역 주교에 종속되거나 필요 이상의 관계를 맺는 것을 금함)[42] 등을 경계하는 규정들이 많다. 이와는 달리 〈수사들을 위한 규칙서〉(RCM)에서는, 여성의 심성이 연관되는 경계 사항들은 물론 봉쇄 규정이 거의 나타나 있지 않은데, 이는 봉쇄 규율을 무시했다는 뜻은 아니다. RCM에 명시되어 있지는 않지만, 수도원은 수녀원과는 달리 교외에 있었던 것으로 보이며, 남자 수도자들의 작업 종류가 다양했을 것이고, 예를 들면, 수도원 담 밖에서 농사일을 했을 가능성이 높다.

3) 〈스승의 규칙서〉

〈스승의 규칙서〉(*Regula Magistri*)에 대해서는 36-42쪽을 보라.

---

42. RCV 64에는, 아빠티싸가 지역 주교들에게 종속되는 사례가 보이면, 공동체는 이를 반대하여 로마의 주교, 즉 교종에게 이 사실을 알려 막으라고 한다. 체사리우스는 여기서 수도원 재산의 자의적인 양도의 위험을 막고, 이 문제에 대해 지역 주교로부터의 위험을 성청으로부터 보호받기를 원했던 것 같다. 체사리우스 주교에게 보낸 교종 호르미스다(Hormisda)의 서간(*Exsulto*)과 함께 위의 규정은, 교회법적 측면에서 볼 때 지역 주교로부터 수도원의 면속권을 나타내는 역사적 문헌이다.

성서 인용 색인

[*표 없는 구절은 직접 인용된 것이고, *표 있는 구절은 간접 인용된 것임]

창세 28,12 · · · · · · · · *7,6
33,13 · · · · · · · · 64,18
출애 18,21-22 · · · · · · *21,3
20,17 · · · · · · · · · 4,6
레위 19,17 · · · · · · · · *4,65
19,32 · · · · · · · *63,16
신명 1,13-15 · · · *21,1; *21,4
5,21 · · · · · · · · · 4,6
23,8 · · · · · · · · *4,65
1사무 2,27-34 · · · · · · *2,26
3,11-14 · · · · · · *2,26
3,11-18 · · · · · · *63,6
4,12-18 · · · · · · *2,26
7,3 · · · · · *머리말 40
토비 1,20 · · · · · · · · *4,17
4,16 · · 4,9; 61,14; 70,7
유딧 7,20 · · · · · · · · *7,30
15,11 · · · · · · · · 4,64
에스 13,11 · · · · · · · *20,2
시편 2,11 · · · · · · · · 19,3
7,10 · · · · · · · · 7,14
13,1 · · · · · · · · 7,22
13,2 · *4,49; *7,13; 7,27
13,3 · · · · · · · · 7,29
14,1 · · · · · · 머리말 23
14,2 · · · · · · 머리말 25
14,3 · · · · 머리말 26-27
14,4 · · · · 머리말 28-30
14,5 · · · · · *머리말 33
15,10 · · · · · *머리말 20
17,24 · · · · · · · 7,18
17,45 · · · · · · · · 5,5
21,7 · · · · · · · · 7,52
31,5 · · · · · · 7,47-48
33,10 · · · · · · · 2,36
33,12 · · · · · 머리말 12

시편 33,13 · · · · · 머리말 15
33,14 · · · · · · · *7,56
33,14-15 · · · 머리말 17
33,16 · · · · · 머리말 18
35,2 · · · · · · · · 7,10
36,5 · · · · · · · · 7,45
37,9 · · · · · · · · 7,66
37,10 · · · · · · · 7,23
38,2-3 · · · · · · · 6,1
39,11 · · · · · · · · 2,9
46,8 · · · · · · · · 19,4
47,10 · · · · · · 53,14
49,16-17 · · · · · · 2,14
49,21 · · · · · · · 7,30
50,17 · · · · · · · 38,3
69,2 · · 17,3; 18,1; 35,17
72,22-23 · · · · · 7,50
75,11 · · · · · · · 7,17
80,16 · · · · · · · *1,7
85,17 · · · · · · 35,16
87,16 · · · · · · · 7,53
93,11 · · · · · · · 7,15
94,8 · · · · · · 머리말 10
100,3 · · · · · · · *7,10
104,21 · · · · · · · *64,5
105,1 · · · · · · · 7,46
113,9(1) · · · 머리말 30
117,1 · · · · · · · · 7,46
118,32 · · · · · 머리말 49
118,62 · · · 16,4; 16,5
118,71 · · · · · · · 7,54
118,73 · · · · · · · 7,54
118,116 · · · · · · 58,21
118,164 · 16,1; 16,3; 16,5
127,2 · · · · · · · *48,8
128,8 · · · · · · · *25,6